Passauer Schriften zur interdisziplinären Medienforschung

Band 4

Passauer Schriften zur interdisziplinären
Medienforschung

Band 4

Herausgeber:

Jan-Oliver Decker, Winand Gellner, Alexander Glas,
Michael Granitzer, Oliver Hahn, Ralf Hohlfeld, Thomas Knieper,
Harald Kosch, Hans Krah, Franz Lehner, Ralf Müller-Terpitz,
Ursula Reutner, Michael Scholz, Dirk Uffelmann, Daniela Wawra

Suchmaschinen

Herausgeber:

Hans Krah und Ralf Müller-Terpitz

Passauer Schriften zur interdisziplinären Medienforschung

Herausgeber:
Jan-Oliver Decker, Winand Gellner, Michael Granitzer, Alexander Glas,
Oliver Hahn, Ralf Hohlfeld, Thomas Knieper, Harald Kosch, Hans Krah,
Franz Lehner, Ralf Müller-Terpitz, Ursula Reutner, Michael Scholz,
Dirk Uffelmann, Daniela Wawra

Institut für interdisziplinäre Medienforschung
an der Universität Passau

http://www.uni-passau.de/ifim/

Bibliografische Information der Deutschen Nationalbibliothek

Die Deutsche Nationalbibliothek verzeichnet diese Publikation in der
Deutschen Nationalbibliografie; detaillierte bibliografische Daten sind
im Internet über http://dnb.d-nb.de abrufbar.

©Copyright Logos Verlag Berlin GmbH 2013
Alle Rechte vorbehalten.

ISBN 978-3-8325-3620-6
ISSN 2191-2033

Wir danken Herrn Florian Gebhardt für die Einbandgestaltung
florian.gebhardt@d-flux.eu

Logos Verlag Berlin GmbH
Comeniushof, Gubener Str. 47,
10243 Berlin
Tel.: +49 030 42 85 10 90
Fax: +49 030 42 85 10 92
http://www.logos-verlag.de

Inhalt

VORWORT

Der vorliegende Sammelband ist aus einer geplanten Tagung des Instituts für interdisziplinäre Medienforschung (IFIM) der Universität Passau zum Thema „Suchmaschinen – die neuen `Bottlenecks´ des Internetzeitalters?" hervorgegangen. Die Tagung sollte in Passau am 6. und 7. Juni 2013 stattfinden, fiel dann aber zum Bedauern der Veranstalter, Referenten und Teilnehmer der „Jahrtausendflut" an Donau, Inn und Ilz zum Opfer.

Den Naturgewalten mussten wir uns beugen. Die Arbeit, die für diese Tagung von allen Beteiligten geleistet wurde, wollten wir – unter Einschluss des nie gehaltenen Grußworts („Zum Geleit") – einer interessierten Fachöffentlichkeit indes nicht vorenthalten. Entstanden ist ein Buch, das die nach wie vor aktuelle und gesellschaftlich höchst bedeutsame Thematik aus unterschiedlichen Perspektiven beleuchtet: Den Reigen eröffnet insoweit der Beitrag von *Boris Paal*, der die juristischen Möglichkeiten zur Herstellung von Transparenz und diskriminierungsfreier Darstellung von Suchergebnissen als Voraussetzungen für einen funktionierenden Wettbewerb sowie für Meinungs- und Medienvielfalt im Onlinesektor analysiert. Dem folgt eine Untersuchung von *Dirk Lewandowski*, welcher der Frage nachspürt, wie sich die Zufriedenheit der Suchmaschinennutzer mit ihren Suchergebnissen erklären lässt. *Judith Winter* und *Michael Christen* schärfen sodann das Bewusstsein für die Gefahren zentralisierter Sucharchitekturen (wie z.B. Google oder Bing) und stellen demgegenüber alternative Suchsysteme auf dezentraler Basis vor. *David Coquil* und *Helene Schmolz* präsentieren im Weiteren einen sprachwissenschaftlich-informationstechnologischen Ansatz zur qualitativen Verbesserung von Suchmaschinen durch Detektion und Auflösung sogenannter Anaphern. Die Beiträge von *Michael Eble* und *Sebastian Kirch* sowie von *Franz Lehner* und *Ondra Havel* lösen das Themenspektrum sodann von den gemeinhin im Mittelpunkt der Debatte stehenden öffentlich zugänglichen Suchmaschinen und analysieren für den unternehmerischen Bereich Möglichkeiten des Wissensmanagements in forschungsbasierten Unternehmen durch sogenannte Enterprise-Suchmaschinen bzw. der Entwicklung einer Enterprise-Suchmaschine zur Unterstützung der Zusammenarbeit zwischen Hochschulen und Wirtschaft. *Gernot Howanitz* schließlich lässt den Blick ins Ausland schweifen und macht den Leser im Rahmen seiner Untersuchung („Slavische Suchkulturen") mit einer russischen sowie einer tschechischen Suchmaschine bekannt. Der Beitrag verdeutlicht zugleich, dass der Suchmaschinenbetreiber Google nicht in allen Ländern über eine solch überragende Marktposition (mehr als 90% der Suchanfragen) verfügt wie in Mittel- und Westeuropa.

Herausgeber wie Autoren hoffen, durch diese multidisziplinären Beiträge die wissenschaftliche Diskussion zum Thema Suchmaschinen bereichern zu können. Ein Ende dieser Diskussion ist noch lange nicht in Sicht. Vielmehr stehen wir erst an ihrem Anfang.

Passau/Mannheim, im Dezember 2013

Hans Krah & *Ralf Müller-Terpitz*

ZUM GELEIT

Die traditionelle Philologie mag geneigt sein, die Trefferliste einer Suchmaschine mit dem Instrumentarium einer Rhetorik der asyndetischen Reihung anzugehen. Doch ein syntaktischer Blick allein genügt offensichtlich nicht, weil das Zustandekommen der betreffenden Aufzählung elektronisch generiert wird. Mit der Expertise der Digital Humanities wäre diesem Zustandekommen einen guten Schritt näher zu kommen. Um allerdings die Suchalgorithmen zu verstehen, wird zudem die Expertise der Informatik benötigt. Schließlich ist, wie Eli Pariser 2011 in seinem Ted Talk unter dem Titel „Beware Online Filter Bubbles", deutlich gemacht hat, die Forderung nach Offenlegung von Suchalgorithmen ein zivilgesellschaftliches Projekt, das damit zu gleichen Teilen in die Verantwortung von Kommunikations- und Politikwissenschaft fällt.

Soweit zur Selektion der Suchergebnisse. Noch vor jeglicher Selektion ist die Rhetorik des Internets selbst von jeher eine der Persuasion, wie Irene Hammerich und Claire Harrison in *Developing Online Content* 2002 festgehalten haben; was jemand auf einer Website präsentiert, fällt immer schon dem Verdacht tendenziöser Manipulation anheim.

Die Kombination dieser Befunde gebietet erkenntnistheoretische Skepsis: Der Weltausschnitt, den Nutzerinnen und Nutzer aus Suchmaschinen-Ergebnissen gewinnen, ist in keiner Weise die Welt. Es ist eine nach vorderhand intransparenten Algorithmen gefilterte Auswahl an selbst je schon tendenziösen Ergebnissen.

Die Internetforschung benötigt also eine vereinte multidisziplinäre Kompetenz, um diese Selektion von Manipulationen nüchtern zu hinterfragen – aus der Informatik, den Digital Humanities, der Kommunikations- und Politikwissenschaft, der Sprach-, Literatur- und Kulturwissenschaft.

Das Institut für Interdisziplinäre Medienforschung der Universität Passau tut mit dem vorliegenden Band einen sichtbaren Schritt in die Richtung einer multidisziplinären Wissenschaft für die vernetzte Gesellschaft.

Prof. Dr. Dirk Uffelmann,
Vizepräsident der Universität Passau

Boris P. Paal

MARKT- UND MEINUNGSMACHT DER SUCHMASCHINEN

Zusammenfassung

Suchmaschinen haben eine herausragende Bedeutung für eine zunehmend digitalisierte Wirtschaft und Gesellschaft. Es handelt sich bei den Suchmaschinen gleichsam um „Gatekeeper", die maßgeblichen Einfluss auf die Wahrnehmbarkeit von Inhalten im Internet haben. Transparenz und eine diskriminierungsfreie Darstellung von Suchergebnissen sind vor diesem Hintergrund wichtige Voraussetzungen für einen funktionierenden Wettbewerb sowie für Meinungs- und Medienvielfalt im Onlinesektor. Dabei hat der Marktführer *Google* auf dem Suchmaschinensektor eine marktmächtige Stellung mit einem Marktanteil von rund 90%, der nächste Wettbewerber liegt unter 5%. Neben Behörden und Gerichten hat nunmehr auch der nationale Gesetzgeber mit dem am 01.08.2013 in Kraft getretenen „Leistungsschutzrecht für Presseverleger" erstmals das Phänomen der erheblichen Markt- und Meinungsmacht der Suchmaschinen adressiert. Insgesamt betroffen sind Fragen der ökonomischen Marktmacht und deren Auswirkungen auf die leitbildhaft angestrebte Meinungs- und Medienvielfalt. Diesen Fragen geht der nachstehende Beitrag aus einer vornehmlich (kartell-)rechtlichen Perspektive nach.

1 EINLEITUNG

Der nachfolgende Beitrag zu dem Thema „Markt- und Meinungsmacht der Suchmaschinen" ist veranlasst durch die überragende Bedeutung der Suchmaschinen. Die Suchmaschinen vermitteln im Internet den Zugang zu Inhalten, analysieren deren Nutzung und bieten hierauf aufbauend neben Werbemöglichkeiten auch weitere eigene Leistungen sowie Inhalte an. Als Informationsintermediäre für die zunehmend digitalisierte Wissensgesellschaft und Wirtschaftswelt sind die Suchmaschinen deshalb nicht mehr wegzudenken. So gilt die plakative These, wonach, was von den Suchmaschinen nicht angezeigt wird, mangels Auffindbarkeit im Internet praktisch nicht existiert: „To exist is to be indexed by a search engine."[1]

Suchmaschinenbetreiber haben dabei die Möglichkeit, durch die Sortierung ihrer Suchergebnisse – sprich durch eine entsprechende Ausgestaltung der Suchalgorithmen – sowohl die Markt- als auch die Wettbewerbsprozesse nachhaltig zu beeinflussen. Dies ist insbesondere dann bedenklich, wenn eigene Inhalte und Leistungen bevorzugt behandelt werden. In diesem Sinne bestehen durch Suchmaschinen erhebliche Gefährdungspotenziale sowohl für den freien Wettbewerb im Sinne einer ökonomischen Markteffizienz als auch für den publizistischen Wettbewerb, wenn und soweit die Suchmaschinenergebnisse nicht fair – und somit diskriminierend sein sollten.[2] Vor diesem Hintergrund wirft die augenfällige Dominanz des Suchmaschinenbetreibers *Google* sowohl für die ökonomischen Marktprozesse als auch für den Vorgang der Meinungsbildung die Frage auf: „Wie wollen wir umgehen mit einer marktmächtigen Suchmaschine und deren Suchergebnissen?" Dieser Frage wird im Folgenden aus einer vornehmlich (kartell-)rechtlichen Perspektive nachzugehen sein.

2 AKTUELLE KARTELLVERFAHREN

Zunächst ist der Blick zu richten auf aktuelle Kartellverfahren im In- und Ausland: Die EU-Kommission hat im November 2010 ein kartellrechtliches Verfahren aufgrund von Beschwerden konkurrierender Suchmaschinenanbieter in Bezug auf den möglichen Missbrauch einer marktbeherrschenden Stellung gegen *Google* eingeleitet,[3] weil die Kommission den Verdacht des Missbrauchs einer marktbeherrschenden Stellung auf dem Suchmaschinenmarkt hegte; insbesondere seien bezahlte und unbezahlte Suchergebnisse von konkurrierenden vertikalen Suchdiensten herabgestuft worden. Im Februar 2012 haben die deutschen Zeitungs- und Zeitschriftenverleger eine zunächst beim BKartA gegen *Google* erhobene Beschwerde[4] zurückgezogen und – ebenfalls – vor die EU-Kommission gebracht, indem sie sich dem vorbenannten Verfahren hinsichtlich einer missbräuchlichen Ausnutzung der marktbeherrschenden Stellung anschlossen.[5]

Anfang 2013 ist ein von der Federal Trade Commission (FTC) betriebenes Verfahren gegen *Google* in den USA betreffend die vermutete kartellrechtswidrige Diskriminierung von Konkurrenten

---

[1] *Introna/Nissenbaum*, The Information Society 16 (2000), 169 (171).
[2] Zur Frage der Suchmaschinenneutralität etwa *Danckert/Mayer*, MMR 2010, 219; *Kühling/Gauß*, ZUM 2007, 881; *Ott*, K&R 2007, 375; *ders.*, MMR 2006, 195 ff.; *Paal*, AfP 2011, 521; *Schulz/Held/Laudien*, Suchmaschinen als Gatekeeper in der öffentlichen Kommunikation, 2005.
[3] Es handelt sich um die Beschwerden der Unternehmen *Foundem* (Foundem/Google – Case No. 39740), *Ciao* (Ciao/Google – Case No. 39768) und *1plusV* (Foundem/Google – Case No. 39775).
[4] Vgl. *Ott*, WRP 2011, 655 (681).
[5] Mitteilung des BDZV v. 27.02.12, vgl. http://www.bdzv.de/aktuell/bdzv-branchendienste/bdzv-intern/artikel/detail/verlegerverbaende_buendeln_google_beschwerden_in_bruessel/.

im Wege einer unzutreffenden Sortierung der Suchergebnisse zu Ende gegangen: Zwar habe es in der Tat Hinweise für Wettbewerbsbehinderungen durch *Google* gegeben; der Hauptgrund für die Änderungen bei den Suchtreffern, mit denen eigene Produkte hervorgehoben wurden, sei aber eine Verbesserung des individuellen Suchergebnisses für die Nutzer als Verbraucher. Aufgabe der FTC sei es, den Wettbewerb und nicht etwa die Wettbewerber zu schützen.[6] Das ähnlich gelagerte Verfahren gegen *Google* durch die EU-Kommission dauert indes weiterhin an.

Vorgeworfen werden *Google* hierbei seitens der EU-Kommission vor allem die Bevorzugung eigener Seiten und Leistungen, das Kopieren der Inhalte anderer Anbieter, der vertragliche Ausschluss von Konkurrenten bei Verträgen mit Anzeigenkunden und ein faktisches Verbot des Transfers von Anzeigen zu Konkurrenten.[7] Im April 2013 hat sich *Google* zum Zwecke der Beilegung dieses Verfahrens im Wege von Verpflichtungszusagen bereit erklärt, die Anzeige seiner Suchergebnisse zu modifizieren, indem etwa unter anderem die Verweise auf konkurrierende Suchmaschinen prominenter dargestellt sowie eigene Angebote bzw. Werbung eindeutiger gekennzeichnet werden. Die EU-Kommission hat ihrerseits um Stellungnahmen (insbesondere von Konkurrenten, Verbänden und Nutzern) zu den von *Google* vorgelegten Kompromissvorschlägen innerhalb eines Monats gebeten.[8] Hierbei scheint sich abzuzeichnen, dass – auch von der EU-Kommission – die Zugeständnisse *Googles* als nicht ausreichend angesehen werden.

3 TATSÄCHLICHE RAHMENBEDINGUNGEN

Das Betreiben von werbefinanzierten Suchmaschinen bildet ein höchst attraktives und lukratives Geschäftsmodell. Insgesamt werden im Jahre 2013 aller Voraussicht nach rund 20% der weltweiten Werbeeinnahmen im Internet generiert; hiermit wäre das Internet nach dem Fernsehen das zweitgrößte Werbemedium. Innerhalb des Internets wiederum nimmt die Suchmaschinenwerbung eine herausragende Stellung ein. Mit Blick auf die Geschäftsmodelle der Suchmaschinenbetreiber findet dabei eine immer weiter ausgreifende vertikale Integration statt. So will nicht zuletzt auch der Marktführer *Google* auf Dauer von den Ertragspotenzialen profitieren, die im Zusammenhang mit Suchanfragen bestehen; verwiesen sei insoweit beispielhaft etwa auf die Kartendienste.

3.1 Marktcharakteristika und Netzwerkeffekte

Suchmaschinenmärkte sind mehrseitige Märkte, da die Suchmaschinenbetreiber ihre Dienstleistungen unterschiedlichen Marktseiten als Kundengruppen anbieten.[9] So handelt es sich bei den Suchmaschinen regelmäßig um dreiseitige Plattformen, auf die suchende Internetnutzer, Inhalteanbieter und Werbetreibende zugreifen. Die Suchmaschinenmärkte lassen sich zudem in Primär- und Sekundärmärkte aufgliedern, wobei die Primärmärkte die Nutzung von und die Aufnahme in Indizes von Suchmaschinen sowie die Werbung im Suchkontext betreffen. Auf den Sekundärmärkten sind die Internetnutzer und Inhalteanbieter als Anbieter und Nachfrager tätig. Zwischen diesen sachlich getrennten Märkten bestehen zudem enge Wechselbeziehungen.[10]

---

[6] MMR-Aktuell 2013, 341551.
[7] http://europa.eu/rapid/press-release_SPEECH-12-372_en.htm.
[8] http://europa.eu/rapid/press-release_IP-13-371_de.htm.
[9] *Paal*, Suchmaschinen, Marktmacht und Meinungsbildung, S. 40.
[10] *Paal*, Suchmaschinen, Marktmacht und Meinungsbildung, S. 40.

Durch diese engen Wechselwirkungen kommt es zu plattformübergreifenden Netzwerkeffekten:[11] Dem Grunde nach gilt, dass je mehr Nutzer auf eine bestimmte Suchmaschine zugreifen, desto mehr Inhalteanbieter werden der Suchmaschine ihre Informationen zur Verfügung stellen. Je mehr Informationen verfügbar sind, desto mehr Internetnutzer werden auf die Suchmaschine zugreifen, was wiederum zu einer höheren Attraktivität für die Werbetreibenden führt. Mit den erhöhten Werbeeinnahmen werden die Suchmaschinenbetreiber wiederum in die Lage versetzt, ihre eigenen Angebote und Leistungen fortzuentwickeln sowie auszubauen. Es kommt also zu sich selbst verstärkenden Effekten zugunsten des marktstärksten Wettbewerbers. Somit handelt es sich gleichsam um ein natürliches Quasi-Monopol, da hohen Fixkosten allenfalls geringe variable Kosten gegenüberstehen sowie zudem positive Rückkoppelungsschleifen zwischen Skaleneffekten und Netzwerkeffekten zu erwarten sind.

3.2 Informationsasymmetrien und Konzentrationsanfälligkeit

Weiterhin bestehen auf den Suchmaschinenmärkten signifikante Informationsasymmetrien zwischen Anbietern und Nutzern: Die Nutzer werden vielfach nicht in der Lage sein, die Qualität und die Richtigkeit der ihnen angebotenen Informationen angemessen zu beurteilen. Ferner führen auf dem Suchmaschinensektor bestehende Größenvorteile und Skaleneffekte zu einer erheblichen Anfälligkeit für Konzentrationsentwicklungen. Durch die Verbindung der vorbenannten Netzwerkeffekte mit den Gewöhnungseffekten bzw. signifikanten Wechselkosten (sog. *Lock-In*-Effekte)[12] wird die funktionale Wirksamkeit des Wettbewerbs insoweit nachhaltig in Frage gestellt.[13] Dieser Befund spricht für die Notwendigkeit einer sorgfältigen Überprüfung des bestehenden Rechtsrahmens – und gegebenenfalls für die Notwendigkeit eines gesetzgeberischen Tätigwerdens im Sinne der anerkannten staatlichen Ausgestaltungs- und Gewährleistungsverantwortung.[14]

3.3 Veränderte Geschäftsmodelle und fremdproduzierte Inhalte

Zunächst waren aus Sicht der Inhalte-Anbieter die Leistungen der Suchmaschinen höchst erwünscht, solange lediglich eine komplementäre und weitgehend neutrale Vermittlung von Zugriffen (*Traffic*) erfolgte. Grundlegend war hierbei stets die Prämisse, dass Suchmaschinen nicht mit Inhalte-Anbietern konkurrieren. Diese Prämisse gilt für die Suchmaschinen mit Blick auf die veränderten rechtstatsächlichen Umstände heutzutage allerdings gerade nicht mehr fort.[15] So ergänzen Suchmaschinen die Leistungen von Inhalte-Anbietern vielfach nicht mehr nur, sondern die Suchmaschinen werden darüber hinaus substitutiv gerade auch mit eigenen Inhalten und Leistungen tätig. Diese eigenen Inhalte und Leistungen können im Suchmaschinenkontext wiederum systembedingt bevorzugt behandelt werden, sei es durch Hervorhebungen oder ein besseres Suchranking.[16] So haben die Suchmaschinenbetreiber längst damit begonnen, kontinuierlich eigene Inhalte-Portale auf- und auszubauen, um diese hierdurch vertikal in die Inhaltemärkte zu integrieren.

---

[11] *Machill/Beiler*, in: Klumpp/Kubicek/Roßnagel (Hrsg.), Informationelles Vertrauen für die Informationsgesellschaft, 2008, S. 160.

[12] Vgl. *Kühling/Gauß*, MMR 2007, 751 (752).

[13] *Paal*, Suchmaschinen, Marktmacht und Meinungsbildung, S. 41.

[14] Hierzu grundlegend aus der Rechtsprechung etwa BVerfGE 77, 170 (214 f.); 88, 203 (251 ff.).

[15] *Paal*, Suchmaschinen, Marktmacht und Meinungsbildung, S. 33 f.

[16] Vgl. *Dakanalis/van Rooijien*, C&R 2011, 29 (29 ff.); *Kühling/Gauß*, ZUM 2007, 881 (885).

Die Einnahmen der Suchmaschinen beruhen darüber hinaus – jedenfalls mittelbar – auch auf der Nutzung von fremdproduzierten Inhalten[17], womit nicht zuletzt die Frage nach der Notwendigkeit eines (erweiterten) Leistungsschutzes aufgeworfen ist. Diese Thematik hat sich etwa manifestiert in den Diskussionen über die Etablierung eines neuen Leistungsschutzrechts für Presseverleger im Urheberrechtsgesetz (siehe sogleich Kapitel 4.).[18] Grundlage für die Geschäftsmodelle und die damit erzielten Gewinne der Suchmaschinen ist vielfach die Präsentation von Inhalten und Leistungen, welche andere Unternehmen produziert und ins Netz gestellt haben, um Kunden für ihre eigenen Angebote zu akquirieren und die eigene Marktstellung zu stärken. In diesem Sinne steht ganz grundsätzlich eine Behinderung bzw. Benachteiligung der Inhalte-Anbieter bei der Erreichung dieser Ziele im Raume, wenn und soweit Leistungen von den Suchmaschinenbetreibern ohne Entgelt übernommen und in den Dienst eigener wirtschaftlicher Ziele gestellt werden (i.e. fehlerhafte Erlöszuordnung im Sinne eines Marktversagens).

3.4 Zwischenergebnis

Somit befinden sich die Suchmaschinenanbieter zunehmend in einem Interessenkonflikt als Anbieter von Suchdiensten einerseits und als Inhalte-Anbieter andererseits. Es existieren für Suchmaschinenbetreiber dabei ganz erhebliche Anreize zur Verwendung von technischen Differenzierungspotenzialen, um eigene Produkte und Leistungen auf Sekundär- und Drittmärkten zu fördern; die entsprechende Ausrichtung der Suchalgorithmen ermöglicht insbesondere eine Diskriminierung von konkurrierenden Anbietern. Während reine Suchmaschinenbetreiber ein ureigenes Interesse daran haben werden, den Nutzern die relevantesten Ergebnisse auf ihre Suchanfrage zu liefern, besteht für Suchmaschinenbetreiber, die auch auf vor- und nachgelagerten Märkten tätig sind, demgegenüber ein hoher – zumindest wirtschaftlicher – Anreiz, eigene Inhalte generell besser als vergleichbare Konkurrenzangebote zu ranken, um mehr Nutzer zu den eigenen Diensten und Inhalten zu leiten.

In der Evolution der Suchplattformen von komplementären Inhalte-Vermittlern hin zu substitutiven Inhalte- und Leistungs-Anbietern manifestiert sich deshalb nicht zuletzt auch ein zentrales kartellrechtliches Bedenken, das Wettbewerbsbehörden und Gerichte beschäftigt.[19] Infolge der herausragenden Bedeutung der Suchmaschinen als Gatekeeper im Internet sind die Inhalte- und Diensteanbieter (und damit auch die Nutzer) auf die faire Aufnahme und Wiedergabe ihrer Angebote in den Suchmaschinenrankings angewiesen und befinden sich damit in einer Abhängigkeit im Sinne einer Flaschenhals-Konstellation (i.e. *essential-facilities*-Konstellation).

4 LEISTUNGSSCHUTZRECHT FÜR PRESSEVERLEGER

In diesem Zusammenhang in den Blick zu nehmen ist ein aktuelles Gesetzgebungsprojekt der Bundesregierung,[20] mit den §§ 87 f-h UrhG-E einen siebten Abschnitt „Schutz des Presseverlegers" in den

---

[17] *Paal*, Suchmaschinen, Marktmacht und Meinungsbildung, S. 32.
[18] Zur Diskussion um ein Leistungsschutzrecht für Presseverleger siehe etwa befürwortend: *Hegemann/Heine*, AfP 2009, 201; *Schweizer*, ZUM 2010, 7; kritisch dagegen: *Frey*, MMR 2010, 291; *Ohly*, WRP 2012, 41.
[19] Siehe hierzu vorstehend unter 2 – Aktuelle Kartellverfahren.
[20] Siehe hierzu bereits den Koalitionsvertrag zwischen CDU, CSU und FDP v. 26.10.2009, Wachstum, Bildung, Zusammenarbeit, S. 104: „Verlage sollen im Online-Bereich nicht schlechter gestellt werden als andere Werkmittler. Wir streben daher die Schaffung eines Leistungsschutzrechtes für Presseverlage zur Verbesserung des Schutzes von Presseerzeugnissen im Internet an."

zweiten Teil des Urheberrechtsgesetzes einzufügen[21] – und damit auf das multipolare Verhältnis von Urhebern, Verlegern, Nutzern sowie dem Allgemeinwohl einzuwirken. So wird von August 2013 an die Verlegerleistung selbst und unmittelbar, sprich unabhängig von eventuell abgetretenen Autorenrechten, urheberrechtlich geschützt werden, indem Verlage das „ausschließliche Recht [erhalten], Presseerzeugnisse zu gewerblichen Zwecken im Internet öffentlich zugänglich zu machen"[22]. Hiernach könnten die Verlage für die gewerbliche Veröffentlichung von noch näher zu bestimmenden Auszügen ihrer Inhalte durch Suchmaschinen oder News-Aggregatoren entsprechende Lizenzgebühren verlangen.[23]

4.1 Tatsächliche Ausgangslage

Die Bundesregierung hat ihr Gesetzesvorhaben in der ursprünglichen Fassung vor allem auch mit den durch die „digitale Revolution" induzierten Veränderungen der Rahmenbedingungen des Pressesektors begründet.[24] Anders als bisher genüge der ausschließliche Schutz des jeweiligen Inhalts, von dem der Presseverleger jedenfalls mittelbar durch regelmäßig vorhandene Vereinbarungen mit den Urhebern profitiert,[25] in Ansehung des veränderten Umfelds gerade nicht mehr. Vielmehr verlange die systematische und kommerzielle Verwertung der verlegerischen Leistungen durch „andere Nutzer" – gemeint sind vor allem gewerbliche Anbieter von Newsaggregatoren bzw. Suchmaschinen im Allgemeinen und *Google* im Besonderen – nach neuen Schutzmechanismen zugunsten der Presseverleger.[26] In diesem Sinne soll es erforderlich und angezeigt sein, die Presseverlage anderen Werkvermittlern gleichzustellen.[27]

Angesprochen ist damit in erster Linie die Frage nach der zutreffenden Erlöszuordnung im Verhältnis zwischen den Suchmaschinenbetreibern (auf die sich die nachfolgende Darstellung fokussiert) und den Presseverlagen, was wiederum Weiterungen für die Nutzer sowie die Presselandschaft insgesamt zeitigen kann.[28] So ist zu bedenken, dass eine für die Verlage nachteilhafte Erlöszuordnung einer Unterfinanzierung und damit einer zahlenmäßigen Abnahme der Presseerzeugnisse nicht nur unerheblich Vorschub zu leisten droht, wodurch wiederum eine wesentliche Voraussetzung von Meinungs- und Medienvielfalt in Gefahr gerät (These von der „Vielfalt durch Vielzahl").[29] Die aus dem Zusammentreffen von Internet, Suchmaschinen und Immaterialgüterrechten erwachsende Veränderung des Urheberrechts dauert an, wobei zunehmend der (europäische) Gesetzgeber gefordert ist,[30] um einen der informationsbasierten Wissensgesellschaft angemessenen Interessenausgleich zu schaffen und eine „Hypertrophie der Schutzrechte"[31] abzuwenden.

---

[21] Vgl. BT-Drs. 17/11470.

[22] BT-Drs. 17/11470, S. 1, 8.

[23] BGBl. 2013 I Nr. 23, S. 1161.

[24] Vgl. BT-Drs. 17/11470, S. 7.

[25] Siehe hierzu *Nolte*, ZGE/ IPJ 2 (2010) 165 (170 f.), insoweit verweisend auf (Mantel-)Tarifverträge, gemeinsame Vergütungsregeln, individualvertragliche Absprachen oder AGB. Vgl. auch BT-Drs. 17/11470, S. 10; weiterhin aus dem Schrifttum *Hegemann/Heine*, AfP 2009, 201 (203).

[26] Vgl. BT-Drs. 17/11470, S. 7.

[27] Vgl. BT-Drs. 17/11470, S. 1.

[28] So mit Blick auf die insoweit erhebliche Parallelen aufweisende Diskussion um die Netzneutralität *Yoo* IJoC 1 (2007) 493 (515).

[29] Hierzu *Paal*, Medienvielfalt und Wettbewerbsrecht 2010, S. 143 ff.

[30] Zum Einfluss des EuGH auf das Urheberrecht *Metzger* GRUR 2012, 118.

[31] So bereits *Zypries*, GRUR 2004, 977.

4.2 Gegenwärtige Gesetzeslage

Nach der aktuellen Gesetzeslage steht den Presseverlegern gerade kein umfassendes originäres Schutzrecht zu.[32] Die Verleger verfügen stattdessen nur über die ihnen in aller Regel abgetretenen, inhaltsbezogenen wirtschaftlichen Verwertungsrechte der Autoren, wobei es sich vielfach lediglich um einfache Nutzungsrechte handeln wird. Nach der höchstrichterlichen Judikatur können die Verleger überdies weder aus den abgetretenen Autorenrechten noch als Datenbankhersteller eigene Rechte gegen das Setzen von Verlinkungen oder die Darstellung von kurzen Textauszügen durch Suchmaschinenbetreiber herleiten. Ferner nimmt der Bundesgerichtshof in ständiger Rechtsprechung an, dass, wer seine Inhalte ohne technische Zugriffssperren ins Internet stellt, regelmäßig eine konkludente schlichte Einwilligung zu der Indexierung und Anzeige der eigenen Inhalte durch Suchmaschinen erteilt (so insbesondere in den Entscheidungen *Vorschaubilder I*[33] *und Vorschaubilder II*[34]). Auf diesen, der Lizenzierung womöglich vorgreiflichen Gesichtspunkt der konkludenten schlichten Einwilligung[35] geht der Gesetzgeber im Rahmen der Gesetzesbegründung interessanterweise überhaupt nicht ein.

4.3 Künftige Gesetzeslage

Das konkrete Gesetz, welches zum 01.08.2013 in Kraft getreten ist, umfasst die §§ 87f-h UrhG, welche als siebenter Abschnitt in das Urheberrechtsgesetz aufgenommen wurden. Die primäre Stoßrichtung des Gesetzes auf „Anbieter von Suchmaschinen und Anbieter von solchen Diensten, die Inhalte entsprechend aufbereiten" ist dem § 87f Abs. 1 UrhG, welcher das neue Leistungsschutzrecht für Presseverleger statuiert, interessanterweise gerade nicht zu entnehmen. Vielmehr ergibt sich dieser Gesetzestelos – etwas versteckt – erst aus § 87g Abs. 4 UrhG, wonach der Schutzumfang des zuvor gewährten Rechts im Ergebnis wieder verkürzt und auf Suchmaschinenanbieter beschränkt wird („Lex Google"). Es handelt sich insoweit um eine eigenwillige Regelungstechnik, die den Anwendungsbereich des Leistungsschutzrechts gleichsam in den „Pseudo"-Schranken festlegt.[36]

4.3.1 § 87f UrhG

Gleichsam in letzter Minute erfolgte Ende Februar eine Wortlautänderung, welche die zentrale (Vor-)Frage des Anwendungsbereichs des neuen Leistungsschutzrechts betraf: § 87f Abs. 1 S. 1 verleiht Presseverlegern nunmehr das ausschließliche Recht der öffentlichen Zugänglichmachung von Presseerzeugnissen zu gewerblichen Zwecken, „es sei denn, es handelt sich um einzelne Wörter oder kleinste Textausschnitte". Fraglich ist, ob *Snippets* hergebrachten Umfangs als „kleinste Textausschnitte" vom Leistungsschutzrecht der Presseverleger ausgenommen sind. Mit der Auslegung des Rechtsbegriffs der „kleinsten Textausschnitte" steht und fällt somit die Sinnhaftigkeit des Gesetzesentwurfs insgesamt.[37] Denn bei einer Erfassung von *Snippets* üblicher Länge durch die Ausnahmeregelung würde das Leistungsschutzrecht den ihm zugedachten Anwendungsbereich nahezu voll-

---

[32] Vgl. hierzu etwa *Ohly*, WRP 2012, 41 (43 ff.).

[33] BGH GRUR 2010, 628.

[34] BGH GRUR 2012, 602.

[35] Siehe hierzu kritisch *Ohly*, GRUR 2012, 983.

[36] Vgl. *Stieper*, ZUM 2013, 10 (15 ff.).

[37] Hierzu etwa *Kühne*, CR 2013, 169; *Schippan*, ZUM 2013, 358.

ständig verlieren. Nachdem der Gesetzgeber von einer exakten Präzisierung der Zeichen- bzw. Wortzahl bewusst abgesehen hat, wird es nunmehr Praxis und Rechtsprechung obliegen, den unbestimmten Rechtsbegriff zu konkretisieren.

Absatz 1 Satz 2 der Vorschrift enthält einen Hinweis auf den Inhaber des Unternehmens als Berechtigten und lässt das Leistungsschutzrecht originär beim wirtschaftlich Verantwortlichen entstehen. Dabei obliegt die Verwertung des Leistungsschutzrechts stets dem Berechtigten selbst; allenfalls auf freiwilliger Basis kann die Übertragung auf eine Verwertungsgesellschaft vorgenommen werden. Eine Verwertungsgesellschaftspflichtigkeit hat der Gesetzgeber dagegen gerade nicht statuiert. Hierdurch stehen insbesondere hohe Abwicklungskosten für die individuelle Leistungsrechtsverwertung zu erwarten – was die Attraktivität des neuen Leistungsschutzrechts nicht nur unerheblich beeinträchtigen dürfte.

Als maßgeblicher Schutzgegenstand wird das Presseerzeugnis in § 87f Abs. 2 UrhG näher bestimmt durch die Elemente „redaktionell-technische Festlegung journalistischer Beiträge", „periodische, unter einem Titel veröffentlichte Sammlung" und „überwiegend verlagstypischer Gesamtcharakter". Damit orientiert sich die Definition am Vorbild der gedruckten Zeitung, was in Zeiten der Medienkonvergenz und der neuartigen Online-Auftritte seltsam rückwärtsgewandt anmutet: So werden etwa weder Blogs (da nicht notwendig periodisch) noch neue Formen audiovisueller Berichterstattung (da nicht verlagstypisch) erfasst; überdies fallen Rundfunkveranstalter und Presseagenturen überhaupt nicht unter das geschützte Modell der Informationsverbreitung[38].

4.3.2 § 87g UrhG

In § 87g UrhG finden sich Regelungen zu „Übertragbarkeit, Dauer und Schranken des Rechts". Die relativ kurze Schutzdauer von nur einem Jahr trägt der Aktualität als dem maßgeblich wertbestimmenden Faktor der verlegerischen Leistung grundsätzlich angemessen Rechnung. Zugleich ist die Frist hinsichtlich des schutzwürdigen Verwertungsinteresses der Verlage auch hinreichend dimensioniert. Die Schutzdauer bleibt dabei allerdings erheblich hinter dem zurück, was bei sonstigen Leistungsschutzrechten gilt. Für die Suchmaschinen wird es in der Praxis mit erheblichen Schwierigkeiten verbunden sein, im konkreten Anwendungsfall festzustellen, wann der jeweilige Beitrag veröffentlicht worden ist.

Absatz 4 zeigt – wie zuvor bereits ausgeführt – die Grenzen des Leistungsschutzrechts für Presseverleger auf: Das Leistungsschutzrecht ist erst verletzt, wenn Suchmaschinen gewerblich tätig werden oder gewerbliche Dienste Inhalte „entsprechend aufbereiten". Unklar ist indes, was „aufbereiten" in diesem Kontext bedeutet. Bei einer weiten Begriffsauslegung könnten hierunter sogar Access Provider zu fassen sein, die in Abweichung vom gegenwärtig kontrovers diskutierten Konzept der Netzneutralität[39] (Stichwort: „Drosselkom") die transportierten Inhalte steuern und damit „aufbereiten". Auch hier wird die Handhabbarmachung eines zentralen unbestimmten Rechtsbegriffs auf Praxis und Rechtsprechung übertragen.

Das flächendeckende Abgreifen von Volltexten durch sog. *Harvester* dürfte vom Wortlaut und Gesetzestelos jedenfalls nicht mehr erfasst sein, was für die Fälle der Einräumung von bloß einfachen Rechten durch die Journalisten als Urheber in Ansehung von § 10 Abs. 3 UrhG eine eigene Rechtsdurchsetzung durch die Presseverleger gerade nicht eröffnen würde. Auch hier also ein Befund, der zumindest erstaunt.

---

[38] So zutreffend *Peifer*, GRUR-Prax 2013, 149 (150).
[39] Vgl. hierzu *Paal*, AfP 2011, 521 ff. mwN.

4.3.3 § 87h UrhG

§ 87h UrhG sieht eine angemessene Beteiligung des Urhebers an der Vergütung vor. Es soll hierdurch nach Maßgabe der Gesetzesbegründung der „verfassungsrechtlich begründete[n] Wertung" entsprochen werden, wonach der Urheber „an jeder wirtschaftlichen Nutzung seines Werks angemessen zu beteiligen ist". In diesem Zusammenhang könnte man argumentieren, dass der Beteiligungsanspruch sogar eine Pflicht des Verlegers gegenüber dem Urheber begründet, selbst eine Vergütung zu verlangen. Der Wortlaut der Norm spricht zwar eher gegen eine solche Verpflichtung; etwas anderes könnte sich aber aus einer (ergänzenden) Auslegung der individuellen Abreden des Urhebers mit dem Verleger ergeben.

4.3.4 Einwilligungs-Rechtsprechung des BGH (Vorschaubilder I und II)

Weiterhin wird zu berücksichtigen sein, dass der Bundesgerichtshof für die von Suchmaschinen bei der Bildersuche angezeigten Vorschaubilder (sog. *Thumbnails*) zwar die konkludente Einräumung eines Nutzungsrechts durch das ungeschützte Einstellen des Bildes in das Internet abgelehnt hat. Der Bundesgerichtshof hat aber eine schlichte konkludente Einwilligung angenommen; bei frei zugänglich gemachten Bildern und Texten im Internet müsse überdies mit nach den Umständen üblichen Nutzungshandlungen gerechnet werden.[40] Zur Verwendung von *Snippets* durch Suchmaschinen liegen bislang gerade noch keine entsprechenden ober- oder höchstgerichtlichen Urteile vor.

Die Annahme einer schlichten Einwilligung zur Zugänglichmachung von *Snippets* beim Fehlen von technischen Sicherungsmaßnahmen könnte sich insoweit jedoch als konsequente Fortsetzung der benannten – ihrerseits keinesfalls unumstrittenen – BGH-Rechtsprechung darstellen. Allerdings vermag ein anderes Ergebnis aus dem Umstand abzuleiten sein, dass die Intention des Gesetzgebers gerade auf eine (Neu-) Justierung des Verhältnisses von Suchmaschinen und Presseverlegern abzielt. Hierbei könnte auch danach zu differenzieren sein, ob die Textauszüge im Rahmen einer einfachen Suchanzeige oder aber in einem Nachrichtendienst angezeigt werden; im letzteren Fall (etwa bei *Google News*) dürften die Erwägungen des Bundesgerichtshofs aus den *Vorschaubilder*-Entscheidungen zu „nach den Umständen üblichen Nutzungshandlungen" allenfalls abgeschwächt greifen.

4.3.5 Verfassungsrechtliche Überlegungen

In grund- und verfassungsrechtlicher Hinsicht sind für das Verhältnis von Verlegern und Urhebern, Suchmaschinenbetreibern und Nutzern vor allem die Kommunikationsfreiheiten aus Art. 5 Abs. 1 GG in den Blick zu nehmen. Hierbei wird das Gesetz als verfassungskonform anzusehen sein,[41] wenngleich eine vertiefte(re) Auseinandersetzung an dieser Stelle unterbleiben muss. Insbesondere die Informationsfreiheit der Nutzer aus Art. 5 Abs. 1 S. 1 HS. 2 GG dürfte durch die Schaffung eines Leistungsschutzrechts für Presseverleger jedenfalls nicht unverhältnismäßig tangiert sein. So bleiben pressespezifische Inhalte grundsätzlich für jedermann im Netz abrufbar.

---

[40] BGH GRUR 2010, 628; 2012, 602.
[41] A.A. *Blankenagel/Spoerr* in einem vom *eco-Verband der deutschen Internetwirtschaft e.V.* und der *Google Germany GmbH* in Auftrag gegebenen Gutachten.

5 RECHTLICHE RAHMENBEDINGUNGEN FÜR SUCH-MASCHINEN

Die Vorgaben des geltenden Rechts für die Betätigung von Suchmaschinen leiten sich vor allem aus dem Wettbewerbsrecht, i.e. Kartell- und Lauterkeitsrecht sowie aus dem Medien- und Regulierungsrecht ab. Weitere allgemein zivil-rechtliche Vorgaben können sich aus der AGB-rechtlichen Einbeziehungs- und Inhaltskontrolle ergeben, etwa in Ansehung von unangemessenen Benachteiligungen (§ 307 Abs. 1 Satz 1 BGB) oder des Transparenzgebots (§ 307 Abs. 1 Satz 2 BGB). Insgesamt wird sich das AGB-Recht allerdings als wenig wirksames Instrumentarium zur Verhinderung von ungewollten Einwirkungen auf unverfälschte Suchmaschinenergebnisse darstellen, sofern die jeweiligen Vertragsbedingungen hinreichend transparent zugänglich gemacht wurden.[42]

5.1 Such(maschinen)neutralität

Mit den Missbrauchsvorwürfen gegen Suchmaschinenbetreiber verbunden wird mitunter das Desiderat einer „Suchmaschinenneutralität" im Sinne einer „objektiven", gleichsam „natürlichen" Reihung der Suchergebnisse.[43] Allerdings ist eine absolute Objektivität bei der Reihung von Suchergebnissen die Internetinhalte betreffend nicht möglich, da die Suchalgorithmen stets bestimmte dezisionistische Festlegungen für die Ergebnisreihung erfordern.[44] Nachdem die Auswahl der für die Suche maßgeblichen Parameter stets eine Wertungsentscheidung darstellt, ist vielmehr zu fragen, welche Suchparameter und Einflussnahmen[45] auf die Suchmaschinenergebnisse (kartell-) rechtlich zulässig sind.[46]

5.2 Unkontrollierte Selbstregulierung

Teilweise wird angenommen, mögliche Beeinflussungen der Suchergebnisse begründeten rechtstatsächlich keine Gefahren, da mit einer redaktionellen Einflussnahme auch die Qualität der Suchergebnisse abnehme. Mithin würden die Nutzer eine manipulative Ab- oder Aufwertung von Suchergebnissen erkennen und sodann zu einer anderen Suchmaschine wechseln.[47] Hieraus erwachse gleichsam ein „unkontrollierter Selbstregulierungsmechanismus", welcher der unangemessenen Sortierung von Suchergebnissen entgegenwirke.[48] Diese Ansicht berücksichtigt allerdings nicht hinreichend, dass die Eingriffe von Suchmaschinenanbietern zumeist nicht offensichtlich und erkennbar erfolgen – sowie zudem auch kaum oder nur schwerlich beweisbar sein – werden.[49] Im Ergebnis wird der behauptete

---

[42] So für die Netzneutralität ebenfalls *Lapp*, CR 2007, 774 (779).

[43] Zur Frage der Suchmaschinenneutralität etwa *Danckert/Mayer*, MMR 2010, 219; *Kühling/Gauß*, ZUM 2007, 881; *Ott*, K&R 2007, 375; *Paal*, AfP 2011, 521; *Schulz/Held/Laudien*, Suchmaschinen als Gatekeeper in der öffentlichen Kommunikation, 2005.

[44] In diesem Sinne ebenfalls – unter dem Gesichtspunkt einer „angemessenen Repräsentation" – *Kühling*, in: Schuppert/Voßkuhle (Hrsg.), Governance von und durch Wissen, 2008, S. 209.

[45] Zur Unterscheidung von internen und externen Einflussnahmen siehe etwa *Kühling/Gauß*, ZUM 2007, 881 (883 ff.).

[46] Vgl. *Paal*, AfP 2011, 521 (523).

[47] *Goldman*, Yale Journal of Law & Technology 8 (2006), 188 (196 f.); *Paal*, Suchmaschinen, Marktmacht und Meinungsbildung, S. 39.

[48] *Goldman*, Yale Journal of Law & Technology 8 (2006), 188 (196 f.); *Kühling/Gauß*, ZUM 2007, 881 (885); *Paal*, Suchmaschinen, Marktmacht und Meinungsbildung, S. 39.

[49] *Paal*, Suchmaschinen, Marktmacht und Meinungsbildung, S. 39: Mit der Zunahme an personalisierten Suchanfragen wird dies noch erheblich verstärkt, da Nutzer auf gleiche Suchanfragen unterschiedliche Ergebnisse erhalten und somit noch weniger

„unkontrollierte Selbstregulierungsmechanismus" somit bereits an der fehlenden Transparenz und an Informationsasymmetrien scheitern.

5.3 Kartellrecht

Kartellrechtlich relevant sind bei Suchmaschinensachverhalten vor allem Zugangsbeschränkungen sowie die Behinderung von Wettbewerbern auf Sekundär- und Drittmärkten durch Marktmachtübertragung. Für die Frage des Zugangs ist zunächst zu ermitteln, ob die Suchmaschinen wesentliche Einrichtungen im Sinne der sog. *essential facilities*-Doktrin darstellen,[50] da hieraus besondere Pflichten und Verantwortungen resultieren können. In Ansehung einer möglichen Behinderung von Mitbewerbern gilt zunächst, dass das kartellrechtliche Missbrauchsverbot dem Grunde nach Anwendung findet.[51] Erforderlich ist hierbei grundsätzlich, dass das marktbeherrschende Unternehmen seine Stellung missbräuchlich ausnutzt, um den Wettbewerb zu verfälschen.[52] Zu denken ist insoweit vor allem an eine Geschäftsverweigerung, wenn der wirksame Wettbewerb ohne sachliche Rechtfertigung[53] ausgeschaltet wird und die vorenthaltenen Leistungen in Bezug auf den Drittmarkt unerlässlich sind, oder an eine Diskriminierung, wenn eine zurechenbare und nicht gerechtfertigte Ungleichbehandlung gegeben ist.[54] Die entscheidenden Fragestellungen betreffen damit nicht zuletzt die Ebene der Beweisbarkeit einer missbräuchlich diskriminierenden Programmierung von Suchalgorithmen im konkreten Einzelfall – und sind insofern ihrerseits eng mit den vorbenannten Gesichtspunkten der Transparenz und der Informationsasymmetrien verknüpft.

5.3.1 Marktdefinitionen

Für die Anwendung des Kartellrechts ist die Marktdefinition von zentraler Bedeutung. Zur Feststellung des relevanten Marktes wird, sowohl auf nationaler als auch auf europäischer Ebene, grundsätzlich rekurriert auf das Bedarfsmarktkonzept mit dem Kriterium der funktionellen Austauschbarkeit.[55] Hiernach sind demselben Markt zuzuordnen „sämtliche Erzeugnisse, die sich nach ihren Eigenschaften, ihrem wirtschaftlichen Verwendungszweck und ihrer Preislage so nahe stehen, daß der verständige Verbraucher sie als für die Deckung eines bestimmten Bedarfs geeignet in berechtigter Weise abwägend miteinander vergleicht und als gegeneinander austauschbar ansieht".[56] Die Abgrenzung der relevanten Märkte im Internet ist dabei nicht zuletzt wegen der Multifunktionalität der angebotenen Leistungen und des hohen Innovationstempos mit besonderen Schwierigkeiten verbunden.[57] Beim

---

die Gewichtung nachvollziehen können (so auch *Pasquale*, Northwestern University Law Review 2010, 105 (112)). Darüber hinaus wird auch die Marktmacht der Nutzer abgeschwächt, da mit der personalisierten Suche die Wechselkosten zwischen den Suchmaschinen für die Nutzer steigen (zur personalisierten Suche und Wechselkosten *Rotenberg*, in: Machill/ Beiler (Hrsg.), Die Macht der Suchmaschinen, 2007, S. 95 f.).

[50] Für den Erfolg auf mehrseitigen Märkten mit den charakteristischen Netzwerkeffekten ist das Erreichen einer kritischen Masse an Kunden von hervorgehobener Bedeutung; in diesem Sinne kann „selbst ein überlegenes, neu eingeführtes Produkt nur sehr schwer mit einem etablierten Produkt mit vielen Nutzern konkurrieren", vgl. BKartA WuW/E DE-V 1643 (1646).

[51] EuGHE 1996 S. 5951 Rn. 25 ff.; EuGE 2003 S. 5917 Rn. 127.

[52] Siehe zum nationalen Kartellrecht BGH WuW/E DE-R 1206 f.; WuW/E DE-R 1210 (1211) – jeweils mwN.

[53] Eine solche sachliche Rechtfertigung könnte sich etwa ergeben aus der Rechtswidrigkeit von Inhalten.

[54] Vgl. *Paal*, Suchmaschinen, Marktmacht und Meinungsbildung, S. 54 f.

[55] Vgl. *EG-Kommission*, Bekanntmachung zur Definition des relevanten Marktes, ABl. EG 1997, Nr. C 372/5 (S. 6 ff.).

[56] Siehe *Bechtold*, in: *Bechtold*, Kartellgesetz, 6. Aufl. (2010), § 19 GWB Rn. 7 mwN.; *Ehricke/Schröer*, in: Frankfurter Kommentar zum Kartellrecht, Art. 2 FKVO Rn. 11 ff.; *Möschel*, in: *Immenga/Mestmäcker*, Wettbewerbsrecht, Gesetz gegen Wettbewerbsbeschränkungen: GWB, Kommentar, 4. Aufl. (2007), § 19 GWB Rn. 24 mwN.

[57] In diesem Sinne ebenfalls *Wissenschaftlicher Beirat beim BMWT*, Sammelband, S. 2143 ff. (Gutachten v. 6. 7. 2001 – Wettbewerbspolitik für den Cyberspace).

Vertrieb von klassischen Inhalten über das Internet bilden sich zudem wegen der und durch die unterschiedlichen Nutzungs- und Übertragungsarten regelmäßig neue Medienmärkte aus.[58]

Zum Zwecke der kartellrechtlichen Marktabgrenzung ist der Suchmaschinensektor aufzugliedern in Primärmärkte, welche die Nutzung von und die Aufnahme in Suchmaschinenindizes sowie die Werbung im Suchmaschinenkontext betreffen, und in Sekundärmärkte, auf denen die Internetnutzer als Anbieter und Nachfrager von inhaltsbezogenen Leistungen tätig sind. Bei den Suchmaschinen handelt es sich um mehrseitige Plattformen mit übergreifenden Netzwerkeffekten, welche für die wettbewerb(srecht)liche Beurteilung entsprechend zu berücksichtigen sind.[59] Auf und zwischen den nachstehend beschriebenen sachlich getrennten Märkten kommt es zu ausgeprägten Wechselwirkungen und Netzwerkeffekten, da der Nutzen der Marktteilnehmer auf dem einen Markt positiv verknüpft ist mit der Angebotsstärke und -qualität auf dem anderen Markt.[60]

Das Geschäftsmodell der Suchmaschinen leitet sich unmittelbar von diesen indirekten plattformübergreifenden Netzwerkeffekten ab: Nachdem die Interdependenzen zwischen den Marktseiten asymmetrisch ausgeprägt sind,[61] erheben die Suchmaschinenbetreiber folgerichtig – bislang – nur von den Werbetreibenden ein Entgelt. Die beschriebenen Netzwerkeffekte führen zu Größenvorteilen, welche wiederum Herausbildung von Monopolen im Suchmaschinensektor begünstigen.

5.3.1.1 Nutzung der Suchmaschinen

Da es regelmäßig an einer Entgeltlichkeit von Suchmaschinenleistungen für die Nutzer fehlt, ist zunächst bereits fraglich, ob und inwieweit überhaupt ein eigenständiger, wettbewerbsrechtlich relevanter Markt besteht.[62] Zugunsten eines wettbewerbsrechtlich relevanten Marktes für Suchmaschinendienste trotz der Unentgeltlichkeit für die Nutzer wird angeführt, die Gegenleistung der Nutzer bestehe in der Bereitstellung von Aufmerksamkeit für kontextsensitive Werbung. Dabei komme es – anders als bei der herkömmlichen Werbung im Fernsehen – durch das *Pay-Per-Click*-Verfahren zu einer konkreten Vermögensverfügung zu Gunsten des Suchmaschinenbetreibers.[63] Diese Betrachtung verwischt jedoch die erforderliche scharfe Abgrenzung der einzelnen Beziehungen zwischen werbenden Anbietern, Nutzern und Suchmaschinenbetreibern. Zudem bleibt insoweit außer Betracht, dass es gerade nicht in allen Fällen zu einem Anklicken der Werbung kommt. Bloße Interdependenzen zwischen Nutzeraufkommen und Werbeerlösen vermögen gerade noch keinen wettbewerbsrechtlich relevanten Markt zu konstituieren.

Allerdings ergibt sich ein eigenständiger, wettbewerbsrechtlich relevanter Markt daraus, dass die Nutzer den Suchmaschinenbetreibern einen Zugriff auf solche Informationen übermitteln und eröffnen, die ihrerseits erhebliche eigene wirtschaftliche Werte verkörpern: So übermitteln die Nutzer im Zuge jeder Suchanfrage (werbe-)relevante, kommerzialisierbare persönliche Daten über Interessen, Neigungen und das Surfverhalten. Im Unterschied zum vorbenannten Fernsehen besteht bei Suchmaschinen damit regelmäßig eine unmittelbare Interaktion zwischen Betreibern und Nutzern. Nutzerbezogene Daten werden von den Suchmaschinenbetreibern gespeichert und verwertet,[64] woraus

---

[58] Siehe *Mestmäcker/Schweitzer*, Europäisches Wettbewerbsrecht, 2. Aufl. (2004), § 25 Rdnr. 29.

[59] Siehe hierzu grundlegend *Evans*, Yale Journal on Regulation 20 (2003), 325.

[60] Siehe hierzu grundlegend *Evans*, Yale Journal on Regulation 20 (2003), 325. Weiterhin auch *Paal*, Suchmaschinen, Marktmacht und Meinungsbildung, S. 22 f. A.A. dagegen wohl *Kühling/Gauß*, MMR 2007, 751 (752).

[61] Die Erlösaussichten von Suchmaschinen auf dem Werbemarkt hängen entscheidend von Nutzerzahl und Inhalteangebot ab, während die entgegengesetzte Verknüpfung allerdings gerade nicht trägt.

[62] Erörtert und ausdrücklich offen gelassen in *EU-Kommission*, Case No. COMP/M.5727 Tz. 85 f., betreffend das Fusionskontrollverfahren *Microsoft/Yahoo!*.

[63] Vgl. *Kühling/Gauß*, ZUM 2007, 751 (752); *Ott*, MMR 2006, 195 (196 f.); *ders.*, K&R 2007, 375 (378).

[64] Vgl. etwa die Datenschutzerklärung und Nutzungsbestimmungen von *Google* unter http://www.google.de/intl/de/policies/privacy/.

sich eine individuelle Geschäftsbeziehung ableitet. Insofern liegt eine hinreichende entgeltliche Austauschbeziehung vor, welche einen wettbewerbsrechtlich relevanten, eigenständigen Markt trägt.[65]

5.3.1.2 Aufnahme in den Index

Für die Berücksichtigung im Suchmaschinenindex[66] stellt sich im Verhältnis zu den Inhalteanbietern unter dem Aspekt der entgeltlichen Austauschbeziehung (ebenfalls) die Frage nach dem Vorliegen eines kartellrechtlich relevanten Marktes: Während bei vergüteten Aufnahmen in den Suchmaschinenindex, sog. *Paid Inclusions*, eine entgeltliche Austauschbeziehung unproblematisch vorliegt[67], erfolgt ansonsten die Aufnahme in den jeweiligen Index regelmäßig ohne (unmittelbare) Gegenleistung.[68] So genügt ein bloßer Zusammenhang zwischen der Aufnahme in den Index und der Förderung der Geschäftschancen des Inhalte-Anbieters nicht zur Konstituierung eines eigenständigen Marktes.[69] Weiterhin wird mit dem Setzen von Hyperlinks – etwa in den Suchmaschinenergebnissen – keine urheberrechtlich relevante Verwertungsbefugnis in Anspruch genommen.[70]

An diesem Befund wird sich auch durch das neue Leistungsschutzrecht für Presseverleger nichts ändern.[71] Allerdings kann die vorgelagerte Tätigkeit der Durchsuchung von Webseiten durch Roboter der Suchmaschinen eine urheberrechtlich relevante Vervielfältigung (vgl. § 16 UrhG) darstellen.[72] Da insoweit in Ansehung fehlender technischer Schutzmaßnahmen[73] von einer konkludenten (schlichten) Einwilligung der Webseitenbetreiber zur Indexierung[74] auszugehen sein wird, besteht im Ergebnis ein für die Marktkonstituierung hinreichender Leistungsaustausch.[75] So nimmt der BGH in ständiger – allerdings keinesfalls unumstrittener[76] – Rechtsprechung an, dass, wer seine Inhalte ohne technische Zugriffssperren ins Internet stellt, regelmäßig eine konkludente (schlichte) Einwilligung zu der Indexierung und Anzeige der Inhalte durch Suchmaschinen erteilt.[77]

5.3.1.3 Werbeangebote

Suchkontextbezogene Werbung bildet einen eigenständigen, sachlich relevanten Markt. Daneben existieren Märkte für die nicht-suchgebundene Werbung im Suchmaschinensektor (sog. *Display*-Werbung) und für die Werbevermittlung. So gilt, dass das BKartA und die Gerichte bislang eine Austauschbarkeit von Radio- und Fernsehwerbung zutreffend verneint und jeweils eigenständige Märkte angenommen haben.[78] In diesem Sinne besteht nach der EU-Kommission auf der Grundlage und am

---

[65] In diesem Sinne auch bereits *Ott*, MMR 2006, 195 (197); *Paal*, AfP 2011, 521 (525).

[66] Zur Frage eines rechtlichen Anspruches auf Aufnahme in den Suchmaschinenindex *Bahr*, Rechtsanspruch auf Aufnahme in den Suchindex (am Beispiel *Google*), vgl. http://www.suchmaschinen-und-recht.de/rechtsanspruch-auf-aufnahme-in-den-suchmaschinen-index.html.

[67] Dabei bewirkt die Bezahlung im Kontext der *Paid Inclusion* gerade nur die Aufnahme in den Suchmaschinenindex, nicht dagegen eine bevorzugte Behandlung im Rahmen der Erstellung des Suchrankings.

[68] Vgl. http://www.google.de/webmasters/1.html.

[69] A.A. *Ott*, MMR 2006, 195 (197).

[70] BGH, MMR 2003, 719; *Ott*, WRP 2004, 52; *ders.*, Urheber- und Wettbewerbsrechtliche Probleme von Linking und Framing, 2004, S. 295 ff.

[71] Vgl. etwa die Begründung des Gesetzesentwurfs, BT-Drs. 17/11470, S. 1, 6. Das entsprechende Gesetz tritt zum 1.8.2013 in Kraft (BGBl. 2013 I Nr. 23, S. 1161).

[72] Hierzu *Rath*, Das Recht der Suchmaschinen, 2005, S. 133.

[73] Etwa im Wege einer entsprechenden robots.txt-Datei.

[74] Hierzu *Rath*, Das Recht der Suchmaschinen, 2005, S. 134 f.

[75] *Ott*, MMR 2006, 195 (197); *Paal*, AfP 2011, 521 (526).

[76] Vgl. etwa *Ohly*, GRUR 2012, 983.

[77] BGH, GRUR 2010, 628 (631 f., Tz. 33 ff.); BGH, GRUR 2012, 602 (604 f., Tz. 17 ff.).

[78] Vgl. *BKartA*, WuW/E BKartA 2396 (2402 ff.), bestätigt durch *KG Berlin* WuW/E OLG 4811 (4825 f.).

Maßstab des Bedarfsmarktkonzepts zwischen der kontextbezogenen Werbung im Rahmen von Such-maschinen im Internet und sonstigen medial vermittelten Werbeangeboten gerade keine funktionale Austauschbarkeit.[79]

5.3.2 Marktbeherrschung

Auf dem Markt für Suchmaschinenanfragen hat *Google* in Deutschland und Europa eine marktmäch-tige Stellung bei einem Marktanteil von nahezu 90%, der nächste Wettbewerber *Bing* liegt demgegen-über bei einem Marktanteil von unter 5%.[80] Auf den hiermit eng verwandten Märkten für suchbezo-gene Werbung, Indexierung und Werbevermittlung bestehen ebenfalls marktmächtige Stellungen von *Google*. Vor diesem Hintergrund führen sich selbst verstärkende Netzwerkeffekte und entsprechende Rückwirkungen gleichsam zu einer Reichweiten-Auflagen-Spirale.[81]

5.3.3 Missbrauchsverbot

Gemäß der Normenhierarchie gebührt zunächst grundsätzlich den Bestimmungen des AEUV der Vorrang sowohl vor dem sekundären Gemeinschaftsrecht als auch vor dem nationalen Kartell- und Regulierungsrecht.[82] Bei den untersuchungsgegenständlichen Sachverhalten handelt es sich regelmä-ßig um grenzüberschreitende Konstellationen, womit regelmäßig der Handel zwischen den Mitglied-staaten beeinflusst und mithin der Anwendungsbereich von Art. 102 AEUV eröffnet sein wird.[83] Art. 102 AEUV statuiert für marktbeherrschende Unternehmen ein umfassendes Verbot der miss-bräuchlichen Ausnutzung ihrer Stellung gegenüber anderen Marktteilnehmern. Für das Vorliegen ei-ner marktbeherrschenden Stellung stellt der EuGH ab auf die „wirtschaftliche Machtstellung eines Unternehmens […], die dieses in die Lage versetzt, die Aufrechterhaltung eines wirksamen Wettbe-werbs auf dem relevanten Markt zu verhindern, indem sie ihm die Möglichkeit verschafft, sich seinen Wettbewerbern, seinen Abnehmern und schließlich den Verbrauchern gegenüber in einem nennens-werten Umfang unabhängig zu verhalten".[84] Neben einer marktbeherrschenden Stellung fordert Art. 102 AEUV eine missbräuchliche Ausnutzung, wobei vorliegend vor allem auch an die Anwen-dung der sog. *essential-facilities*-Doktrin zu denken ist, welche Fragen des diskriminierungsfreien Zu-gangs zu wesentlichen (Infrastruktur-) Einrichtungen betrifft.[85]

---

[79] Vgl. hierzu *EU-Kommission*, Case No. COMP/M.4731 Tz. 44 ff.; COMP/M.5676 Tz. 34 ff. In diesem Sinne auch *Ott*, MMR 2006, 195 (198).

[80] Aktuelle Daten abrufbar unter http://www.webhits.de/deutsch/index.shtml?webstats.html.

[81] Zur Anzeigen-Auflagen-Spirale im Pressesektor und zur Werbespot-Reichweiten-Spirale im Rundfunk siehe *Paal*, Medien-vielfalt und Wettbewerbsrecht, S. 160 f. mwN.

[82] Vgl. Art. 3 Abs. 1 und 2 VO (EG) Nr. 1/2003 (Kartellverfahrensverordnung). Dabei bleibt es den Mitgliedstaaten unbe-nommen, in ihrem Hoheitsgebiet strengere innerstaatliche Vorschriften zur Unterbindung einseitiger Handlungen von Unter-nehmen zu erlassen oder anzuwenden, siehe Art. 3 Abs. 2 S. 2 VO (EG) Nr. 1/2003.

[83] Für das nationale Missbrauchsverbot nach Maßgabe der §§ 19 ff. GWB gelten die Ausführungen zum europäischen Recht im Wesentlichen sinngemäß. Besonderheiten des deutschen Rechts (wie etwa die Marktbeherrschungsdefinitionen und -ver-mutungen in § 19 Abs. 2, 3 GWB) fallen demgegenüber kaum ins Gewicht.

[84] *EuGHE* 1978, 207 (387 ff.) – United Brands. Für den Bereich der elektronischen Medien hat die EG-Kommission als Orientierungshilfe für die nationalen Regulierungsbehörden „Leitlinien für die Marktanalyse und Ermittlung beträchtlicher Marktmacht" veröffentlicht, vgl. *EG-Kommission*, ABl. EG 2002, Nr. C 165/6.

[85] Vgl. *Fuchs/Möschel*, in: *Immenga/Mestmäcker*, Kommentar zum Europäischen Kartellrecht, Band 1. EU/Teil 1, 5. Aufl. (2012), Art. 102 AEUV Rn. 331 ff. Rechtsvergleichend zu der *essential-facilities*-Doktrin *Beckmerhagen*, Die essential facilities doctrine im US-amerikanischen und europäischen Kartellrecht, 2002.

Inhalte- und Diensteanbieter sind für ihren wirtschaftlichen Erfolg auf den Internetmärkten davon abhängig, dass die jeweiligen Internetauftritte von Suchmaschinen indexiert und bei einer Suchanfrage – aussichtsreich[86] – angezeigt werden. Vorliegend interessieren deshalb vornehmlich die Märkte betreffend die Aufnahme in den Index und betreffend das hieran anknüpfende Suchergebnis bzw. Suchranking. Denn die hierdurch vermittelte Präsenz ermöglicht vielfach erst die Auffindbarkeit und damit ein erfolgversprechendes Tätigwerden auf Sekundär- bzw. Drittmärkten. Für vertikal integrierte Suchmaschinenbetreiber besteht ein erheblicher Anreiz, die zugrundeliegenden Suchalgorithmen so zu konfigurieren, dass eigene Inhalte und Dienstleistungen stets auf einem Spitzenplatz gelistet werden.[87] Bei der Anwendung von Art. 102 AEUV ist insoweit darauf abzustellen, ob das marktbeherrschende Unternehmen seine Stellung ausnutzt, um den Wettbewerb auf einem anderen Markt zu verfälschen.[88] In Betracht kommt gegenüber (potenziellen) Konkurrenten dabei vor allem ein Behinderungsmissbrauch in Gestalt der Geschäftsverweigerung, falls der wirksame Wettbewerb ohne sachliche Rechtfertigung[89] ausgeschaltet wird und die vorenthaltenen Leistungen in Bezug auf den Drittmarkt unerlässlich sind, oder eine Diskriminierung, wenn eine zurechenbare und nicht gerechtfertigte Ungleichbehandlung gegeben ist.

5.3.3.1 Zugang zu wesentlichen Einrichtungen (essential-facilities-Doktrin)

Suchmaschinen als Informationsintermediäre könnten wesentliche Infrastruktureinrichtungen darstellen, womit ein genereller Ausschluss vom Suchmaschinenindex oder eine Verdrängung von den vorderen Rankingpositionen ohne sachliche Rechtfertigung nach Maßgabe der *essential-facilities*-Doktrin verboten wäre. Aus Sicht der Inhalteanbieter und Werbetreibenden spricht für das Vorliegen einer wesentlichen Einrichtung, dass keine echten Wechselalternativen existieren, welche vergleichbar die Auffindbarkeit durch und den Zugang zu den Nutzern eröffnen.[90]

Sowohl für Inhalteanbieter als auch für Werbetreibende gibt es gegenwärtig keine faktisch tragfähige Wechselalternative zu dem Marktführer *Google*. So ist *Google* seinen Wettbewerbern auf dem Suchmaschinensektor in den maßgeblichen Wettbewerbsfaktoren weit voraus (bspw. betreffend Daten- und Informationsvolumen, Nutzer-Reichweite, Suchinfrastruktur, Werbevolumen). Zudem sind potenzielle Wechselkosten besonders hoch, da *Google* über die Ausgestaltung der Verträge den Werbetreibenden untersagt, geschaltete Anzeigen zu kopieren und in einer anderen Suchmaschine zu verwenden.[91] Die Suchmaschine von *Google* verkörpert nach alledem einen faktischen Marktstandard, welcher durch Netzwerkeffekte vor potenziellen Marktzutritten weitgehend abgeschirmt ist. Insgesamt sprechen deshalb gewichtige Argumente dafür, dass es sich bei der Suchmaschine von *Google* um eine wesentliche Einrichtung handelt, womit die *essential-facilities*-Doktrin greift.

Falls man nach alledem das Vorliegen einer wesentlichen Einrichtung annimmt,[92] sind die unternehmerischen Verhaltensspielräume durch das kartellrechtliche Missbrauchsverbot in besonderer

---

[86] Die Wahrnehmung der Nutzer konzentriert sich vornehmlich auf die ersten Suchergebnisse auf der ersten Ergebnisseite.

[87] Vgl. *Dakanalis/van Rooijen*, C&R 2011, 29 (29 ff.); *Kühling/Gauß*, ZUM 2007, 881 (885).

[88] Siehe zum nationalen Kartellrecht *BGH*, GRUR 2004, 255; GRUR 2004, 259 (260) – jeweils mwN.

[89] Eine sachliche Rechtfertigung könnte sich etwa ergeben aus der Rechtswidrigkeit von Inhalten.

[90] Gegen das Vorliegen einer wesentlichen Einrichtung allerdings *Schulz/Held/Laudien*, Suchmaschinen als Gatekeeper in der öffentlichen Kommunikation, 2005, S. 73.

[91] Hierin manifestierte sich einer der Hauptvorwürfe der EU-Kommission in dem vorerwähnten laufenden Kartellverfahren gegen *Google*.

[92] Eine solche „wesentliche Einrichtung" in Ansehung von *Google* ablehnend *Babey*, Kartellrechtliche Anforderungen an Suchmaschinen, 2010, S. 102 f.; *Körber*, WRP 2012, 761 (765 f.); *Wiebe*, MR-Int. 2007, 179 (182).

Weise restringiert.[93] Inhaber von Infrastruktureinrichtungen mit Flaschenhalscharakter treffen insbesondere spezielle Zugangsgewährungsverpflichtungen, sofern keine sachlichen Rechtfertigungen (etwa in Gestalt von Kapazitätsengpässen) entgegenstehen; solche Verpflichtungen können sich vorliegend etwa manifestieren in einer generellen Gleichbehandlungspflicht bei der Aufnahme in den Suchmaschinenindex und bei der Verarbeitung durch den Suchalgorithmus.

5.3.4 Ausbeutung, Behinderung und Marktmachttransfer

Unbeschadet einer möglichen Anwendbarkeit der *essential-facilities*-Doktrin könnte ein Ausbeutungsmissbrauch gegeben sein, wofür zunächst auf das Regelbeispiel aus Art. 102 S. 2 lit. a) AEUV rekurriert werden kann („unmittelbare oder mittelbare Erzwingung von unangemessenen Einkaufs- oder Verkaufspreisen oder sonstigen Geschäftsbedingungen"). Die Geschäftsmodelle von Suchmaschinen beruhen vornehmlich auf Verweisen auf bzw. der Verwendung von fremdproduzierten Inhalten und Leistungen. Diese Inhalte und Leistungen sind von anderen Personen und Unternehmen – und hier nicht zuletzt von Presseverlagen[94] – hergestellt und über das Internet zugänglich gemacht worden. Bei der Wiedergabe solcher Inhalte und Leistungen durch Suchmaschinen (etwa in Gestalt von Textauszügen, sog. *Snippets*, oder Vorschaubildern, sog. *Thumbnails*) erfolgt somit vielfach eine Verwertung fremdproduzierter Inhalte und Leistungen, ohne dass eine Vereinbarung über die Art und Weise des Zugriffs oder einer etwaigen Kompensation stattgefunden hätte. In der Folge greifen die Internetnutzer immer seltener unmittelbar auf die Webseiten der Inhalteanbieter zu, weshalb die Werbetreibenden ihre Buchungen zu den Suchmaschinen hin verschieben. Zugleich sind die Inhalteanbieter von einer Indexierung ihrer Webangebote durch – marktmächtige – Suchmaschinen abhängig, um den erforderlichen Zugang zu den Nutzern zu erhalten.

Weiterhin kommt in Betracht, dass durch Ausschließlichkeitsbindungen konkurrierende Unternehmen auf dem beherrschten oder auf benachbarten Märkten behindert werden (Behinderungsmissbrauch). Hier setzt der Vorwurf der EU-Kommission an, wonach *Google* einen vertraglichen Ausschluss von Konkurrenten bei Verträgen mit Anzeigenkunden und ein faktisches Verbot des Transfers von Anzeigen zu Konkurrenten implementiert habe. Ferner steht ein kartellrechtlich unzulässiger Marktmachttransfer (sog. *Leveraging*[95]) in Rede, wenn und soweit Suchmaschinenanbieter ihre eigenen Inhalte bei der Ergebnisreihung im Suchranking – etwa durch bessere Platzierung oder optische Hervorhebungen – bevorzugt behandeln, um hieraus auf verwandten Dienste- und Inhaltemärkten entsprechend Nutzen zu ziehen.[96]

5.4 Lauterkeitsrecht

Die Suchmaschinenaktivitäten werden sich regelmäßig als geschäftliche Handlungen im Sinne des Lauterkeitsrechts (vgl. § 2 Abs. 1 Nr. 1 UWG) darstellen.[97] Konkret kommt ein Lauterkeitsverstoß

---

[93] Vgl. *BGH*, WuW/E DE-R, 1520 (1527); *Möschel*, in: Immenga/Mestmäcker (Hrsg.), Wettbewerbsrecht, Gesetz gegen Wettbewerbsbeschränkungen: GWB, Kommentar, 4. Aufl., 2007, § 19 GWB Rn. 187 f.

[94] Zu verweisen ist – auch an dieser Stelle – auf das neu geschaffene Leistungsschutzrecht für Presseverleger im Internet (BGBl. 2013 I Nr. 23, S. 1161).

[95] Vgl. hierzu etwa *Nothhelfer*, Die leverage theory im europäischen Wettbewerbsrecht, 2006.

[96] Dies wegen der „unkoordinierten Selbstregulierungsmaßnahmen" des Internets für unwahrscheinlich haltend *Kühling/Gauß*, MMR 2007, 751 (756).

[97] *Paal*, Suchmaschinen, Marktmacht und Meinungsbildung, S. 58.

gegen §§ 3, 4 Nr. 10 UWG (gezielte Mitbewerberbehinderung) in Betracht, wenn und soweit konkurrierende Suchmaschinenanbieter benachteiligt werden. Dabei reicht die bloße Beeinträchtigung der wettbewerblichen Entfaltungsmöglichkeiten eines Mitbewerbers allerdings für sich genommen nicht aus, um einen solchen Lauterkeitsverstoß zu begründen. Vielmehr müssen weitere Umstände hinzutreten: Bei einer objektiven Würdigung aller Umstände müssen die Maßnahmen in erster Linie nicht auf die Förderung der eigenen wettbewerblichen Entfaltung, sondern auf die Beeinträchtigung der wettbewerblichen Entfaltung des Mitbewerbers gerichtet sein.[98]

Zu denken ist ferner an eine Irreführung[99] der Nutzer von Suchmaschinen auf der Grundlage und am Maßstab von §§ 3, 5 UWG, wenn und soweit unzutreffende Vorstellungen über die eröffneten Leistungen (i.e. die Suchmaschinenergebnisse) hervorgerufen werden können. In diesem Kontext wird es vor allem auch darauf ankommen, welcher Verständnishorizont bei den Nutzern von Suchmaschinen zutreffenderweise zugrunde zu legen ist, da hieraus das etwaige Irreführungspotenzial abzuleiten ist. Gemeinhin wird hier abgestellt auf den durchschnittlich informierten, aufmerksamen und verständigen Verbraucher – eine Definition, die im Einzelfall nicht ohne Weiteres weiterhilft.

5.5   Medien- und Regulierungsrecht

In medien- und regulierungsrechtlicher Hinsicht ist zudem neben den Regelungen des Telemediengesetzes (TMG) und des Telekommunikationsgesetzes (TKG) mit Blick auf die Suchmaschinen vor allem auch an die Bestimmungen des Rundfunkstaatsvertrags (RStV) zu denken.[100] Auf der Grundlage und am Maßstab des RStV (vgl. § 2 Abs. 1 Satz 1 und 2 RStV) handelt es sich bei Suchmaschinen zunächst nicht um Rundfunk im einfach-gesetzlichen Sinne.[101] Zudem dürfte die Ausschlussklausel des § 2 Abs. 3 Nr. 4 RStV eingreifen, welche auf das Erfordernis einer journalistisch-redaktionellen Gestaltung abhebt.[102] Ferner bieten Suchmaschinen keine linearen Dienste an, die entlang eines Sendeplans mit Bewegtbildern befasst sind. Insgesamt fehlt es für Suchmaschinen nach alledem an wesentlichen Eigenschaften des Rundfunks iSd. RStV, weshalb die besonderen Schutzvorkehrungen mit ihren gravierenden Einschränkungen für die jeweiligen Anbieter jedenfalls nicht unmittelbar zur Anwendung gebracht werden können.[103]

Richtigerweise sind Suchmaschinen vielmehr als Telemedien nach Maßgabe von § 2 Abs. 1 Satz 3 RStV zu qualifizieren, da weder Telekommunikationsdienste nach § 3 Nr. 24 TKG noch telekommunikationsgestützte Dienste nach § 3 Nr. 25 TKG betroffen sind. Darüber hinaus handelt es sich bei den Suchmaschinen nicht um Plattformen nach Maßgabe von § 2 Abs. 2 Nr. 13 RStV[104], da weder Rundfunk noch vergleichbare Telemedien zusammengefasst werden.[105] Für die Suchmaschinen greifen somit nur die §§ 54 ff. RStV, welche gerade keine spezifischen Vorgaben zur Neutralität sowie

---

[98] BGH NJW 2007, 2999 (3002).

[99] Vgl. *Paal*, Suchmaschinen, Marktmacht und Meinungsbildung, S. 59.

[100] *Paal*, Suchmaschinen, Marktmacht und Meinungsbildung, S. 60.

[101] *Danckert/Mayer*, MMR 2010, 219 (220).

[102] In diesem Sinne ebenfalls *Volkmann*, in: Spindler/Schuster (Hrsg.), Recht der elektronischen Medien, 2. Aufl., 2011, § 59 Rn. 25, eine „pressetypische Hilfshandlung" ablehnend.

[103] In diesem Sinne fordern allerdings *Danckert/Mayer*, MMR 2010, 219 (221), für Suchmaschinenbetreiber mit vorherrschender Meinungsmacht eine Festlegung von allgemeinen Verhaltens- und konkreten Handlungsvorgaben.

[104] *Paal*, Suchmaschinen, Marktmacht und Meinungsbildung, S. 61. Für Einschränkungen der Netzneutralität im Sinne eines „nicht-offenen Internets" hat die Kommission für Zulassung und Aufsicht der Landesmedienanstalten (ZAK) in einem Thesenpapier von 2011 die Anwendbarkeit der Plattformregulierung des RStV ins Spiel gebracht: Keine inhaltebezogene Priorisierung im offenen Internet. Thesen der Medienanstalten zur Netzneutralität, abrufbar unter http://www.diemedienanstalten.de/service/positionen.html. Kritisch hierzu *Gersdorf*, AfP 2011, 209 (213 f.).

[105] *Danckert/Mayer*, MMR 2010, 219 (220), verweisen zutreffend darauf, dass überdies die Ausnahmebestimmung des § 52 Abs. 1 Nr. 2 RStV betreffend die unveränderte Weiterleitung greifen würde.

zur Meinungs- und Angebotsvielfalt enthalten. Nach alledem eröffnen sich *de lege lata* im Suchmaschinenkontext keine spezifischen – unmittelbaren – rundfunkrechtlichen Sanktionsmöglichkeiten gegen allfällige Diskriminierungen durch Suchmaschinenbetreiber.[106]

Nach Maßgabe von § 6 Abs. 1 Nr. 1 und 2 TMG müssen allerdings bereits nach dem geltenden Recht kommerzielle Kommunikationen sowie die natürliche oder juristische Person, in deren Auftrag kommerzielle Kommunikationen erfolgen, klar identifizierbar sein. Diese Mindestinformationen müssen zudem leicht erkennbar und ohne Aufwand wahrnehmbar sein.[107] Ferner besteht in diesem Sinne auch eine freiwillige Selbstverpflichtung der Suchmaschinenanbieter.[108]

6 SCHUTZDEFIZITE UND HANDLUNGSOPTIONEN

Festzuhalten ist demnach, dass der bestehende Rechtsrahmen erhebliche Schutzdefizite in Ansehung des Leitbilds eines wirksamen und fairen Wettbewerbs aufweist. Hierfür ursächlich sind sowohl generell-systematische Umstände (sprich: die Erfassung des neuartigen Phänomens „Suchmaschinen" mit einem Normenbestand des analogen Zeitalters) als auch konkret-normbezogene Umstände (sprich: die Reichweite und Voraussetzungen der Rechtsnormen und vor allem des kartellrechtlichen Missbrauchs-Tatbestands). Vor diesem Hintergrund sind mögliche rechtspolitische Handlungsoptionen aufzuzeigen und zu hinterfragen.

6.1 Aktualisierung der Normanwendungspraxis

Wettbewerbsbehörden und Gerichte sollten ihre Normanwendungspraxis im Lichte der gegenwärtigen Entwicklungen und Veränderungen aktualisieren. Vorzunehmen ist insbesondere eine konsequente Rechtsanwendung in Ansehung eines möglichen Marktmachtmissbrauchs durch Suchmaschinen. Eigene Inhalte und Leistungen dürfen von den Suchmaschinenbetreibern in Ansehung des kartellrechtlichen Missbrauchsverbots nicht besser behandelt werden als gleichwertige Angebote der Konkurrenz; dieses Gebot gilt es effektiv durchzusetzen. Weiterhin ist eine nachhaltige Berücksichtigung des *more economic approach* anzumahnen, sprich eine stärkere Ausrichtung der Rechtsanwendung auf den Schutz der Verbraucher- und Konsumentenwohlfahrt. Insgesamt sind die betroffenen Märkte in diesem Sinne vor einem Machttransfer durch Suchmaschinen zu schützen und für den Wettbewerb offen zu halten.

6.2 Erweiterung der Transparenzvorgaben

Der Gesetzgeber sollte überdies im Sinne der vorerwähnten Ausgestaltungs- und Gewährleistungsverantwortung weitergehende Transparenzvorgaben zum Schutze von Nutzern und Wettbewerbern festschreiben. So wäre von den Suchmaschinen etwa klar und unmissverständlich anzuzeigen, bei welchen der jeweiligen Suchergebnisse es sich um eigene Inhalte und Leistungen handelt. Hierdurch könnten nicht nur Diskriminierungen von Konkurrenten verhindert, sondern darüber hinaus auch

---

[106] Vgl. *Schulz*, CR 2008, 470 (476).
[107] *Paal*, Suchmaschinen, Marktmacht und Meinungsbildung, S. 62.
[108] Verhaltenssubkodex der Suchmaschinenanbieter - Freiwillige Selbstkontrolle Multimedia-Diensteanbieter, abrufbar unter http://www.fsm.de/de/Subkodex_Suchmaschinenanbieter.

bestehende Informationsasymmetrien aufgelöst oder jedenfalls reduziert werden, die gegenwärtig zugunsten der Suchmaschinenbetreiber und zulasten von Nutzern wirken. Dem entgegenstehende schützenswerte Interessen der Suchmaschinenbetreiber, etwa zur „Verschleierung" der eigenen kommerziellen Absichten, sind hierbei gerade nicht ersichtlich. [109]

Eine weitergehende Transparenzverpflichtung im Sinne der generellen Offenlegung von Suchalgorithmen als der zentralen Unternehmensgeheimnisse von Suchmaschinen ist nicht anzuraten. Neben rechtlichen Bedenken dürfte ansonsten vor allem auch die Innovationskraft im Suchmaschinensektor nicht nur unerheblich leiden.[110] Ein Mittelweg im Spannungsfeld der Offenlegung von Betriebsgeheimnissen und der Überprüfbarkeit von Manipulationsvorwürfen könnte allenfalls die Einrichtung von unabhängigen Kontrollinstanzen sein, die sodann in speziellen Verfahren unter Berücksichtigung des Geheimnisschutzes die Einhaltung der entsprechenden Vorgaben prüfen sollen.[111]

6.3 Öffentlich-rechtliche Suchmaschinen

Als Korrektiv[112] zu privatrechtlich betriebenen Suchmaschinen[113] ist teilweise die Einrichtung von öffentlich-rechtlichen Suchmaschinen vorgeschlagen worden.[114] Dem liegt die Annahme zugrunde, dass solche öffentlich-rechtlichen im Gegensatz zu privaten Suchmaschinen weniger stark ökonomischen und sonstigen interessengeleiteten Einflussnahmen unterliegen. Allerdings greift auch hier zunächst das Argument, wonach eine absolute Objektivität im Sinne einer „Neutralität" bei Suchmaschinen nicht möglich ist, da die Suchalgorithmen jedenfalls bestimmte Festlegungen für die Ergebnisreihung erfordern.[115] Zudem dürften an die Stelle der privaten Interessen geschuldeten Einflussnahmen nicht nur unerhebliche politische Interessen treten. Ob innovative Technologien unter öffentlich-rechtlicher besser als unter privatwirtschaftlicher Ägide gedeihen werden, erscheint überdies zumindest als zweifelhaft.[116]

6.4 Suchmaschinenspezifische Vorschriften – de lege ferenda

Weiterhin ist zu überlegen, ob für die Suchmaschinen *de lege ferenda* ein eigener Regelungskomplex zur Absicherung der Meinungsvielfalt geschaffen werden sollte. So könnte etwa eine allgemeine Verpflichtung von Suchmaschinen(betreibern) statuiert werden, bei der Erstellung der Suchmaschinenergebnisse „inhaltlich die Vielfalt der Meinungen im Wesentlichen zum Ausdruck zu bringen" (vgl. hier für das Fernsehen bereits § 25 Abs. 1 Satz 1 RStV[117]). Allerdings ist im Rahmen dieser Überlegung zur internen Vielfaltssicherung zu berücksichtigen, dass es in Anbetracht von täglich mehreren Millionen unterschiedlicher, automatisch beantworteter Suchanfragen nur schwerlich möglich sein wird,

---

[109] *Paal,* Suchmaschinen, Marktmacht und Meinungsbildung, S. 76.

[110] *Paal,* Suchmaschinen, Marktmacht und Meinungsbildung, S. 76; siehe auch *Kühling/Gauß,* ZUM 2007, 881 (889); *Schulz/Held/Laudien,* Suchmaschinen als Gatekeeper in der öffentlichen Kommunikation, 2005, S. 111 f.

[111] *Paal,* Suchmaschinen, Marktmacht und Meinungsbildung, S. 76 f.; siehe *Schulz/Held/Laudien,* Suchmaschinen als Gatekeeper in der öffentlichen Kommunikation, 2005, S. 112, dem sich anschließend *Kühling/Gauß,* ZUM 2007, 881 (889).

[112] Vgl. zu dem Funktionsauftrag und der Korrektivfunktion des öffentlich-rechtlichen Rundfunks *Paal,* Medienvielfalt und Wettbewerbsrecht, 2010, S. 346 ff.

[113] In diesem Sinne mit Blick auf meinungsmächtige Suchmaschinen und deren Algorithmen *Kube,* in: Isensee/Kirchhof, Handbuch des Staatsrechts der Bundesrepublik Deutschland, Bd. IV, 3. Aufl., 2006, § 91 Rn. 29 mwN.

[114] Hierzu *Ott,* K&R 2007, 375.

[115] Vgl. hierzu bereits vorstehend sub 5.1.

[116] Vgl. *Ott,* K&R 2007, 375 (375).

[117] *Danckert/Mayer,* MMR 2010, 219 (221), wollen solche Vorgaben nur für Suchmaschinen mit vorherrschender Meinungsmacht zur Anwendung bringen und schlagen überdies die Etablierung von Such- sowie Indexierungsvorgaben vor.

in jedem konkreten Fall einer Suchanfrage die angestrebte „Vielfalt der Meinungen" zum Ausdruck zu bringen. Hierzu erforderlich wäre ein – technisch wohl kaum darstellbarer – „Algorithmus der Meinungsvielfalt".

Sieht man die eingeschränkte Varianz im Sinne einer Nutzungsvielfalt im Suchmaschinenbereich als Kernproblem der Markt- und Meinungsdominanz, so käme darüber hinaus eine Verpflichtung von marktmächtigen Unternehmen in Betracht, eine über ein bestimmtes, noch festzulegendes Maß hinausgehende Anzahl an Suchanfragen abzuweisen und nach noch näher auszugestaltenden Kriterien an Konkurrenten weiterzureichen. Diese Konzeption entspräche dem Grunde nach dem Regulierungsgedanken, welcher in § 25 ff. RStV bereits gegenwärtig für das private bundesweite Fernsehen („Zuschaueranteile") greift. Normativer Anknüpfungspunkt wäre insoweit konkret die durch die Nutzeranfragen vermittelte Meinungsmacht. Hierbei wären wiederum bei einer entsprechenden „Zwangsweiterleitung" die betroffenen Grundrechtspositionen sowohl der Suchmaschinenbetreiber als auch der Suchmaschinennutzer angemessen zu berücksichtigen; insbesondere die grundrechtskonforme Ausgestaltung der Weiterleitungskriterien dürfte jedoch erhebliche rechtliche und tatsächliche Schwierigkeiten aufwerfen. So wäre etwa festzulegen, welche Suchanfragen an welche konkurrierenden Anbieter nach welchem Verteilungsschlüssel weitergeleitet werden.

Weiterhin ist zu denken an die Statuierung einer sektorspezifischen Zugangseröffnung im Sinne von *Must-Carry*-Verpflichtungen, um die Diskriminierung von Inhalte- und Diensteanbietern zu verhindern. Solche *Must-Carry*-Verpflichtungen finden sich gegenwärtig bereits in §§ 52b, § 52c Abs. 1 RStV für die Belegung von Plattformen betreffend private Fernsehprogramme. Veranlasst wäre eine solche verpflichtende Zugangseröffnung durch den Befund des Bestehens von Flaschenhals-Konstellationen im Sinne der *essential-facilities*-Doktrin.[118] Hierdurch würde zwar der generelle Zugang für Inhalte- und Diensteanbieter zu den jeweiligen Suchmaschinen(indizes) eröffnet, ohne dass aber die angestrebte Diskriminierungsfreiheit bei den Suchergebnissen abschließend gewährleistet werden könnte.

7 GESAMTWÜRDIGUNG UND AUSBLICK

Im Kontext der Suchmaschinen bestehen marktmächtige Positionen, die insbesondere in Verbindung mit einer vertikalen Ausdehnung der Aktivitäten von Suchmaschinenbetreibern (und hier insbesondere des Marktführers *Google*) auf die jeweiligen Inhaltemärkte erhebliche Gefahrpotenziale für einen funktionierenden Wettbewerb bedeuten. Zu befürchten sind in Ansehung von etwaigen Informationsmonopolen insoweit sowohl eine Beeinträchtigung der ökonomischen Marktprozesse als auch die Herausbildung von vorherrschender Meinungsmacht. Da es zur Herausbildung von marktmächtigen Stellungen im Suchmaschinenbereich bereits gekommen ist, stellt sich umso drängender die Frage nach der angemessenen Rechtsanwendung und einer möglichen Fortentwicklung des bestehenden rechtlichen Ordnungsrahmens.

Eine wesentliche Aufgabe der medienspezifischen Wirtschaftsordnung ist die Bewahrung von Offenheit, Transparenz und Wettbewerb, um einen diskriminierungsfreien Zugang zu Informationen und Märkten zu gewährleisten und abzusichern. Hier sollte auch zukünftig vornehmlich auf den Wettbewerb als Auswahl- und Entdeckungsverfahren gesetzt werden, um die Freiheit und Zukunftsoffen-

---

[118] *Paal*, Suchmaschinen, Marktmacht und Meinungsbildung, S. 70.

heit des Internets zu bewahren. Unter Rekurs auf das geltende Recht sind zudem ergänzende Maßnahmen zu ergreifen, damit marktmächtige Suchmaschinenpositionen angemessen behandelt werden können.

Keinesfalls aber sollte eine überschießende Regulierung die dynamischen Innovationskräfte zum Erliegen bringen. Zugleich sind neue Mindestvorgaben betreffend Qualität und Transparenz für Suchmaschinenanbieter zur Herstellung der erforderlichen Chancengleichheit geboten. Auf der Grundlage und am Maßstab dieser Überlegungen gilt es, sowohl einen Wettbewerb der Suchmaschinen als auch Wettbewerb durch Suchmaschinen zu eröffnen, um hierdurch funktionsfähige Märkte zu erreichen und zu bewahren.

8 LITERATURVERZEICHNIS

Babey, Fabio. 2010. *Kartellrechtliche Anforderungen an Suchmaschinen, 2010.* Zürich: University of Zurich, Faculty of Law.

Bechtold, Rainer. 2010. *Gesetz gegen Wettbewerbsbeschränkungen (GWB) Kartellgesetz, Kommentar, 6. Auflage, 2010.* München: C. H. Beck.

Blankenagel, Alexander/Spoerr, Wolfgang. 2013. *Zur Verfassungswidrigkeit des Leistungsschutzrechts für Presseverleger.* Abrufbar unter http://politik.eco.de/files/2013/02/20130221-LSR-Gutachten-Blankenagel-Spoerr.pdf.

Dakanalis, Dimos/van Rooijien, Ashwin. 2011. *EU: Google Under Antitrust Scrutiny. CR 2011, 29-31.* Köln: Dr. Otto Schmidt.

Danckert, Burkhard/Mayer, Frank Joachim. 2010. *Die vorherrschende Meinungsmacht von Google, Bedrohung durch einen Informationsmonopolisten?. MMR 2010, 219-222.* München: C.H. Beck.

Evans, David S. 2003. *The Antitrust Economics of Multi-Sided Platform Markets, Yale Journal on Regulation 20 (2003), 325-381.* New Haven: Yale Press.

Frey, Dieter. 2010. *Leistungsschutzrecht für Presseverleger. MMR 2010, 291-295.* München: C. H. Beck.

Gersdorf, Hubertus. 2011. *Netzneutralität: Juristische Analyse eines „heißen Eisens". AfP 2011, 209-217.* Köln: Dr. Otto Schmidt.

Goldman, Eric. 2005-2006. *Search Engine Bias and the Demise of Search Engine Utopianism. Yale Journal of Law & Technology 8 (2005-2006), 188-200.* Yale: Yale University Press.

Hegemann, Jan/Heine, Robert. 2009. *Für ein Leistungsschutzrecht der Presseverleger. AfP 2009, 201-207.* Köln: Dr. Otto Schmidt.

Immenga, Ulrich/Mestmäcker, Ernst-Joachim. 2007. *Wettbewerbsrecht, Gesetz gegen Wettbewerbsbeschrän-kungen: GWB, Kommentar, 4. Auflage, 2007.* München: C. H. Beck.

Immenga, Ulrich/Mestmäcker, Ernst-Joachim. 2012. *Wettbewerbsrecht, Band 1. EG/Teil 2, 5. Auflage, 2012.* München: C. H. Beck.

Introna, Lucas D./Nissenbaum, Helen. 2000. *Shaping the Web: Why the politics of search engines matter. The Information Society 16 (2000), 169-185.* Philadelphia: Taylor & Francis.

Jäger, Wolfgang/Pohlmann, Petra/Schröder, Dirk. 2012. *Frankfurter Kommentar zum Kartellrecht. Lose-blattsammlung Stand 2013.* Köln: Dr. Otto Schmidt.

Körber, Torsten. 2012. *Google im Fokus des Kartellrechts. WRP 2012, 761-772.* Frankfurt a.M.: Deutscher Fachverlag GmbH.

Kube, Hanno. 2006. *Neue Medien – Internet, in: Isensee, Josef/Kirchhof, Paul (Hrsg.). Handbuch des Staatsrechts der Bundesrepublik Deutschland, Bd. IV, 3. Auflage, 2006, S. 843-884m.* Heidelberg: C. F. Müller.

Kühling, Jürgen. 2008. *Internetsuchmaschinen als Hüter des Wissens? Tatsächliche Probleme für den freien Infor-mationszugang und rechtlicher Handlungsbedarf, in: Schuppert, Gunnar Folke/Voßkuhle, Andreas (Hrsg.). Gover-nance von und durch Wissen. 2008, S. 202-216.* Baden-Baden: Nomos.

Kühling, Jürgen/Gauß, Nicolas. 2007. *Suchmaschinen – eine Gefahr für den Informationszugang und die Infor-mationsvielfalt? ZUM 2007, 881-889.* München: C. H. Beck.

Kühling, Jürgen/Gauß, Nicolas. 2007. *Expansionslust von Google als Herausforderung für das Kartellrecht. MMR 2007, 751-757.* München: C.H. Beck.

Kühne, Armin. 2013. *Das entschärfte Leistungsschutzrecht für Presseverleger. CR 2013, 169-176.* Köln: Dr. Otto Schmidt.

Lapp, Thomas. 2007. *Vertragsrechtlicher Schutz der Netzneutralität? CR 2007, 774-779.* Köln: Dr. Otto Schmidt.

Machill, Marcel/Beiler, Markus. 2008. *Suchmaschinen als Vertrauensgüter. Internet-Gatekeeper für die Infor-mationsgesellschaft?, S. 159-172, in: Klumpp, Dieter/Kubicek, Herbert/Roßnagel, Alexander/Schulz, Wolfgang. Informationelles Vertrauen für die Informationsgesellschaft. 2008.* Berlin: Springer.

Mestmäcker, Ernst-Joachim/Schweitzer, Heike. 2004. *Europäisches Wettbewerbsrecht. 2. Auflage, 2004.* München: C.H. Beck.

Metzger, Axel. 2012. *Der Einfluss des EuGH auf die gegenwärtige Entwicklung des Urheberrechts. GRUR 2012, 118-126.* München: C.H. Beck.

Möschel, Wernhard. 1982. *Zur Pressefusionskontrolle (Besprechung von BGHZ 76, 55 „Springer – Elbe Wochenblatt")*. ZGR 11 (1982), 337-348. Berlin: De Gruyter.

Nolte, Georg. 2010. *Zur Forderung der Presseverleger nach Einführung eines speziellen Leistungsschutzrechts – Eine kritische Auseinandersetzung*. ZGE/IPJ 2 (2010), 164-195. Tübingen: Mohr Siebeck.

Nothhelfer, Wolfgang. 2006. *Die leverage theory im europäischen Wettbewerbsrecht, 2006*. Baden-Baden: Nomos.

Ohly, Ansgar. 2012. *Ein Leistungsschutzrecht für Presseverleger?* WRP 2012, 41-48. Frankfurt a.M.: Deutscher Fachverlag.

Ohly, Ansgar. 2012. *Zwölf Thesen zur Einwilligung im Internet*. GRUR 2012, 983-993. München: C. H. Beck.

Ott, Stephan. 2012. *Snippets im Lichte des geplanten Leistungsschutzrechts für Presseverleger*. K&R 2012, 557-563. Frankfurt a.M.: Deutscher Fachverlag.

Ott, Stephan. 2007. *Marktbeherrschende und öffentlich-rechtliche Suchmaschinen*. K&R 2007, 375-380. Frankfurt a.M.: Deutscher Fachverlag.

Ott, Stephan. 2006. *Ich will hier rein! Suchmaschinen und das Kartellrecht*. MMR 2006, 195-202. München: C. H. Beck.

Ott, Stephan. 2004. *To link or not to link – This was (or still is?) the question – Anmerkung zum Urteil des BGH vom 17.7.2003 – I ZR 259/00 (Paperboy)*. WRP 2004, 52-58. Frankfurt a.M.: Deutscher Fachverlag GmbH.

Ott, Stephan. 2004. *Urheber- und wettbewerbsrechtliche Probleme von Linking und Framing, 2004*. Stuttgart: Richard Boorberg.

Paal, Boris P. 2012. *Suchmaschinen, Marktmacht und Meinungsbildung, 2012*. Baden-Baden: Nomos.

Paal, Boris P. 2011. *Netz- und Suchmaschinenneutralität im Wettbewerbsrecht*. AfP 2011, 521-532. Köln: Dr. Otto Schmidt.

Paal, Boris P. 2010. *Medienvielfalt und Wettbewerbsrecht, 2010*. Tübingen: Mohr Siebeck.

Pasquale, Frank. 2010. *Beyond Innovation and competition: The need for qualified transparency in internet intermediaries*. Northwestern University Law Review 104 (2010), 105-173. Evanston: Northwestern University Press.

Peifer, Karl-Nikolaus. 2013. *Leistungsschutzrecht für Presseverleger – „Zombie im Paragrafen-Dschungel" oder Retter in der Not?* GRUR-Prax 2013, 149-151. München: C.H. Beck.

Rath, Michael. 2005. *Das Recht der Suchmaschinen, 2005*. Stuttgart: Richard Boorberg.

Rotenberg, Boris. 2007. *Towards Personalised Search: EU Data Protection Law and its Implications for Media Pluralism, in: Machill, Marcel/ Beiler, Markus (Hrsg.). Die Macht der Suchmaschinen. The Power of Search Engines.* 2007, *S. 87-104*. Köln: Halem.

Schippan, Martin. 2013. *Der Schutz von kurzen Textwerken im digitalen Zeitalter. ZUM 2013, 358-373*. München: C. H. Beck.

Schulz, Wolfgang. 2008. *Von der Medienfreiheit zum Grundrechtsschutz für Intermediäre? Überlegungen zur Entwicklung der Gewährleistungsgehalte von Art. 5 Abs. 1 GG am Beispiel von Suchmaschinen. CR 2008, 470-476*. Köln: Dr. Otto Schmidt.

Schulz, Wolfgang/Held, Thorsten/Laudien, Arne. 2005. *Suchmaschinen als Gatekeeper in der öffentlichen Kommunikation: Rechtliche Anforderungen an Zugangsoffenheit und Transparenz bei Suchmaschinen im WWW. 2008*. Berlin: Vistas.

Schweizer, Robert. 2010. *Schutz der Leistungen von Presse und Journalisten. ZUM 2010, 7-17*. München: C. H. Beck.

Spindler, Gerald/Schuster, Fabian. 2011. *Recht der elektronischen Medien: Kommentar. 2. Auflage*. München: C. H. Beck.

Stieper, Malte. 2013. *Das Leistungsschutzrecht für Presseverleger nach dem Regierungsentwurf zum 7. UrhRÄndG. ZUM 2013, 10-18*. München: C. H. Beck.

Wiebe, Andreas. 2007. *Suchmaschinenmonopole und Kartellrecht. MR-Int. 2007, 179-187*. Wien: MEDIEN und RECHT Verlags GmbH.

Zypries, Brigitte. 2004. *Hypertrophie der Schutzrechte? GRUR 2004, 977-980*. München: C. H. Beck.

Dirk Lewandowski

WIE LÄSST SICH DIE ZUFRIEDENHEIT DER SUCHMASCHINENNUTZER MIT IHREN SUCHERGEBNISSEN ERKLÄREN?

Zusammenfassung

Suchmaschinennutzer sind in der Regel sehr zufrieden mit den Ergebnissen der von ihnen präferierten Suchmaschine, insofern wird ein Wechsel der Suchmaschine, sei es auch nur temporär oder für bestimmte Arten von Recherchen, kaum als notwendig angesehen. In diesem Kapitel werden Modelle vorgestellt, die die Zufriedenheit der Nutzer mit ihrer Standardsuchmaschine bzw. mit den Ergebnissen dieser Suchmaschine zu erklären versuchen. Neben den in der Literatur beschriebenen Erklärungen Technische Voreinstellungen, Gewöhnung, Markeneffekte, Fehlendes Bewusstsein für Alternativen und Überlegene Qualität der Suchergebnisse wird ein neues Modell eingeführt: Eindeutigkeit der Trefferbewertung. Dieses besagt, dass es einen nennenswerten Anteil an Suchanfragen gibt, zu denen es Treffer gibt, die eindeutig als richtig bzw. falsch bewertet werden können. Dabei wird angenommen, dass Nutzer ihre positiven Bewertungen aus diesen Anfragen auf andere Anfragen, bei denen eine eindeutige Bewertung nicht möglich ist, extrapolieren. Das Modell nutzt die Anfragetypen nach Broder.

1 EINLEITUNG

Suchmaschinen sind das wichtigste Mittel, um nach Informationen zu recherchieren (Lewandowski, 2013a; Purcell et al., 2012; van Eimeren & Frees, 2012). Dies bedeutet nicht nur, dass zur Recherche im Web vor allem Suchmaschinen eingesetzt werden, sondern auch, dass die Recherche in Suchmaschinen andere Recherchemöglichkeiten außerhalb des Web zumindest teilweile verdrängt hat. Am deutlichsten ist dies im Bibliotheksbereich zu spüren: Bibliotheken stehen nicht zuletzt in Konkurrenz zu den Suchmaschinen und deren „Neuerfindung" ist nicht zuletzt als eine Reaktion auf das Verhalten der Bibliotheksnutzer, die für viele Zwecke Suchmaschinen verwenden, zurückzuführen.

Das Beispiel der Bibliotheken verdeutlicht eine Entwicklung, die auch in anderen Bereichen zu sehen ist: Nutzer verwenden zunehmend Suchmaschinen zur Stillung ihrer Informationsbedürfnisse, auch wenn andere Quellen und Recherchemöglichkeiten in vielen Fällen eine umfassendere und genauere Recherche ermöglichen würden. Dies kann so weit gehen, dass das, was nicht mit allgemeinen Suchmaschinen im Web aufgefunden wird, schlicht als nicht existent betrachtet wird.

Auch wenn sich die Nutzer bewusst sind, dass Suchmaschinen nicht in allen Fällen zufriedenstellende Ergebnisse liefern, so sind sie doch insgesamt mit ihrer Lieblingssuchmaschine sehr zufrieden (Freed & Feinberg, 2013; Machill, 2003). Google erreicht hier besonders gute Werte, die Hauptkonkurrenten Yahoo und Bing liegen bei der Nutzerzufriedenheit allerdings nicht weit dahinter (Freed & Feinberg, 2013). Die Zufriedenheit kann natürlich unterschiedliche Gründe haben. Oft wird allein die Qualität der Suchergebnisse angeführt, Zufriedenheit kann aber nicht allein durch diese erklärt werden.

Man muss unterscheiden zwischen a) der Zufriedenheit mit einer *Suchmaschine*, die sich aus dem Zusammenspiel unterschiedlicher Faktoren (wie Nutzerführung, Markenbekanntheit, Zusatzdienste) ergibt, und b) der Zufriedenheit mit den *Suchergebnissen* dieser Suchmaschine, welche zwar auf der durch den Nutzer durchgeführten Qualitätsbewertung der Treffer beruht, jedoch durch weitere Faktoren ergänzt bzw. beeinflusst werden kann.

In diesem Kapitel wird vor allem der letztgenannte Fall betrachtet. Dabei wird die These entwickelt, dass die durch die Nutzer vorgenommene Qualitätsbewertung – und ihr Ergebnis, nämlich die Zufriedenheit mit einer Suchmaschine – zumindest zum Teil durch die unterschiedliche Möglichkeit einer objektiven Qualitätsbewertung bei Suchanfragen verschiedenen Anfragetyps zu erklären ist. Anders ausgedrückt: Nutzer sind nur bei einem bestimmten Teil ihrer Suchanfragen in der Lage, die Qualität der ausgegebenen Ergebnisse objektiv zu bewerten, d.h. es ist nur für einen bestimmten Teil der Suchanfragen eine Unterscheidung in richtige und falsche Ergebnisse möglich. Es ist allerdings zu betonen, dass bei Suchanfragen an Suchmaschinen tatsächlich für einen bestimmten Teil der Suchanfragen eine solche Unterscheidung möglich ist und damit die These, dass Suchergebnisse immer nur subjektiv für einen Nutzer relevant sein können, abgelehnt werden muss.

Die Ausführungen in diesem Kapitel leisten damit einen Beitrag zu der Debatte um die Marktstellung und Marktmacht von Google als Quasi-Monopolist auf dem Suchmaschinenmarkt. Es wird gezeigt werden, dass neben anderen Faktoren die Bewertung der Qualität eine Rolle für die Treue der Nutzer zu dieser Suchmaschine spielt, auch wenn die in wissenschaftlichen Studien gemessene Qualität der Treffer verschiedener Suchmaschinen nicht so stark voneinander abweicht, dass dies für einen Nutzer in seinem täglichen Gebrauch bemerkbar wäre (Lewandowski, 2008). Damit stellt sich die Frage nach den Bedingungen, unter denen Nutzer zu einer anderen Suchmaschine wechseln würden. Betrachtet man die Qualität der Ergebnisse isoliert, so müsste eine Konkurrenzsuchmaschine nicht nur auf die weit überwiegende Zahl der Suchanfragen bessere Ergebnisse als Google liefern, sondern diese Ergebnisse müssten so viel besser sein, dass Nutzer dies, wenn sie denn die Konkurrenzsuchmaschine überhaupt ausprobieren würden, direkt bemerken würden. Das wäre allerdings nur durch einen erheblichen Qualitätssprung zu schaffen. Allerdings muss dieser nicht unmöglich sein: Googles anfänglicher Erfolg ist ja (neben der einfachen Benutzerschnittstelle) gerade auf eine solche Qualitätssteigerung (und die sich daran anschließende Mund-zu-Mund-Propaganda) zurückzuführen. Nicht vergessen werden darf aber, dass Suchmaschinen damals bei weitem noch nicht so ausgereift waren und ein solcher Qualitätssprung damit heute ungleich schwieriger zu schaffen ist.

Die folgenden Ausführungen stützen sich auf Methoden der Information-Retrieval-Evaluierung, wie sie seit einigen Jahrzehnten in der Informationswissenschaft entwickelt und erprobt wurden (vgl. Tague-Sutcliffe, 1992). Einen weiteren theoretischen Rahmen liefert die Unterteilung der Anfragetypen an Web-Suchmaschinen nach Andrei Broder (2002).

Der Rest dieses Kapitels ist wie folgt gegliedert: Zuerst wird der Suchmaschinenmarkt kurz beschrieben; dies bildet den Hintergrund für die weiteren Ausführungen. Danach werden die in der Literatur beschriebenen Erklärungen zur Zufriedenheit der Nutzer mit „ihrer" Suchmaschine diskutiert, um schließlich als neues Erklärungsmodell die Eindeutigkeit der Trefferbewertung einzuführen. Dieses Modell wird anhand empirischer Daten überprüft. Im Fazit wird dann auf die Konsequenzen aus dem Erklärungsmodell für die Situation auf dem Suchmaschinenmarkt eingegangen.

2   DER SUCHMASCHINENMARKT

Der Suchmaschinenmarkt zeichnet sich durch eine zweifache Beschränkung aus: Zum einen beschränken sich die Nutzer auf nur einen Typ von Suchdienst, nämlich die algorithmische Suchmaschine, obwohl durchaus andere Ansätze zur Erschließung und Durchsuchbarmachung des Web angeboten werden (Griesbaum, Bekavac, & Rittberger, 2009; Lewandowski, 2013a). Zum anderen beschränken sich die Nutzer bei den algorithmischen Suchmaschinen weitgehend auf nur einen Anbieter, nämlich Google. Letztgenannte Präferenz besteht nun bereits seit vielen Jahren (vgl. Webhits, 2013), und bislang ist es keinem Anbieter gelungen, auch nur eine kurzfristige Veränderung auf dem Suchmaschinenmarkt zu erreichen.

Maaß et al. (2009) zeigen in einer Branchenstrukturanalyse, dass sich alternative Suchdienste (sie nennen etwa Soziale Suchdienste und semantische Suchmaschinen) mittelfristig nicht durchsetzen werden. Zwar wurde insbesondere in Soziale Suchdienste die große Hoffnung gesetzt, dass diese eine alternative Erschließung des Web popularisieren würden (vgl. Peters, 2011), diese Dienste haben sich aber nicht durchgesetzt. Die großen Anbieter verfolgen eher den Ansatz, Daten aus Sozialen Netzwerken für die Suche nutzbar zu machen, sichtbar etwa in der Einbindung von Facebook-Daten in die US-Version von Bing und in die Integration von Google+ in die Google-Websuche.

Zu unterscheiden ist zwischen einem Markt für vollständige Suchmaschinen und einem Markt für Suchmaschinenindexe (d.h. für die den Suchmaschinen zugrundeliegende Datenbanken). Lewandowski (2013b) beschreibt, wie Anbieter von Suchmaschinenindexen mit den Betreibern von Suchportalen kooperieren, indem die Betreiber von Suchportalen Ergebnisse und Textanzeigen von einem Suchmaschinenanbieter beziehen, anstatt eine eigene Suchmaschine anzubieten.

„Echte" Suchmaschinenanbieter wie Google und Bing betreiben eine eigene Suchmaschine, geben ihre Suchergebnisse aber auch an Partner weiter. So zeigt beispielsweise Yahoo seit einigen Jahren Ergebnisse von Bing. Oberflächlich erscheint Yahoo als eigene Suchmaschine (in eigenem Layout und mit einer gegenüber Bing leicht unterschiedlicher Darstellung der Ergebnisseiten), die Ergebnisse selbst sind jedoch die gleichen wie die von Bing. Inzwischen greifen alle großen Portale, für die die

Websuche nur ein Angebot unter vielen ist, auf dieses Modell zurück. In Deutschland greifen beispielsweise die Portale Web.de, t-online.de und gmx.de auf Google-Ergebnisse zurück.

Dieses Modell des sog. Partnerindex (der Index, der von einer Suchmaschine ihren Partnern zur Verfügung gestellt wird) beruht auf der Teilung der Gewinne, die durch das Anklicken der mit den Suchergebnissen mitgelieferten Textanzeigen erzielt werden. Das Modell ist für beide Seiten attraktiv, da für den Suchmaschinenbetreiber durch das Ausliefern der Suchergebnisse an den Partner nur geringe Kosten entstehen; für den Portalbetreiber entfällt der immense Aufwand für den Betrieb einer eigenen Suchmaschine. Er braucht nur für den entsprechenden Traffic auf seinem Portal zu sorgen; Gewinn lässt sich in diesem Modell mit nur geringem Aufwand erzielen. Es ist daher kein Wunder, dass kaum mehr alternative Suchmaschinen bestehen bzw. im Rahmen von Portalen genutzt werden. Das Partnerindex-Modell ist schlicht zu lukrativ, als dass Unternehmen noch wirtschaftlich sinnvoll alternative Lösungen anbieten könnten. Auf der anderen Seite hat das Partnerindex-Modell dafür gesorgt, dass die Suchmaschinenlandschaft (weiter) ausgedünnt wurde (Lewandowski, 2013b). Die mangelnde Vielfalt auf dem Suchmaschinenmarkt lässt sich also zumindest zum Teil mit dem Erfolg dieses Modells erklären.

3 EVALUIERUNG DER QUALITÄT VON SUCHMASCHINENERGEBNISSEN

Die Evaluierung von Information-Retrieval-Systemen ist ein klassisches Feld der Informationswissenschaft. Eine zentrale Rolle kommt dabei dem Begriff der Relevanz zu: Inwieweit sind die von einem Information-Retrieval-System ausgegebenen Ergebnisse für den Nutzer relevant? Problematisch dabei ist zum einen der Begriff der Relevanz, für den es keine allgemein akzeptierte Definition gibt (Saracevic, 2007), zum anderen das Verständnis der Relevanz in verschiedenen Evaluierungsszenarien. Mizzaro (1997) zeigt, dass unter Relevanz das Zusammenspiel ganz unterschiedlicher Elemente verstanden werden kann, wobei das Zusammenspiel von Suchanfrage und Dokument nur eine Möglichkeit ist.

Klassische Suchergebnisevaluierungen stehen unter dem sog. Cranfield-Paradigma (Voorhees, 2002), d.h. es werden die zu vorgegebenen Suchanfragen ausgegebenen Treffer verschiedener Information-Retrieval-Systeme bewertet. Meist wird dabei auf Testkollektionen zurückgegriffen, was allerdings im Kontext der Suchmaschinenevaluierung nur schwer möglich und auch kaum sinnvoll ist (Lewandowski, 2012a). Geblieben ist jedoch die Orientierung an dem Paar Suchanfrage – einzelnes Trefferdokument. Andere Evaluierungsszenarien (sog. Interactive Information Retrieval) spielen eine zunehmende Rolle, allerdings können sie in der Regel nur im kleineren Rahmen stattfinden und erlauben auch keine Vergleiche zwischen Suchmaschinen, sofern man andere Faktoren als die Trefferbewertung ausschließen möchte. Neuere Ansätze erproben Methoden zur Kombination von interaktiven Nutzerstudien und klassischen Retrievaltests (so etwa Sünkler, 2012), befinden sich allerdings noch in einem experimentellen Stadium.

Im Folgenden werden wichtige Ergebnisse aus der Evaluierung der Retrievaleffektivität von Suchmaschinen als Grundlage für die weitere Diskussion verwendet. In verschiedenen Studien wurde gezeigt, dass sich die Relevanz der Ergebnisse verschiedener Suchmaschinen zwar unterscheidet, die Unterschiede jedoch weit geringer sind, als es bei der Marktsituation und dem Eindruck der Nutzer von der Qualität der Google-Suchergebnisse zu erwarten wäre. Auch wenn Google in solchen Untersuchungen als Sieger hervorgeht (was nicht notwendigerweise der Fall sein muss), so ist der Abstand vor allem zu Microsofts Bing recht gering (Lewandowski, n.d.).

4 ERKLÄRUNGSMODELLE FÜR DIE ZUFRIEDENHEIT DER NUTZER MIT IHRER BEVORZUGTEN SUCHMASCHINE

In diesem Abschnitt werden die bislang in der Literatur beschriebenen Erklärungen für die Zufriedenheit der Nutzer mit ihrer bevorzugten Suchmaschine kurz beschrieben, um dann im nächsten Hauptabschnitt das Erklärungsmodell „Eindeutigkeit der Trefferbewertung" einzuführen.

Die Zufriedenheit lässt sich auf zwei Ebenen beschreiben: Zum einen kann Zufriedenheit aus Faktoren resultieren, die nicht unmittelbar mit der Leistung der Suchmaschine und deren Bewertung durch den Nutzer zu tun haben. Darunter fallen technische Voreinstellungen, Gewöhnung und Markeneffekte. Davon zu unterscheiden sind Faktoren, die unmittelbar mit der Kenntnis der Nutzer über Suchmaschinen und ihre Nutzung zu tun haben. Hierunter fallen das fehlende Bewusstsein für Alternativen, die Wahrnehmung der Ergebnisse einer bestimmten Suchmaschine als qualitativ überlegen und die Eindeutigkeit der Bewertung von Suchergebnissen.

4.1 Technische Voreinstellungen

Versuche, die Wechselbereitschaft von Suchmaschinennutzern zu erklären, gehen in der Regel davon aus, dass die Nutzer, die zu einem Wechsel bewogen werden sollen, ihre ursprüngliche Suchmaschine tatsächlich willentlich ausgewählt haben. Entsprechend wird dann (vor allem auch von Google selbst) argumentiert, jede andere Suchmaschine läge „nur einen Klick entfernt" (u.a. zitiert in „US-Kartellwächter: Google siegt im Streit über manipulierte Web-Suche", 2013). Dabei wird allerdings unterschlagen, dass sich Nutzer durch Voreinstellungen auf ihren Geräten zur Nutzung einer bestimmten Suchmaschine verleiten lassen. Dies betrifft vor allem Voreinstellungen im Browser, aber auch auf mobilen Geräten. Ein allgemein beobachtetes Verhalten in der Nutzung von Software zeigt, dass die Voreinstellungen einer Software in der Regel nicht verändert werden. So kann zwar die Standardsuchmaschine in jedem Browser umgestellt werden, dies erfordert aber einen gewissen Aufwand. Da Nutzer aber auch mit der voreingestellten Suchmaschine (zumindest vermeintlich) zum Ziel gelangen, wird keine Notwendigkeit gesehen, diesen Aufwand zu betreiben.

Betrachtet man einen typischen Browser, so gibt es drei Bereiche, in denen eine Suchmaschine bereits voreingestellt sein kann:

1. Die Startseite: Die beim Start des Browsers aufgerufene URL kann die Seite einer Suchmaschine sein. Beispielsweise ist bei den Firefox-Browsern Google (in einem speziellen Layout) als Startseite eingestellt.

2. Das Suchfeld: Browser enthalten in der Regel (meist rechts oben) ein Suchfeld, in das direkt eine Suchanfrage eingegeben werden kann, welche dann an die voreingestellte Suchmaschine geschickt wird. Manche Browser (z.B. Opera) erlauben eine einfache Auswahl alternativer Suchmaschinen, bei anderen (z.B. Safari) kann die Suchmaschine nur in den Einstellungen des Browsers verändert werden.

3. Die URL-Leiste: Auch in die URL-Leiste können bei den meisten Browsern Suchanfragen eingegeben werden. Diese werden dann auch an die voreingestellte Standardsuchmaschine geschickt. Inzwischen ist zu beobachten, dass Browser die Such- und die URL-Leiste zu einem Feld kombinieren.

Nun ist die Voreinstellung einer bestimmten Suchmaschine kein Zufall, sondern die Suchmaschinenbetreiber bezahlen dafür, in den Browsern platziert zu sein bzw. die Browserhersteller erhalten Provisionen für die durch Suchanfragen, die in dem jeweiligen Browser gestellt wurden, vermittelten Werbeklicks. Das Modell lässt sich an zwei Beispielen verdeutlichen:

- Die Mozilla Foundation (die Organisation hinter den Firefox-Browsern) hat mit Google vertraglich vereinbart, dass Google als Standardsuchmaschine in Firefox voreingestellt ist. Insgesamt nimmt die Mozilla-Foundation damit im Jahr ca. 300 Mio. US-Dollar ein, was 84 Prozent der Gesamteinnahmen der Organisation ausmacht (McGee, 2011). Anders ausgedrückt: Ohne Google (oder eine andere zahlende Suchmaschine) könnte sich die Mozilla Foundation nicht finanzieren.

- Auch weniger populäre Browser finanzieren sich durch die Partnerschaft mit Suchmaschinen. Gnome beispielsweise ist eine Partnerschaft mit der Suchmaschine Duck Duck Go eingegangen („Gnome-Browser: DuckDuckGo löst Google ab", 2013). In diesem Modell werden die tatsächlich mit suchbasierter Werbung erzielten Gewinne geteilt.

Die Bereitschaft der Suchmaschinenbetreiber, dafür zu bezahlen, in einem Browser als Standardsuchmaschine eingestellt zu werden, verdeutlicht, wie wichtig diese Voreinstellung für die Auswahl der Suchmaschine im Moment eines Informationsbedürfnisses ist. Nutzer treffen in diesem Moment in der Regel keine echte Auswahl („Für dieses Informationsbedürfnis dürfte sich Suchmaschine X am besten eignen."), sondern verlassen sich schlicht auf diejenige Suchmaschine, die am nächsten liegt, was meist bedeutet, die im Browser angezeigte zu verwenden.

Die technische Voreinstellung der Suchmaschine geht einher mit der Gewöhnung an eine bestimmte Suchmaschine: Ein Nutzer wird fast zwangsläufig Erfahrung mit der voreingestellten Suchmaschine sammeln, und dies wiederum erhöht die Wahrscheinlichkeit, dass er bei künftigen Suchanfragen wieder auf diese Suchmaschine zurückgreifen wird.

4.2 Gewöhnung

Eine einfache Erklärung für die Bevorzugung einer bestimmten Suchmaschine ist die Gewöhnung an dieselbe. Man geht hier davon aus, dass Nutzer, die sich einmal an eine Suchmaschine gewöhnt haben, einfach deshalb wieder die gleiche Suchmaschine aufsuchen, weil ihnen diese – auch mit Funktionen, die bei einer alternativen Suchmaschine erst erlernt werden müssten – bekannt ist.

Insofern erscheint auch das immer wieder – vor allem von Google – vorgebrachte Argument, dass der Wechsel der Suchmaschine ja einfach durch das Auswählen einer anderen URL möglich wäre, als vorgeschoben. Es wird behauptet, dass andere Suchmaschinen „nur einen Klick entfernt" seien. Dies ist jedoch unter dem Gesichtspunkt der Gewöhnung nicht richtig; hinzu kommen auch eventuell von der Suchmaschine auf Basis des Nutzerprofils durchgeführte Personalisierungen (Riemer & Brüggemann, 2009), die eine andere Suchmaschine erst in gleicher Qualität anbieten kann, wenn sie entsprechende Daten des Nutzers gesammelt hat. Neben der Gewöhnung spielen also durch Personalisierung und Zusatzdienste auch Lock-In-Effekte eine Rolle.

4.3 Markeneffekte

Die Treue zu einer Suchmaschine kann durch Markeneffekte beschrieben werden. Nutzer, die einer Marke vertrauen, werden ihre Suchanfragen an die entsprechende Suchmaschine stellen, ohne vorab zu prüfen, ob sich diese Suchmaschine für die entsprechende Suchanfrage besonders gut eignet.[1] Die Bewertung der Suchergebnisse erfolgt positiver, wenn die Ergebnisse mit einer als positiv wahrgenommenen Marke ausgezeichnet sind (Bailey & Thomas, 2007; Jansen, Zhang, & Schultz, 2009). Jansen et al. (2009) konnten zeigen, dass Markeneffekte auf vier unterschiedlichen Ebenen auftreten: Bei der Auswahl der Suchmaschine, bei der Evaluierung der Suchergebnisseite, bei der Evaluierung der individuellen Trefferbeschreibungen auf den Suchergebnisseiten und bei der Evaluierung des Suchergebnisses selbst (also auf den sog. Landingpages).

Da nun Google eine ausgesprochen beliebte Marke ist (was sich beispielweise darin ausdrückt, dass Google als zweitwertvollste Marke der Welt angesehen wird (*Brandz Top 100 most valuable global brands*, 2013) und den Status erreicht hat, als synonym zur Internetsuche allgemein gesehen zu werden, dürfte ein Wechselwille bei den Nutzer nicht ohne den Aufbau oder die Ausnutzung einer starken Marke erreichbar sein.

4.4 Fehlendes Bewusstsein für Alternativen

Um zur Auswahl einer alternativen Suchmaschine zu gelangen, muss erst einmal ein Bewusstsein für solche Alternativen bei den Nutzern vorhanden sein. Zum einen muss den Nutzern bekannt sein, dass es überhaupt andere Suchmaschinen als Google gibt (d.h. dass Google nicht die einzige Suchmaschine ist) und zum anderen müssen dann, wenn die erste Bedingung erfüllt ist, auch alternative Suchmaschinen bekannt sein. Diese Fragen wurden leider bislang in repräsentativen Studien nicht abgefragt. Erstaunlich ist aber zumindest das Ergebnis einer Umfrage unter deutschen Journalisten: Auf die Frage nach drei Suchmaschinen wurde neben Google höchsten noch Yahoo genannt; viele Journalisten nannten entweder nur eine oder zwei Suchmaschinen (Machill, Beiler, & Zenker, 2008). Wenn nun bereits eine Berufsgruppe, bei der die Suchmaschinennutzung zum täglichen Handwerk gehört, keine Alternativen benennen kann, so ist davon auszugehen, dass andere Nutzergruppen zumindest ebenso wenig dazu in der Lage sein werden.

4.5 Überlegene Qualität der Suchergebnisse

Es gibt eine lange Forschungstradition zur Messung der Qualität von Information-Retrieval-Systemen. Die dort gewonnenen Erkenntnisse wurden auf die Evaluierung von Suchmaschinen übertragen, zahlreiche Studien wurden bereits durchgeführt. Während in einigen Studien eine Überlegenheit Googles über andere Suchmaschinen hinsichtlich der Qualität ihrer Ergebnisse festgestellt wurde, so kann doch bei Betrachtung der wichtigsten Studien (Lewandowski, n.d.) zusammengefasst werden, dass in bislang keiner Studie ein solch gravierender Unterschied zwischen der Qualität der Ergebnisse von Google und denen der qualitativ nachfolgenden Suchmaschine festgestellt werden konnte, dass

---

[1] Es soll hier nicht behauptet werden, dass im Idealfall ein Nutzer vor jeder Anfrage prüfen sollte, welche Suchmaschine (bzw. welches andere Information-Retrieval-System) am geeignetsten für die Befriedigung seines Informationsbedürfnisses wäre. Vielmehr geht es um ein allgemeines Bewusstsein der Auswahl eines geeigneten Recherchewerkzeugs (Lewandowski, 2012b). In vielen Fällen spielt es – wie wir sehen werden – kaum eine Rolle, welche Suchmaschine für die Recherche verwendet wird. Es gibt aber durchaus Fälle, in denen eine gezielte Auswahl sinnvoll oder gar notwendig ist.

dieser Unterschied den Nutzern im täglichen Gebrauch auffallen dürfte. Auf Basis der vergleichenden Literatur zur Retrievaleffektivität von Suchmaschinen kann also nicht festgestellt werden, dass Google durch seine überlegenen Ergebnisse die natürliche Wahl für die Nutzer wäre. Unklar ist allerdings, welche Rolle die Ergebnisqualität in der Vergangenheit gespielt hat: So kann durchaus angenommen werden, dass die Ergebnisse von Google denen anderer Suchmaschinen einmal überlegen waren. Google mag seinen Vorsprung ausgenutzt haben; und die Nutzer mögen daher immer noch davon ausgehen, dass Googles Ergebnisse denen anderer Suchmaschinen überlegen sind.

Einschränkend anzumerken zu den Studien zur Ergebnisqualität ist allerdings, dass ihnen nur ein sehr beschränktes Nutzermodell zugrunde liegt: Sie fragen nur ab, inwieweit die Suchmaschinen in der Lage sind, auf eine Suchanfrage hin relevante Dokumente zurückzugeben. Jegliche Interaktion des Nutzers mit der Suchmaschine entfällt in diesem Testsetting. Weiterhin werden in Retrievaleffektivitätsstudien nicht alle Elemente der Trefferseite berücksichtigt (so bleiben die vertikalen Ergebnisse aus der Universal Search (Quirmbach, 2009) und Googles Knowledge-Graph-Ergebnisse außen vor, vgl. Lewandowski, 2012a), außerdem bleibt eine eventuell vorhandene Personalisierung unberücksichtigt.

4.6 Eindeutigkeit der Trefferbewertung

Das in diesem Aufsatz eingeführte Modell der Eindeutigkeit der Trefferbewertung besagt, dass sich die Zufriedenheit von Nutzern mit ihrer bevorzugten Suchmaschine wenigstens zum Teil damit erklären lässt, dass Nutzer bei einem großen Teil ihrer Suchanfragen in der Lage sind, die Qualität der Ergebnisse objektiv zu bestimmen (d.h., es gibt in vielen Fällen eine eindeutige Unterscheidung zwischen „richtigen" und „falschen" Ergebnissen) und dass Nutzer diese Bestimmbarkeit der Qualität auch auf Fälle übertragen, in denen eine solche Unterscheidung objektiv nicht möglich ist.

In den folgenden Abschnitten wird dieses Modell ausgeführt und einer vorläufigen empirischen Überprüfung unterzogen.

5 ERKLÄRUNGSMODELL EINDEUTIGEIT DER TREFFERBEWERTUNG

Nutzer bewerten andauernd die Qualität der von ihnen verwendeten Suchmaschine. Zu nahezu jeder Suchanfrage, die gestellt wird, werden auch Ergebnisse geliefert. Die Bewertung erfolgt zweistufig: Zum einen werden Trefferbeschreibungen auf den Suchergebnisseiten bewertet, zum anderen die Ergebnisse (die Trefferdokumente) selbst. Allerdings werden bei weitem nicht alle präsentierten Ergebnisse bewertet, sondern auf der Suchergebnisseite nur diejenigen, die auch wahrgenommen werden, und bei den Trefferdokumenten nur diejenigen, die auf der Suchergebnisseite angeklickt werden (Lewandowski, 2013c). Es besteht also ein Zusammenhang zwischen der Bewertung der Relevanz der Trefferbeschreibung und der Bewertung der Relevanz der Dokumente (Lewandowski, 2008). Die dem vorzustellenden Modell zugrunde liegende These lautet nun, dass je nach Anfragetyp entweder eine valide Bewertung durch den Nutzer erfolgen kann oder nicht. Die Hypothese bezüglich des Nutzerverhalten lautet, dass Nutzer die Ergebnisse zu einem Teil ihrer Suchanfragen eindeutig bewerten können und diese eindeutigen Bewertungen auf Fälle übertragen, in denen sie die Ergebnisse nicht valide bewerten können. Die in diesen Fällen potentiell auftretende Unzufriedenheit wird nicht oder nur eingeschränkt als solche wahrgenommen, da aufgrund der positiven Erfahrungen mit den Ergebnissen eindeutig bewertbarer Suchanfragen nicht angenommen wird, dass bei diesen Suchanfragen nicht die bestmöglichen Ergebnisse angezeigt werden.

5.1 Anfragetypen[2]

Von Andrei Broder (2002) stammt die maßgebliche Unterscheidung nach informationsorientierten (*informational*), navigationsorientierten (*navigational*) und transaktionsorientierten (*transactional*) Suchanfragen:

- Mit navigationsorientierten Anfragen soll eine Seite (wieder)gefunden werden, die dem Benutzer bereits bekannt ist oder von der er annimmt, dass sie existiert. Beispiele sind die Suche nach Homepages von Unternehmen (*Microsoft*) oder nach Personen (*Heidi Klum*).[3] Solche Anfragen haben in der Regel ein richtiges Ergebnis. Das Informationsbedürfnis ist befriedigt, sobald die gewünschte Seite gefunden wird.

- Bei informationsorientierten Anfragen ist das Informationsbedürfnis meist nicht durch ein einziges Dokument zu befriedigen. Der Nutzer möchte sich stattdessen über ein Thema informieren und liest deshalb mehrere Dokumente. Informationsorientierte Anfragen zielen auf jeden Fall auf statische Dokumente, nach dem Aufruf des Dokuments ist also keine weitere Interaktion auf der Website nötig, um an die gewünschten Informationen zu gelangen.

- Mit transaktionsorientierten Anfragen wird eine Website gesucht, auf der anschließend eine Transaktion stattfindet, etwa der Kauf eines Produkts, der Download einer Datei oder die Recherche in einer Datenbank.

Die Angaben über die Anteile der Anfragetypen am Gesamt der Suchanfragen schwanken, da Studien, die sich mit diesem Thema beschäftigen, nicht auf einer gemeinsamen Datenbasis beruhen und sich hinsichtlich verwendeter Suchmaschine, Zeitraum und Klassifikationsmethode unterscheiden (vgl. Lewandowski et al., 2012). Allerdings sind sich die Studien einig, dass alle drei Anfragetypen einen nennenswerten Anteil der Anfragen ausmachen.

Zur Erklärung der Zufriedenheit der Nutzer mit den Suchergebnissen einer Suchmaschine kann eine Unterscheidung nach Anfragetypen insofern beitragen, dass manche Anfragen eine eindeutige Antwort aus einer bekannten Quelle erfordern und es damit für den Nutzer möglich wird, die Qualität des von der Suchmaschine zurückgegebenen Ergebnisses eindeutig zu bewerten.

5.2 Qualitätsbewertung nach Anfragetypen

In der Information-Retrieval-Evaluierung wird allgemein davon ausgegangen, dass die Relevanz von Dokumenten zu einer Suchanfrage von unterschiedlichen Nutzern unterschiedlich bewertet werden kann. Stefano Mizzaro (1997) zeigt anhand eines Überblicks über die informationswissenschaftliche Diskussion des zentralen Begriffs der Relevanz, dass den verschiedenen Relevanzkonzeptionen zwar

---

[2] Die Erläuterungen der Anfragetypen stammen aus Lewandowski (2013a).

[3] Personensuchen müssen nicht navigationsorientiert sein. Besonders im Fall von Prominenten zeigt sich jedoch anhand der Verteilung der Klicks auf die Ergebnisse, dass Nutzer 1. bevorzugt die Homepage des Stars anklicken und 2. kaum weitere Seiten besucht werden. Allein aufgrund des Klickverhaltens ließe sich also auf eine navigationsorientierte Anfrage schließen.

gemeinsam ist, dass zwei Elemente miteinander abgeglichen werden, jedoch nicht, welche Elemente dies sind. So besagt ein gängiger Ansatz, dass unter Relevanz der Abgleich zwischen Suchanfrage und Dokument zu verstehen ist, d.h. ein Dokument relevant ist, wenn es „zur Suchanfrage passt". Es ist offensichtlich, dass dieser Ansatz zu kurz greift und die individuellen Bedürfnisse des Nutzers nicht berücksichtigt. Am anderen Ende der Relevanzkonzeptionen steht der Abgleich zwischen einem Problem des Nutzers und einer Information. Allerdings lässt sich eine solche Konzeption kaum operationalisieren, so dass nach Lösungen gesucht wird, die zwischen den beiden Polen liegen.

In der allgemeinen Relevanzdiskussion wird allerdings vernachlässigt, dass es durchaus Fälle gibt, in denen die Relevanz von Dokumenten eindeutig beurteilt werden kann. Dies dürfte vor allem daran liegen, dass sich das klassische Information Retrieval mit der Suche in mehr oder weniger gut strukturieren Texten beschäftigt, während Faktenfragen durch Datenbankabfragen gelöst werden können. Suchmaschinen allerdings bedienen eben verschiedene Typen von Informationsbedürfnissen, was auch unterschiedliche Arten von Bewertungen (und entsprechende Kennzahlen) nach sich zieht. Aber in welchen Fällen können Nutzer nun die Qualität der Suchergebnisse eindeutig bewerten?

5.2.1 Bewertung navigationsorientierter Anfragen

Am einfachsten ist die Bewertung bei den navigationsorientierten Suchanfragen. Diese haben per Definition ein eindeutiges Ergebnis, das objektiv (d.h. auch unabhängig von einem konkreten Informationsbedürfnis eines bestimmten Nutzers) bewertbar ist. Wird nach „facebook" gesucht, so gibt es ein richtiges Dokument (nämlich die Website von Facebook), während alle anderen Dokumente „falsch" sind.

Man mag nun fragen, warum Suchmaschinen dann zu solchen Anfragen überhaupt noch andere Dokumente anzeigen. Nun ist es nicht so, dass navigationsorientierte Suchanfragen mit hundertprozentiger Sicherheit navigationsorientiert sein müssen: Es mag den ein oder anderen Nutzer geben, der „facebook" eingibt und *nicht* auf die Website von Facebook gelangen, sondern sich beispielsweise über das Unternehmen informieren möchte. Der Anteil dieser Anfragen ist allerdings bei den typischen navigationsorientieren Suchanfragen so gering, dass er zu vernachlässigen ist.

5.2.2 Bewertung informationsorientierter Anfragen

Die Ergebnisse informationsorientierter Anfragen sind vordergründig erst einmal nicht eindeutig bewertbar. Eine Suchmaschine zeigt in der Regel eine Vielzahl von Ergebnissen an; meist so viele, dass ein Nutzer nicht in der Lage ist (und es auch nicht effizient wäre), sämtliche Ergebnisse durchzugehen und auf Relevanz zu prüfen. Informationsorientierte Anfragen zeichnen sich erst einmal dadurch aus, dass die Anzahl der relevanten Ergebnisse nicht genau bestimmbar und vom Nutzerkontext abhängig ist. Wo das Informationsbedürfnis des einen Nutzers schon mit einem oder wenigen Dokumenten befriedigt ist, verlangt ein anderer Nutzer, der die gleiche Suchanfrage stellt, nach einem umfassenden Überblick, der nur durch eine Vielzahl von Dokumenten erreicht werden kann.

Geht man nun von dem Anspruch der Vollständigkeit der Treffermenge aus oder wenigstens von dem Anspruch, eine Vielzahl relevanter Dokumente zu erhalten, stellt sich die Frage, ob eine Suchmaschine tatsächlich alle relevanten Dokumente angezeigt hat. Weitere relevante Dokumente könnten auf späteren Trefferpositionen verborgen sein (dann hätte die Suchmaschine ein Defizit in ihrem Rankingalgorithmus) oder die Suchmaschine könnte weitere relevante Dokumente gar nicht kennen (dann hätte sie ein Crawlingproblem und das Hinzuziehen einer weiteren Suchmaschine wäre sinnvoll). Die Überschneidungen zwischen den Top-Ergebnissen der bekannten Suchmaschinen sind recht gering (Spink, Jansen, Blakely, & Koshman, 2006), so dass sich, sofern eine umfassende Treffermenge gewünscht wird, die Nutzung zumindest zweier Suchmaschinen lohnen sollte.

Wie aber soll nun ein Nutzer verlässlich bewerten, ob er von der von ihm verwendeten Suchmaschine tatsächlich die relevantesten Ergebnisse bekommen hat? Vielleicht verbergen sich noch relevantere Ergebnisse auf weiteren Trefferpositionen oder befinden sich gar nicht im Index der Suchmaschine. Ersteres ist nur mit erhöhtem Aufwand überprüfbar, Letzteres so gut wie gar nicht. Daraus folgt, dass Nutzer zwar die von ihnen gesichteten Ergebnisse bewerten können, dies allerdings in Unkenntnis darüber, welche weiteren, eventuell relevanten Dokumente es gibt. Die Bewertung ist damit uneindeutig und beruht in der Praxis oft nur auf der Sichtung weniger Dokumente.

Allerdings gibt es auf der anderen Seite auch informationsorientierte Anfragen, deren Ergebnis eindeutig bewertbar ist:

1. Anfragen, zu denen nur ein Ergebnis gewünscht wird, das aus einer bestimmten Quelle kommt. In den meisten Fällen handelt es sich dabei um Anfragen, bei denen der Nutzer Überblicksinformationen aus Wikipedia wünscht. In diesen Fällen wird positiv bewertet, wenn ein Wikipedia-Ergebnis auf dem ersten Platz steht; weitere Dokumente werden nicht berücksichtigt.

2. Faktenfragen, die durch ein Dokument eindeutig beantwortet werden können. In vielen Fällen ist das gesuchte Faktum in einer Vielzahl von Dokumenten enthalten, so dass es gar nicht auf ein bestimmtes Dokument bzw. eine bestimmte Quelle ankommt, d.h. das Ranking der Suchmaschine hier von geringerer Bedeutung ist.

3. Informationsbedürfnisse, die sich mit nur einem oder einer geringen Zahl von Dokumenten befriedigen lassen. Vor allem die Suche nach Trivia verlangt nicht nach einer systematischen Informationsrecherche, auch die Quelle der Antworten ist von geringer Bedeutung.

Bei der Suche nach einem Faktum bzw. der Suche nach Trivia ist einzuschränken, dass die Korrektheit der gefundenen Information durch den Nutzer in vielen Fällen nicht überprüfbar ist bzw. eine Prüfung sich auf eine Bestätigung der gefundenen Information in weiteren Dokumenten beschränkt. Da es sich in den weit meisten Fällen aber um unstrittige Informationen, die teils tausendfach im Web wiederholt werden, handelt, können diese Informationen als im Sinne des Nutzers eindeutig bewertbar bezeichnet werden. Der Unterschied zu den eindeutig bewertbaren Ergebnissen navigationsorientierter Suchanfragen ergibt sich daraus, dass bei diesen solche Sonderfälle zwar theoretisch eintreten können (bspw. könnte, wenn ein Nutzer nach „Paypal" gesucht hat, eine gefälschte Website auf der ersten Position angezeigt werden, die dem Nutzer vorgaukelt, die Originalwebsite zu sein), die algorithmische Ermittlung der „echten" Website aber als eine gelöstes Problem angesehen werden kann und der Fall daher in der Praxis kaum auftritt.

5.2.3 Bewertung transaktionsorientierter Anfragen

Auch transaktionsorientierte Anfragen können sowohl eindeutig vom Nutzer bewertbare Ergebnisse haben als auch nicht eindeutig bewertbare Ergebnisse.

Eindeutig bewertbare Ergebnisse entstehen, wenn ein Nutzer bei einer transaktionsorientierten Suchanfrage ein konkretes Informationsbedürfnis hat. Ziel kann hier beispielsweise der Download einer bereits bekannten Software oder das Spielen eines bereits bekannten Spiels sein. Sucht ein Nutzer etwa nach „Adobe Reader" und erhält eine Website, auf der er die aktuelle Version der Software herunterladen kann, so ist der Informationsbedarf erfüllt und der Nutzer ist in der Lage, das Ergebnis seiner Suche eindeutig zu bewerten. Hier ist das Ergebnis der transaktionsorientierten Suchanfrage mit dem einer eindeutigen navigationsorientierten Suchanfrage vergleichbar. Zu unterscheiden wäre noch zwischen transaktionsorientierten Suchanfragen, bei denen die gewünschte Transaktion nur auf einer einzigen Website durchführbar ist („Onlinebanking Hamburger Sparkasse") und solchen, bei denen die Transaktion auf mehreren Websites durchführbar ist (wie bei dem beschriebenen Beispiel „Acrobat Reader").

Anders verhält es sich bei anderen transaktionsorientierten Anfragen, die nicht auf ein eindeutiges Ziel und einen eindeutigen Anbieter der Transaktion zielen. So bringt beispielsweise die Suche nach „bubble shooter spielen" eine Vielzahl von Websites hervor, auf denen das gesuchte Spiel gespielt werden kann. Allerdings gibt es auch unterschiedliche Versionen und Varianten dieses Spiels; hier kann ein Nutzer, der das Spiel nicht bereits kennt, das Ergebnis seiner Suche nicht eindeutig bewerten: Bietet die gefundene Website bzw. bieten die gefundenen Websites tatsächlich die beste (bzw. die den Bedürfnissen des Nutzers am besten entsprechende) Variante des Spiels an? Um dies festzustellen, müsste der Nutzer erst einmal alle Varianten des Spiels finden (können). Die sich daraus ergebenden Probleme sind die gleichen wie bei den oben beschriebenen informationsorientieren Anfragen.

Ein zweites Beispiel ist die Suche nach einem Produkt, das zu unterschiedlichen Preisen angeboten wird. Eine Suchanfrage wie „samsung galaxy s4 kaufen" liefert eine Vielzahl von Anbietern. Der Suchende kann sich auch nach der Betrachtung vieler Angebote nicht sicher sein, dass er das beste Angebot gefunden hat. Wieder könnte sich auf den weiteren Trefferpositionen noch ein besseres Angebot finden, oder eine andere Suchmaschine könnte ein noch besseres Angebot finden.

In Tabelle 5.1 sind die wesentlichen Unterscheidungen zur Bewertung der Suchanfragen unterschiedlichen Typs zusammengefasst.

Tabelle 5.1: Eindeutige Bewertbarkeit von Suchanfragen nach Anfragetyp

	Navigationsorientiert	Informationsorientiert	Transaktionsorientiert
Eindeutig bewertbar	Suche nach einem bereits bekannten Dokument	Suche nach einem Faktum Suche nach Trivia Informationsorientierte Suche, zu der Informationen aus einer bestimmten Quelle erwartet werden (bspw. Wikipedia)	Suche nach einer bekannten Website, auf der eine Transaktion durchgeführt werden soll

Nicht eindeutig bewertbar	-	Klassische Informationssuche mit dem Anspruch, ein vollständiges Bild zu gewinnen bzw. einen umfassenden Überblick	Mehrere Varianten der Transaktion möglich

5.3   Empirische Überprüfung des Modells

Eine empirische Überprüfung des Modells kann an dieser Stelle nur vorläufig erfolgen. Bislang liegen keine Daten vor, bei denen bereits in der Erhebung Merkmale zu den Zielen der Nutzer im Sinne eindeutig bestimmbarer richtiger Ergebnisse erhoben wurden. Stattdessen wird auf Studien zur Verteilung der Anfragetypen nach Broder auf das Gesamt der Suchanfragen zurückgegriffen. Dazu werden als Basis Annahmen über den Anteil der eindeutig beantwortbaren Suchanfragen je Anfragetyp herangezogen.

Zur Verteilung der Anfragetypen wurden einige Studien durchgeführt. Diese können unterschieden werden nach manueller Anfrageklassifikation (bspw. Lewandowski et al., 2012; Lewandowski, 2006; Nettleton, Calderón-Benavides, & Baeza-Yates, 2006; Rose & Levinson, 2004) und maschineller Klassifikation (bspw. Baeza-Yates, Calderón-Benavides, & González-Caro, 2006; B J Jansen, Booth, & Spink, 2008; Kathuria, Jansen, Hafernik, & Spink, 2010), wobei die Ansätze der maschinellen Klassifikation kritisch zu sehen sind, da gezeigt werden konnte, dass sie mit verzerrten Baselines arbeiten (Lewandowski et al., 2012).

Es hat sich gezeigt, dass eine Klassifikation von Suchanfragen nach Anfragetypen, die allein auf den Anfragen ohne Kontextinformationen beruht, in vielen Fällen nicht eindeutig zu leisten ist. Von Lewandowski et al. (2012) wird daher jeweils die Unterscheidung zwischen explizit einem Anfragetyp zuordenbaren Anfragen und solchen, die nicht eindeutig zuzuordnen sind, getroffen. Daraus ergeben sich teils recht große Spannen (Tabelle 5.2). Man kann nun kritisieren, dass Broders Modell keine eindeutigen Zuordnungen zulassen würde. Es mag sein, dass die Klassen – insbesondere die Differenzierung zwischen navigationsorientierten und transaktionsorientierten Anfragen – nicht immer disjunkt sind, das Hauptproblem in der Zuordnung dürfte jedoch in der Interpretation des Anfragetyps in verschiedenen Suchkontexten liegen (Lewandowski et al., 2012, zur Erfassung unterschiedlicher Interpretationen einer Suchanfrage s. auch Huffman & Hochster, 2007). Für die vorläufige empirische Überprüfung des hier vorgestellten Modells sind allerdings auch die recht groben Spannen ausreichend, da es ja zuerst einmal nur darum geht, zu zeigen, dass bei einem nennenswerten Anteil der Suchanfragen die Qualität der Suchergebnisse eindeutig bewertet werden kann.

Tabelle 5.2: Anteil der Anfragetypen (Daten aus Lewandowski et al., 2012)

Klasse	Spanne (eindeutig und nicht eindeutig klassifizierte Anfragen)
Navigationsorientiert	27-42%
Transaktionsorientiert	11-39%
Informationsorientiert	22%

Der Anteil eindeutig bewertbarer Suchanfragen soll nun anhand einer Beispielrechnung verdeutlicht werden.

Hier wird angenommen, dass bei navigationsorientierten Suchanfragen immer eine eindeutige Bewertung möglich ist, bei informations- und transaktionsorientierten Anfragen jeweils in 50 Prozent der Fälle. Legt man nun die Minimalwerte aus Tabelle 5.2 zugrunde, ergibt sich ein Minimum von 43,5 Prozent eindeutig bewertbarer Anfragen.

Selbst wenn man für die navigationsorientierten Anfragen wiederum immer eine eindeutige Bewertung annimmt, für die informations- und transaktionsorientierten Anfragen aber jeweils nur 20 Prozent, so ergeben sich bei Verwendung der Minimalwerte immer noch 34,7 Prozent eindeutig bewertbare Anfragen.

Wenn nun Nutzer für einen solch hohen Anteil der Suchanfragen die Ergebnisse eindeutig bewerten können, so ergibt sich eine plausible Erklärung für ihre Zufriedenheit mit den Suchergebnissen insgesamt: Sie übertragen die eindeutig überprüfbare Qualität der Ergebnisse eines Teils ihrer Suchanfragen auch auf den Rest der Suchanfragen.

In der Berechnung wurden nur die Suchanfragen selbst betrachtet, nicht jedoch ihre Häufigkeiten. Diese sind extrem linksschief verteilt, d.h. wenige Suchanfragen werden sehr häufig gestellt, und viele sehr selten (Höchstötter & Koch, 2009; B.J. Jansen & Spink, 2006). Da der Anteil der navigationsorientierten (und damit eindeutig bewertbaren) Anfragen bei den häufigen Anfragen besonders hoch ist, ergeben sich in der Praxis noch weit höhere Werte für die eindeutig bewertbaren Anfragen. Da aber zur Verteilung der Suchanfragen keine aktuellen und nachnutzbaren Daten vorliegen, musste auf eine entsprechende Berechnung hier verzichtet werden.

Diese empirische Überprüfung anhand der vorliegenden Daten zeigt, dass zumindest zu einem nennenswerten Anteil der Suchanfragen die Ergebnisse durch die Nutzer eindeutig bewertet werden können; die konkreten Werte sind dabei zunächst einmal unerheblich. Allerdings bedarf es in der Zukunft gezielter Nutzerstudien, die die Zufriedenheit mit den Suchergebnissen für die unterschiedlichen Anfragetypen abfragen. Mit diesen Daten ließe sich das Modell weiter prüfen.

6 FAZIT

In diesem Kapitel wurde die Zufriedenheit der Nutzer mit ihrer bevorzugten Suchmaschine anhand der Zufriedenheit mit den Suchergebnissen untersucht. Dazu wurde ein Modell eingeführt, das die Eindeutigkeit der Bewertung der Trefferqualität für bestimmte Suchanfragen berücksichtigt. Zugrunde gelegt wird die Annahme, dass Nutzer, die bei einem wesentlichen Teil ihrer Suchanfragen eine eindeutige (in den weit überwiegenden Fällen positive) Bewertung der Suchergebnisse vornehmen, diese positive Bewertung auf Fälle übertragen, in denen die Suchergebnisse nicht eindeutig bewertbar sind.

Das vorgestellte Modell kann zur Erklärung der Zufriedenheit der Suchmaschinennutzer mit ihrer bevorzugten Suchmaschine beitragen. Mit ihm kann auch erklärt werden, warum Nutzer offensichtlich nicht dazu bewegt werden können, ihre Standardsuchmaschine zu wechseln, auch wenn die (zusätzliche) Nutzung einer weiteren Suchmaschine andere (und unter Umständen bessere) Ergebnisse bringen würde. Allerdings ist zu betonen, dass das Modell keine alleingültige Erklärung liefern kann, sondern stets im Zusammenspiel mit den anderen in Abschnitt 4 beschriebenen Erklärungsmodellen betrachtet werden muss.

Anhand der Diskussion in diesem Kapitel zeigt sich, dass Konkurrenten zu Google – gemeint sind hier auch die immer wieder auftauchenden „Alternativsuchmaschinen" – gerade bei der Zufriedenheit der Nutzer mit den Google-Ergebnissen ansetzen müssen. Dazu bedarf es zuerst einmal eines Verständnisses, warum die Nutzer so zufrieden mit diesen Ergebnissen (und mit Google als Suchmaschine) sind.

7 LITERATURVERZEICHNIS

Baeza-Yates, Ricardo, Liliana Calderón-Benavides, & Christiana González-Caro. 2006. The intention behind web queries. In *String Processing and Information Retrieval* (Lecture Notes in Computer Science Vol. 4209, S. 98–109).

Bailey, Peter, & Paul Thomas. 2007. Does brandname influence perceived search result quality? Yahoo!, Google, and WebKumara. In *Proceedings of ADCS* (S. 88–91). Melbourne, Australia.

Brandz Top 100 most valuable global brands 2013. 2013. http://www.millwardbrown.com/brandz/2013/Top100/Docs/2013_BrandZ_Top100_Report.pdf

Broder, Andrei. 2002. A taxonomy of web search. *ACM Sigir forum, 36*(2), 3–10.

Frants, Valerie I., Jacob Shapiro, & Vladimir G. Voiskunskii. 1997. *Automated Information Retrieval: Theory and Methods. Library and Information Science*. San Diego: Academic Press.

Freed, Larry, & Eric Feinberg. 2013. *Foresee Annual E-Business Report for the American Customer Satisfaction Index (ACSI)*.

Gnome-Browser: DuckDuckGo löst Google ab. 2013. *Heise Online*, 30.8.2013. http://www.heise.de/open/meldung/Gnome-Browser-DuckDuckGo-loest-Google-ab-1945797.html

Griesbaum, Joachim, Bernard Bekavac, & Marc Rittberger. 2009. Typologie der Suchmaschine im Internet. In D. Lewandowski (Hrsg.), *Handbuch Internet-Suchmaschinen* (S. 18–52). Heidelberg: Akademische Verlagsgesellschaft Aka.

Höchstötter, Nadine, & Martina Koch. 2009. Standard parameters for searching behaviour in search engines and their empirical evaluation. *Journal of Information Science, 35*(1), 45–65.

Huffman, Scott B., & Michael Hochster. 2007. How well does result relevance predict session satisfaction? In *Proceedings of the 30th annual international ACM SIGIR conference on Research and development in information retrieval* (S. 567–574). New York: ACM.

Jansen, Bernard J., Danielle L. Booth, & Amanda Spink. 2008. Determining the informational, navigational, and transactional intent of Web queries. *Information Processing and Management, 44*(3), 1251–1266.

Jansen, Bernard J., & Amanda Spink. 2006. How are we searching the World Wide Web? A comparison of nine search engine transaction logs. *Information Processing & Management, 42*(1), 248–263.

Jansen, Bernard J., Mimi Zhang, & Carsten D. Schultz. 2009. Brand and its effect on user perception of search engine performance. *Journal of the American Society for Information Science and Technology, 60*(8), 1572–1595.

Kathuria, Ashish, Bernard J. Jansen, Caroline Hafernik, & Amanda Spink. 2010. Classifying the user intent of web queries using k-means clustering. *Internet Research, 20*(5), 563–581.

Lewandowski, Dirk. n.d.. Evaluating the retrieval effectiveness of Web search engines using a representative query sample. (eingreicht)

Lewandowski, Dirk. 2006. Query types and search topics of German Web search engine users. *Information Services & Use, 26*, 261–269.

Lewandowski, Dirk. 2008. The retrieval effectiveness of web search engines: considering results descriptions. *Journal of Documentation, 64*(6), 915–937.

Lewandowski, Dirk. 2012a. A framework for evaluating the retrieval effectiveness of search engines. In Christophe Jouis (Hrsg.), *Next Generation Search Engines: Advanced Models for Information Retrieval* (S. 456–479). Hershey, PA: IGI Global.

Lewandowski, Dirk. 2012b. Informationskompetenz und das Potenzial der Internetsuchmaschinen. In Wilfried Sühl-Strohmenger (Hrsg.), *Handbuch Informationskompetenz* (S. 101–109). Berlin: De Gruyter.

Lewandowski, Dirk. 2013a. Suchmaschinen. In Reiner Kuhlen, Wolfgang Semar, & Dietmar Strauch (Hrsg.), *Grundlagen der praktischen Information und Dokumentation.* (6. Ausgabe., S. 495–508). Berlin: De Gruyter.

Lewandowski, Dirk. 2013b. Suchmaschinenindices. In Dirk Lewandowski (Hrsg.), *Handbuch Internet-Suchmaschinen 3: Suchmaschinen zwischen Technik und Gesellschaft* (S. 143–161). Berlin: Akademische Verlagsgesellschaft AKA.

Lewandowski, Dirk. 2013c. Challenges for search engine retrieval effectiveness evaluations: Universal search, user intents, and results presentation. In G. Pasi, G. Bordogna, & L. Jain (Hrsg.), *Advanced Techniques in Web Intelligence 3: Quality Issues in the Management of Web Information* (S. 179–196). Heidelberg: Springer.

Lewandowski, Dirk, Jessica Drechsler, & Sonja Mach. Von. 2012. Deriving Query Intents From Web Search Engine Queries. *Journal of the American Society for Information Science and Technology, 63*(9), 1773–1788.

Maaß, Christian, Andre Skusa, Andreas Heß, & Gotthard Pietsch. 2009. Der Markt für Internet-Suchmaschinen. In Dirk Lewandowski (Hrsg.), *Handbuch Internet-Suchmaschinen* (S. 3–17).

Machill, Marcel. 2003. Wegweiser im Netz: Qualität und Nutzung von Suchmaschinen. In Marcel Machill & Carsten Welp (Hrsg.), *Wegweiser im Netz* (S. 1–544). Gütersloh: Bertelsmann Stiftung.

Machill, Marcel, Marcus Beiler, & Martin Zenker. 2008. *Journalistische Recherche im Internet: Bestandsaufnahme journalistischer Arbeitsweisen in Zeitungen, Hörfunk, Fernsehen und Online*. Berlin: Vistas.

McGee, Matt. 2011. Google Triples Its Spending To Keep Default Search Spot In Firefox. *Marketing Land*. http://marketingland.com/google-triples-its-spending-to-keep-default-search-spot-in-firefox-2039

Mizzaro, Stefano. 1997. Relevance: The whole history. *Journal of the American society for information Science, 48*(9), 810–832.

Nettleton, David, Liliana Calderón-Benavides, & Ricardo Baeza-Yates. 2006. Analysis of web search engine query session and clicked documents. In *Proceedings of the 8th Knowledge discovery on the web international conference on Advances in web mining and web usage analysis* (Vol. 4811 LNAI, S. 207–226).

Peters, Isabella. 2011. Folksonomies und Kollaborative Informationsdienste: Eine Alternative zur Websuche? In Dirk Lewandowski (Hrsg.), *Handbuch Internet-Suchmaschinen 2: Neue Entwicklungen in der Web-Suche* (S. 29–53). Heidelberg: Akademische Verlagsanstalt AKA.

Purcell, Kirsten, Joanna Brenner, & Lee Raine. 2012. *Search Engine Use 2012*. Washington, DC: Pew Research Center. http://pewinternet.org/~/media/Files/Reports/2012/PIP_Search_Engine_Use_2012.pdf

Quirmbach, Sonja. 2009. Universal Search - Kontextuelle Einbindung von unterschiedlicher Quellen und Auswirkungen auf das User Interface. In Dirk Lewandowski (Hrsg.), *Handbuch Internet-Suchmaschinen* (S. 220–248). Heidelberg: Akademische Verlagsgesellschaft Aka.

Riemer, Kai, & Fabian Brüggemann. 2009. Personalisierung der Internetsuche - Lösungstechniken und Marktüberblick. In Dirk Lewandowski (Hrsg.), *Handbuch Internet-Suchmaschinen* (S. 148–171). Heidelberg: Akademische Verlagsgesellschaft Aka.

Rose, Daniel E., & Levinson, Danny. 2004. Understanding user goals in web search. In *Proceedings of the 13th international conference on World Wide Web* (S. 13–19). New York: ACM.

Saracevic, Tefko L. A. 2007. Relevance : a review of the literature and a framework for thinking on the notion in Information Science. Part III : behavior and effects of relevance. *Journal of the American Society for Information Science and Technology, 58*(13), 2126–2144.

Spink, Amanda, Bernard J. Jansen, Chris Blakely, & Sherry Koshman. 2006. A study of results overlap and uniqueness among major web search engines. *Information Processing & Management, 42*(5), 1379–1391.

Sünkler, Sebastian. 2012. *Prototypische Entwicklung einer Software für die Erfassung und Analyse explorativer Suchen in Verbindung mit Tests zur Retrievaleffektivität.* Hamburg University of Applied Sciences. http://edoc.sub.uni-hamburg.de/haw/volltexte/2012/1845/pdf/Suenkler_Sebastian_20120229.pdf

Tague-Sutcliffe, Jean. 1992. The pragmatics of information retrieval experimentation, revisited. *Information Processing & Management, 28*(4), 467–490.

"US-Kartellwächter: Google siegt im Streit über manipulierte Web-Suche". 2013. *Spiegel Online,* 3.1.2013. http://www.spiegel.de/wirtschaft/unternehmen/streit-mit-kartellbehoerde-google-a-875671.html

Van Eimeren, Birgit, & Beate Frees. 2012. ARD/ZDF-Onlinestudie 2012: 76 Prozent der Deutschen online – neue Nutzungssituationen durch mobile Endgeräte. *Media Perspektiven,* (7-8), 362–379.

Voorhees, Ellen M. 2002. The philosophy of information retrieval evaluation. In *In Proceedings of the The Second Workshop of the Cross-Language Evaluation* (S. 355–370). Heidelberg: Springer.

Webhits. 2013. Webhits Web-Barometer. http://www.webhits.de/deutsch/index.shtml?web-stats.html

Judith Winter / Michael Christen

ZENTRALE SUCHMASCHINEN –

Die neuen „Bottlenecks" des Internetzeitalters?

Zusammenfassung

Suchmaschinen sind einflussreich und meinungsbildend im Bezug zu Normen und Werte von Gemeinschaften. Der Zugang zu öffentlichen Informationen sollte transparent, neutral, unzensiert und verlässlich sein und für den Benutzer unbeobachtet erfolgen können. Kommerzielle Anbieter nutzen jedoch üblicherweise zentralisierte, proprietären Architekturen. Das Suchverhalten des Benutzers und seine Interessen können dort detailliert protokolliert und ausgewertet werden. Zentrale Suchindizes sind zudem leicht zensierbar und manipulierbar. Zentrale Suchkriterien sind somit, wenn sie als Torwächter zwischen den Benutzern und dem frei verfügbaren Wissen eingesetzt werden, eine Bedrohung für die freie Wissensgesellschaft. Die Autoren haben unabhängig voneinander zwei sehr ähnliche Lösungen verfolgt und realisiert, die auf Peer-to-Peer Basis funktionieren und daher eine Alternative zu den üblichen zentralen Architekturen darstellen können: SPIRIX und YaCY. Für einen freien Wissenszugang müssen alternative Lösungen zu zentralisierten Suchmaschinen angeboten werden! Die Autoren wollen mit dem vorliegenden Artikel dazu beitragen, das öffentliche Bewusstsein bezüglich der Gefahren zentralisierter Suchmaschinen zu schärfen und die entsprechende Bedrohungen aufzeigen, die sich insbesondere aus der zentralen Architektur ergeben, andererseits einen praktischen Beitrag dazu leisten, alternative Suchsysteme auf dezentraler Basis zu schaffen.

1 ZENTRALE SUCHMASCHINEN: NOTWENDIGE WERKZEUGE FÜR EFFEKTIVEN INFORMATIONSZUGRIFF ODER EFFEKTIVE TORWÄCHTER ZWISCHEN BENUTZER UND FREIER WISSENSGESELLSCHAFT?

Wer in unserer heutigen Wissensgesellschaft an der kollektiv im Internet verfügbar gemachten Informationsvielfalt partizipieren will, ist auf die Benutzung von Suchmaschinen als *das* entscheidende Werkzeug zum Auffinden von relevanten Informationen angewiesen. Die Nützlichkeit, ja Notwendigkeit dieser im Sinne der Präzision der Suchergebnisse sehr effektiven Suchmaschinen ist unumstritten. Andererseits sind Suchmaschinen durch ihre Auswahl potenziell relevanter Informationen einflussreich und meinungsbildend, sie führen uns durch das Ergebnisranking selektiv zu Informationen und beeinflussen letztendlich Normen und Werte von Gemeinschaften. Der Zugang zu öffentlichen Informationen sollte daher transparent, neutral, unzensiert und verlässlich sein und für den Benutzer unbeobachtet erfolgen können.

Bedenklich ist aus Sicht der Autoren jedoch, dass der Informationszugang hierzulande über Suchmaschinen erfolgt, die fast ausschließlich durch kommerzielle Anbieter auf zentralisierten, proprietären Architekturen betrieben werden. Dem Benutzer bleibt verborgen, wie seine Anfragen bearbeitet werden und von welchen Interessen die ihm präsentierten Ergebnisse beeinflusst werden; umgekehrt werden das Suchverhalten des Benutzers und seine Interessen detailliert protokolliert und ausgewertet. Der Suchindex (Verschlagwortung von Webseiten) solcher Systeme wird *zentral* gespeichert und verwendet und kann dadurch leicht zensiert und manipuliert werden. Zahlreiche Skandale mit kommerziellem oder politischem Hintergrund (z.B. EU-Antitrust-Klage gegen Google wegen Ergebnismanipulation, Rückzug Googles aus China 2010 etc.) zeigen, dass Zensur und Manipulation nicht nur theoretische Gefahren sind, insbesondere wenn die verwendeten Verfahren zum Ergebnisranking nicht-öffentlich und somit für die Benutzer nicht nachvollziehbar sind (Winter/Seiler 2012). Zudem lassen sich zentrale Suchsysteme leicht attackieren oder abschalten, z.B. um freien Informationszugang aus politischen Gründen zu sperren. Auch eine zentrale Anfragebeantwortung, die das Erfassen der Benutzer und ihrer Suchinteressen ermöglicht und diese dabei in ihrer Privatsphäre teilweise bedenklich verletzen kann (z.B. AOL Skandal 2006), ist einem freien Wissenszugang abträglich.

Zentrale Sucharchitekturen sind also, wenn sie als Torwächter zwischen den Benutzern und dem frei verfügbaren Wissen eingesetzt werden, eine Bedrohung für die freie Wissensgesellschaft. Sie sind jedoch nicht alternativlos. Verteilt man den internen Aufbau zentraler Suchmaschinen auf eine Vielzahl autonomer, gleichberechtigter Rechner („Peers"), so können diese mittels adäquater Techniken völlig selbstorganisiert und ohne Zentralinstanz auskommen. In sogenannten Peer-to-Peer (P2P) Architekturen kann die Indexspeicherung und -auswertung über alle teilnehmenden Rechner verteilt werden, so dass jeder Peer nur über einen Bruchteil der Informationen des Gesamtsystems verfügt. Da es keine zentrale Kontrollinstanz gibt und auch die Anfragenbeantwortung dezentral über die Rechner verteilt erfolgen kann, sind P2P-Suchmaschinen viel weniger anfällig für die oben genannten Gefahren. Dazu braucht es jedoch entsprechende dezentrale Suchmechanismen für die Selbstorganisation der Peers beim effektiven Zugriff auf die verteilten Informationen.

Beide Autoren haben daher jeweils eine P2P-Suchmaschine entwickelt: YaCy ist eine der wenigen aktiv genutzten freien P2P Suchmaschinen weltweit und mit mittlerweile über 1500 teilnehmenden Peers, die mehr als 1,3 Milliarden Dokumente zur Verfügung stellen, die größte deutsche P2P-Suchmaschine überhaupt. SPIRIX ist eine P2P-Suchmaschine speziell für strukturierte Daten und wird regelmäßig zur wissenschaftlichen Evaluation verteilter XML-Rankingalgorithmen im internationalen Vergleich mit zentralisierten Suchlösungen verwendet (Winter 2011b). Beide Suchmaschinen kommen ohne zentrale Kontrollinstanz und ohne zentrale Indexspeicherung aus.

Dieser Tagungsbeitrag möchte einerseits dazu beitragen, das öffentliche Bewusstsein bezüglich der Gefahren zentralisierter Sucharchitekturen zu schärfen und dazu die entsprechenden Bedrohungen aufzeigen, die sich insbesondere aus der zentralen Architektur ergeben, und andererseits einen praktischen Beitrag dazu leisten, alternative Suchsysteme auf dezentraler Basis zu schaffen. Wir sind der Meinung, dass für einen freien Wissenszugang alternative Lösungen zu zentralisierten Suchmaschinen angeboten werden müssen, um selbstbestimmten Benutzern eine freie Wahl zu ermöglichen!

2 PEER-TO-PEER SUCHMASCHINEN

Zum Verständnis von Peer-to-Peer Suchmaschinen ist es zunächst notwendig, auf die Konstruktion von Suchmaschinen im Allgemeinen einzugehen.

2.1 Grundfunktionen von Suchmaschinen

Suchmaschinen sind im Allgemeinen dem Nutzer nur als einfache Webseite mit einem Eingabefeld und einer Ergebnisliste bekannt. Die schnelle Ergebniserstellung für eine einfache Anfrage auf eine Menge von sehr vielen Dokumenten ist aber nur möglich, wenn die zu durchsuchende Datenmenge im Vorfeld der Suche vollständig gelesen, verstanden (durch einen Dokumentenparser erschlossen) und verschlagwortet worden ist. Die folgenden Komponenten sind an dem Vorgang beteiligt:

- **Harvesting**: die zu durchsuchende Datenmenge muss erschlossen werden. Dies geschieht bei Suchmaschinen für das Web oft mit Hilfe eines Web-Crawlers, der Dokumente (vor allem: Webseiten) aufgrund der Vorkommen von Web-Links in anderen Dokumenten (Webseiten) auffindet. Ein Crawler wird mit einer Start-Adresse gefüttert und dieser lädt die entsprechende Webseite. Alle in dieser Webseite aufgeführten Web-Links werden wieder in den Crawler gefüttert, und somit wächst die Menge der bekannten Webseiten stetig an. Ein Crawler muss bestimmte harte Kriterien (z.B. die Befolgung von „robots.txt"-Direktiven, das sind Bedingungen von Webseitenbetreiber) als auch weiche Kriterien (z.B. vorsichtiges Vorgehen beim Zugriff auf Webserver; Anfragen in niedriger Frequenz) erfüllen, um in vieler Hinsicht akzeptabel funktionieren zu können.

- **Indexing**: die Verschlagwortung eines Dokuments setzt ein Verständnis der Dokumentenstrukur (Erfassung von Metadaten) und des Inhaltes (Textextraktion, Spracherkennung, Keyword-Matching, Pattern-Recognition, semantische Vernetzung) voraus. Ein Indexierer arbeitet im Kontext einer Menge von Dokumentenparsern, um Inhalts-Typen in bestimmten Metadatenfeldern zu erfassen. Metadatenfelder werden dann unter verschiedenen Kriterien verschlagwortet (Position im Text, Worthäufigkeit, Ordnungen auf Datumsfelder, Zahlen und Geokoordinaten etc.), um später während der Suche Kriterien zur Bedeutung des Suchtreffers (Ranking) präsentieren zu können, die dem Relevanzbegriff des Suchenden möglichst entsprechen.

- **Suchinterface**: neben der typischen Suchergebnisaufbereitung in Form von Dokumentenlisten mit Titel, Link und Snippet (Suchtext-Treffanzeige, welche eine aufwändige und datenintensive Archivierung aller durchsuchbaren Dokumente erfordert) gibt es einige weitere Formen der Suchergebnisdarstellung, die beispielsweise bei Suchmaschinen für Wohnungssuche und Arbeitsplätzen üblich sind und die der Suchende als ‚natürlich' anmutende Funktion nutzt: Such-Navigatoren für Attribute wie ‚mit Balkon' oder ‚Festanstellung' in den genannten Beispielen. Solche Navigatoren (auch ‚faceted search' genannt) ersetzen die lange Zeit als ‚Expertensuche' genannte Vorgehensweise in Form einer schrittweisen Verfeinerung, so dass eine große Ergebnismenge schrittweise eingeschränkt werden kann. Navigatoren stellen erweiterte Anforderungen an die zu verwendende Suchmaschinentechnik. Weitere Komponenten von Suchinterfaces sind beispielsweise Suchwortvorschläge (sowohl während der Eingabe als auch im Kontext der Ergebnisanzeige), Query-Keywords und eine Query-Sprache (logische Operatoren und beispielsweise Einschränkungen der Suchwortpositionen auf bestimmte Metadatenfelder wie die Titelzeile).

2.2   Leistungsfähige, skalierbare Suchmaschinen

Eine einzelne Suchmaschinen-Installation hat eine gewisse Leistungsbeschränkung, die sich durch Qualitätsanhebungen des ausführenden Rechners und dessen Komponenten nicht beliebig ausweiten lässt. Eine solche Suchmaschineninstanz kann aber durch eine bestimmte technische Architektur in einer Infrastruktur von Suchmaschineninstanzen nahezu beliebig in seiner Leistung erweitert werden. Hierzu ist eine Indexierer-Matrix notwendig: Werden mehrere Indexierer verwendet und zu indexierende Dokumente über diese Index-Instanzen verteilt und bei einer Suche alle diese Index-Instanzen zusammengefasst, entsteht eine sogenannte ‚Such-Reihe' (auch ‚shards' genannt). Dieser Vorgang, das ‚horizontale Skalieren', kann durch ein ‚vertikales Skalieren' erweitert werden, wenn mehrere ‚Such-Reihen' in einer sogenannten ‚Such-Matrix' zusammengefasst werden, um auch eine Skalierung des Datendurchsatzes zusätzlich zur Datenmenge zu ermöglichen. Indexier-Matrixen benötigen zusätzliche Schnittstellen zur Vernetzung der Indexierer-Instanzen und eine zusätzliche Software zur Steuerung und Kontrolle der Einzel-Indexierer, dem gezielten Beliefern der Instanzen mit Daten und dem Betrieb der angebauten Komponenten im Kontext der Indexierer-Matrix.

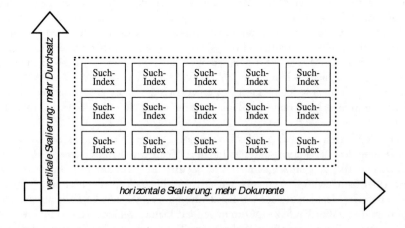

Abbildung 2.1 – Suchmaschinenmatrix

2.3 Dezentrale Websuche mit Peer-to-Peer Technik

Leistungsfähige Suchmaschinen haben im Kern bereits eine verteilte (engl. Stichwort: ,distributed') technische Architektur, denn sie werden mit Hilfe von Indexierer-Matrixen, wie im vorigen Abschnitt beschrieben, realisiert. Jedoch sind solche Suchmaschinen dadurch nicht dezentral organisiert (engl. Stichwort: ,decentralized'), denn dazu wäre es notwendig, die verteilten Instanzen aus dem Data-Center zu entfernen und zu unabhängigen, verteilten Orten zu bewegen. Für eine dezentrale und verteilte Suchmaschine ist es nicht notwendig, die Rechner selbst zu verteilen, sondern nur die zum Betrieb notwendige Software. Die Technik des verteilten Rechnens (,distributed Computing', z.B. seti@home) und des verteilten Speicherns (,distributed storage', z.B. peer-to-peer file sharing) ist eine wohlerprobte Vorgehensweise zur Errichtung von leistungsfähigen Datenverwaltungsmechanismen. Eine dezentrale Websuche stellt daher die Implementierung einer Indexierer-Matrix in Form des verteilten Speicherns dar. Dies kann in Form von Peer-to-Peer index-sharing Techniken realisiert werden: so, wie beim P2P File-sharing Dateifragmente zwischen Peers ausgetauscht werden, so werden beim P2P Index-sharing Fragmente eines Suchindexes ausgetauscht. Hierzu sind folgende Komponenten notwendig:

- **Netzaufbau und Teilnehmerabstimmung**: In einem verteilten Suchmaschinennetz gibt es eine bestimmte Anzahl von Teilnehmern. Die unkontrollierte, aber selbst-organisierende Netz-Infrastruktur von File-Sharing Netzen ist ein Vorbild für die Abstimmung von Teilnehmern eines Index-Sharing Netzes. Hierzu müssen die Erreichbarkeit, die Leistungsfähigkeit, die Inhalte der Teilnehmer und andere Parameter zur optimalen Nutzung der Sharing-Peers in Form einer Software für das Netz der verteilten Suchmaschine realisiert werden.

- **Redundanz und Toleranz**: In einem selbstorganisierenden Suchmaschinennetz können die Teilnehmer beliebig hinzukommen und auch wieder verschwinden. Damit Index-Verluste von zeitweise abwesenden oder permanent verlorenen Peers ausgeglichen werden können, müssen Index-Daten redundant an mehrere Teilnehmer verteilt werden. Die Abwesenheit von unvollständigen Daten muss tolerierbar sein und durch geeignete Algorithmen kompensiert werden. Hierzu ist auch die Unterscheidung zwischen temporären und permanenten Datenfehlern notwendig.

Alle oben genannte Komponenten lassen sich in eine Applikation integrieren:

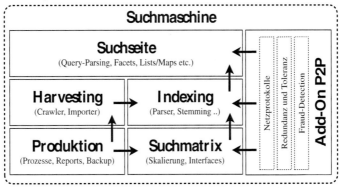

Abbildung 2.2 - Suchmaschinenkomponenten

3 DIE SUCHMASCHINE YACY

YaCy ist eine Suchmaschinensoftware, die sich jeder installieren kann, um damit ein Suchportal zu errichten, das Intranet zu indexieren oder andere Daten mit einer Suchfunktion zu erweitern. Die Software ist mit Hilfe einer Gemeinschaft von über 30 Entwicklern entstanden und ist unter einer freien Lizenz (GPL) im Quelltext ('Open Source') verfügbar.

Die besondere Fähigkeit der YaCy Software ist die Möglichkeit der Vernetzung einzelner 'Such-peers' in einem Peer-to-Peer Suchmaschinennetz. Ein 'Suchpeer' ist eine Suchmaschineninstanz, die als Peer in einem Peer-to-Peer Netz mit anderen 'Suchpeers' kommuniziert. Suchpeers im YaCy Netz verbinden sich in der als „Indexierer-Matrix" beschriebenen Weise um eine Leistungssteigerung der Suchmaschinenfunktion zu erzielen. Mit dem YaCy Suchmaschinenprojekt wird somit versucht eine leistungsfähige Suchmaschine für das World Wide Web mit freiwilligen Unterstützern und User auf-zubauen.

Wenn YaCy nach der Installation erstmalig gestartet wird, ist die Teilnahme am dezentralen Peer-to-Peer Netz als Standard voreingestellt. Den Suchindex erhält YaCy u.a. über einen Crawl-Start. Zur Erfassung von Content-Management Systemen (Blogs, Wikis, Foren) sind spezialisierte Harvester vorhanden. Die YaCy-Suche dient dann als föderierte Suche über die verschiedenen Quellen und bietet dazu spezifische Navigatoren in der Suche.

Das YaCy Suchmaschinennetz skaliert mit der Anzahl der Nutzer, ist vollständig dezentral (alle Peers sind gleichberechtigt und es gibt keine zentrale Verwaltungsinstanz), ist damit nicht zensierbar und speichert auch kein Nutzerverhalten an zentraler Stelle.

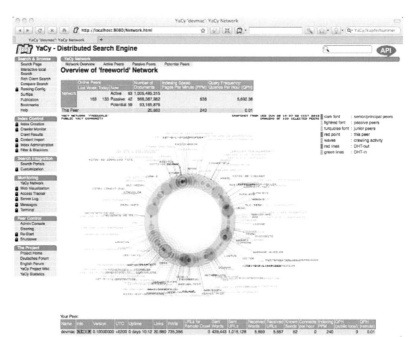

Abbildung 3.1 - Screenshot aus YaCy: Netzgrafik der P2P Teilnehmer

YaCy ist als quelloffene, freie Software vollständig transparent: jeder kann nachvollziehen, wie Infor-mationen für die Suchmaschine gewonnen und für den Nutzer gefunden werden. YaCy kann so alle Inhalte allen Internet-Usern monopol-unabhängig zugänglich machen. YaCy kann auch in einer nicht-vernetzten Einzelinstallation betrieben werden. Solch eine YaCy-Instanz kann zum Aufbau einer themenbezogenen Web-Suche genutzt werden oder als Ersatz für kommerzielle Suchmaschinen-Appliances in Unternehmen dienen.

4 DIE SUCHMASCHINE SPIRIX

SPIRIX ist eine in Java implementierte, voll funktionsfähige Suchmaschine auf P2P-Basis, die seit 2006 an der Goethe-Universität Frankfurt und der Fachhochschule Frankfurt zu Forschungszwecken (fort-)entwickelt wird (Winter 2011a). Das Akronym SPIRIX steht für: „Search Engine for **P**2P **In**formation **R**etrieval of **X**ML-documents".

SPIRIX wurde speziell für die Analyse und Evaluierung der Suche in und nach strukturierten Dokumenten entworfen, insbesondere für das Durchsuchen solcher Kollektionen, die im XML-Format vorliegen. XML, die extensible Markup Language, ist mittlerweile *der* Standard für den Austausch von strukturierten Dokumenten, daher widmet sich die internationale Forschergemeinschaft im Zuge der INEX-Initiative (http://inex.mmci.uni-saarland.de/) der Untersuchung und vor allem Evaluierung von XML-Suchmaschinen durch den Einsatz von XML-Retrieval Techniken. SPIRIX ist eine der wenigen XML-basierten Suchmaschinen weltweit, die tatsächlich verteilte Ansätze in die Suche integriert, und die bisher einzige XML-Suchmaschine auf P2P-Basis. Durch Evaluierungen mittels der INEX-Evaluierungskollektionen, standardisierten Evaluationsverfahren sowie mehrmaliger Teilnahme am jährlichen INEX-Wettbewerb konnte nachgewiesen werden, dass SPIRIX eine Suchqualität erzielen kann, die durchaus vergleichbar mit den führenden XML-Suchmaschinen weltweit ist.

Die Architektur von SPIRIX stellt sich wie folgt dar: Abfrageerstellung sowie Ergebnisdarstellung erfolgen über die Applikationsschicht, während das Bewerten von Suchergebnissen (Ranking und Retrieval) durch die Information Retrieval Schicht bewerkstelligt werden, wo auch die Indizierung verfügbarer Dokumentkollektionen stattfindet. Die Kommunikation zwischen teilnehmenden Rechnern (Peers) sowie das Auffinden nützlicher Informationen auf diesen findet auf der Peer-to-Peer Ebene statt.

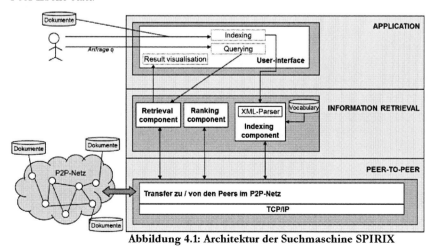

Abbildung 4.1: Architektur der Suchmaschine SPIRIX

Mit SPIRIX können XML-Dokumente in einem P2P-Netz indiziert, gefunden und ihre Relevanz berechnet werden. Dazu wurden verschiedene Techniken des verteilten XML-Retrieval entwickelt, die sich auf Indizierung, Routing, Ranking und Retrieval beziehen. Dabei wurden insbesondere Verteilungsaspekte berücksichtigt und besonderes Augenmerk darauf gelegt, dass der Ressourcenverbrauch mit zunehmender Anzahl Benutzer, Anfragen, Dokumente und teilnehmender Peers nicht übermäßig ansteigt. Bei der Entwicklung und Umsetzung von Methoden für verteiltes XML-Retrieval wurde daher speziell der Routingprozess, also das auf adäquater Auswahl von Postings basierende Weiterleiten der Anfrage zwischen den Peers, daraufhin optimiert, dass Suchqualität und Netzlast in einem angemessenen Verhältnis zueinander stehen. Zu den entwickelten Methoden des verteilten XML-Retrievals gehören:

- diverse Gewichtungsmethoden für das Ranking,

- der Einsatz von Element-Retrieval (Ergebnisse, die nur aus Teildokumenten bestehen),

- die Berücksichtigung von Benutzerhinweisen in der Suchanfrage bezüglich der Struktur der zu suchenden Dokumente.

In den Experimenten zur Evaluierung der verschiedenen Techniken werden üblicherweise jeweils die erzielte Suchqualität und der dafür notwendige Aufwand gegenübergestellt. Hier konnten bereits signifikante Verbesserungen der Präzision nachgewiesen werden. Die gewonnenen Erkenntnisse werden in den Routingprozess integriert; hierbei ist speziell die Fragestellung interessant, inwieweit die XML-Struktur zur Performanzverbesserung in Bezug auf die Effizienz eines verteilten Systems genutzt werden kann. Einige der bisher untersuchten Methoden konnten bereits zu einer signifikanten Reduzierung der Anzahl versendeter Nachrichten und somit der Netzlast verwendet werden, die mit einer gleichzeitigen Steigerung der Suchqualität verknüpft ist. Auch ein Verfahren zur Unterstützung von in verteilten Systemen besonders problematischen Multitermanfragen (Anfragen, die aus mehr als einem Suchwort bestehen, im Durchschnitt 2-3 Wörter) kommt bereits zur Anwendung. Es konnte demonstriert werden, wie durch Einsatz dieser Methoden die Anzahl kontaktierter Peers und der Kommunikationsaufwand erheblich reduziert werden können. Grundlage der durchgeführten Experimente war jeweils ein kleines reales P2P-Netz mit bis zu 50 Peers oder ein simuliertes Netz mit bis zu 5000 kontaktierten Peers pro Anfrage. Der Nachrichtentransport in diesen Netzen (sowohl simuliert als auch tatsächlich stattfindend) geschah mittels SpirixDHT, einer an XML-Retrieval angepassten Implementierung des weit verbreiteten P2P-Protokolls Chord. Für die Analyse von SpirixDHT wurden Evaluierungen durchgeführt, die die Einsparung von Kommunikationsaufwand durch Erkenntnisse aus den Experimenten zum verteilten XMLRetrieval zeigen. Beispielsweise konnten Nachrichten, die in großer Anzahl während der Indizierung und dem Routing anfallen, gebündelt werden, um so die Anzahl der Nachrichten zu reduzieren.

Die Abbildung 4.2 zeigt bzgl. des Ressourcenverbrauchs bei verteilter Suche beispielsweise die Anzahl verwendeter Nachrichten zwischen den teilnehmenden Rechnern (Postings) in Relation zur erzielten Suchqualität (Präzision innerhalb der ersten Ergebnisse; iP[0.01] sowie die Qualitätssteigerung bei Verwendung diverser Strukturvergleichsfunktionen für strukturierte XML-Anfragen. Für Details sei auf die entsprechenden Publikationen im Anhang verwiesen (z.B. Winter 2011a).

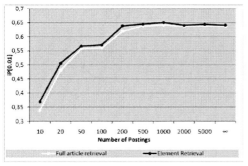
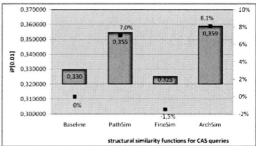

5 FAZIT UND AUSBLICK

Dieser Tagungsbeitrag thematisiert die Gefahren, die von zentralisierten Suchmaschinen in Hinsicht der Verletzung der Privatsphäre von Benutzern und die Möglichkeiten von Zensur und Manipulation ausgehen. Als alternative Möglichkeit der Suche wurden P2P-Suchmaschinen propagiert – nicht, um zentralisierte Suchmaschinen zu ersetzen, jedoch, um dem Benutzer eine freie Wahl zu lassen. Mit YaCy und SPIRIX wurden zwei dezentrale Suchmaschinen vorgestellt, die vollkommen ohne zentrale Kontrollinstanz und ohne zentralen Index auskommen.

Wie aktuell dieses Thema ist und wie wichtig, hier beim Benutzer ein entsprechendes Bewusstsein zu schaffen und alternative Suchtechniken zu Verfügung zu stellen, zeigen die Schlagzeilen rund um den Prism-Skandal: Nachdem der Öffentlichkeit bekannt geworden ist, in welchem Ausmaß Behörden wie die US-amerikanische NSA Daten sammeln, zu denen auch im großen Stil die Suchanfragen gehören, die über zentrale Server von Google & Co laufen, geht der Ruf nach alternativen Suchmaschinen durch alle Medien. So beschreibt die Frankfurter Rundschau unter dem Titel „Sichere Suchmaschinen gefragt – Seit Prism haben Alternativen zu Google und Yahoo Hochkonjunktur" die rasant gestiegene Nachfrage nach Suchmaschinen, die den Wunsch der Benutzer nach Wahrung ihrer Privatsphäre nachkommen (Fröhlich 2013). n-tv vermeldet im gleichen Kontext einen Ansturm auf alternative Suchmaschinen (n-tv 2013), ebenso wie die taz (taz 2013), die Westdeutsche Zeitung (Westdeutsche Zeitung 2013) oder der Stern (Fröhlich 2013). Während der Prism-Skandal die Bürger vor allem durch das bekanntgewordene Ausmaß der Datenauswertung schockiert, so ist er doch nur ein Beispiel von vielen, die zeigen, wie wichtig die Auseinandersetzung mit diesem Thema auf dem Weg zu einem freiem Wissenszugang ist.

6 LITERATURVERZEICHNIS

Fröhlich, Christoph. 2013. *Geheimdienstüberwachung Prism und Tempora: Diese Dienste schützen vor Datenspionage.* http://www.stern.de/digital/online/geheimdienstueberwachung-prism-und-tempora-diese-dienste-schuetzen-vor-datenspionage-2033267.html, Stern.de-Magazin, 04.07.2013.

Christen, Michael. 2011. *Freier Wissenszugang mit der Suchmaschine YaCy.* Barleben/Magdeburg: 26. Oberhofer Kolloquium zur Praxis der Informationsvermittlung 2011, DGI Deutsche Gesellschaft für Informationswissenschaft und Informationspraxis e.V.

Christen, Michael. 2012. *Freie Suchmaschinen für freie Daten: Unzensierbarkeit, Selbstbestimmung, erweiterte Möglichkeiten.* Berlin: Summit of New Thinking, Conference on Open Strategies.

Christen, Michael. *YaCy - Freie Suchmaschinensoftware und dezentrale Websuche.* YaCy-Homepage, http://yacy.net.

Frankfurter Rundschau (afp). *Sichere Suchmaschinen gefragt – Seit Prism haben Alternativen zu Google und Yahoo Hochkonjunktur.* FR Nr. 143, S. 3, 24.06.2013.

n-tv. 2013; Lever, Rob: *Nach Skandal um "Prism" und "Tempora"Nutzer verwenden alternative Suchmaschinen.* http://www.n-tv.de/technik/Nutzer-verwenden-alternative-Suchmaschinen-article10870516.html, 22.06.2013.

taz 2013; lrs. *Suchmaschine profitiert von „Prism": Nutzer „ducken" sich im Netz.* http://www.taz.de/!118739/, 25.06.2013.

Winter, Judith. 2011a. *An Approach to XML Information Retrieval in Distributed Systems.* München: it-Information Technology, Jahrgang 53 (2011) Heft 4, DOI 10.1524/itit.2011.0645, Oldenbourg Wissenschaftsverlag.

Winter, Judith. 2011b. *Democratisation of Digital Search by Decentralisation.* Koblenz: Proc. of ACM 3rd International Conference on Web Science (WebSci'11).

Winter, Judith; Seiler, Jan. 2012. *Dezentrale Suche als Beitrag zur demokratischen Wissensgesellschaft?.* Dortmund: Proc. of IR-2012, Workshop on Information Retrieval 2012, LWA'12 (Lernen, Wissen, Adaption).

Westdeutsche Zeitung. 2013; Nagel, Till. *"DuckDuckGo": Nutzeransturm auf anonyme Suchmaschine dank "Prism".* http://www.wz-newsline.de/home/multimedia/specials/teststrecke-der-technik-ratgeber/ duckduckgo-nutzeransturm-auf-anonyme-suchmaschine-dank-prism-1.1349474, 20.06.2013.

David Coquil / Helene Schmolz

ANAPHERN-RESOLUTION IM TEXT RETRIEVAL –

Ein sprachwissenschaftlich-informationstechnologischer Ansatz zur qualitativen Verbesserung von Suchmaschinen

Zusammenfassung

Dieser Aufsatz geht der Frage nach, inwiefern die Suche im Internet mittels linguistischer Methoden verbessert werden kann, im Konkreten in Bezug auf textlinguistische, korpuslinguistische und computerlinguistische Grundlagen. Dabei wird gezeigt, dass die Detektion und Auflösung sogenannter Anaphern bei der Suche nach schriftlichen Informationen hilfreich sind. Obwohl die Anaphernresolution in den letzten Jahren Gegenstand zahlreicher informationstechnologischer Forschungsbeiträge geworden ist, wurde vor allem die linguistische Perspektive außer Acht gelassen und damit stets nur bestimmte Anaphernarten beachtet. Um hier entgegenzusteuern wird zuerst eine umfassende Definition, darauf aufbauend eine Klassifikation für die englische Sprache vorgestellt und die Häufigkeit der Anaphernarten anhand von Hypertexten analysiert. Daraus ergibt sich ein nie da gewesenes Potenzial für die Verbesserung von Suchmaschinen.

1 EINLEITUNG

Die Suche nach Informationen im World Wide Web ist in unserer heutigen Welt nicht mehr wegzudenken. Die Aufgabe, dem Internetbenutzer stets diejenigen Dokumente zurückzugeben, die er oder sie gerade benötigt, stellt automatische Systeme mit dem Wachsen des Webs vor eine immer größere Herausforderung. Bisherige Suchmaschinen funktionieren hier bei weitem nicht perfekt, unter anderem deswegen, da sie den Inhalt von Texten nur quantitativ und nicht auch qualitativ, also hinsichtlich der Semantik, analysieren.

Um nun Suchmaschinen hinsichtlich des Text Retrievals, also bei der Suche nach schriftlichen Formen, zu verbessern, sind Methoden aus der Sprachwissenschaft hilfreich. Ein Ansatz aus der Textlinguistik ist die Analyse des Textes hinsichtlich kohäsiver Formen, im Konkreten, hinsichtlich von Anaphern. Der vorliegende Aufsatz soll nun aufzeigen, inwiefern die Erkennung von Anaphern zur Verbesserung von Text Retrieval Systemen beiträgt. Dazu werden zunächst die linguistischen Grundlagen erläutert, konkret, was unter einer Anapher zu verstehen ist, welche Arten von Anaphern in der englischen Sprache unterschieden werden können und wie häufig die Anaphernarten sind. Anschließend wird – basierend auf den sprachwissenschaftlichen Ausführungen – aus informationstechnologischer Perspektive die Anaphernresolution skizziert und deren Potenzial in Text Retrieval Systemen diskutiert.

2 DIE LINGUISTISCHE PERSPEKTIVE: ANAPHERN

2.1 Definitionen

Im grammatikalischen Sinn[1] wird das Konzept „Anaphora" im Oxford English Dictionary (OED) folgendermaßen definiert: „[t]he use of a word which refers to, or is a substitute for, a preceding word or group of words" (Simpson & Weiner, 1989: 436). Zur Veranschaulichung sei folgendes Beispiel genannt:

(1) **Susan** plays the piano. She likes music.[2]

Hier ist der Ausdruck *she* eine Anapher, die zurückverweist auf einen vorausgehenden Ausdruck, das Antezedens. Im Beispiel ist dies *Susan*. Die Beziehung zwischen Anapher und Antezedens wird „Anaphora" genannt (vgl. Huddleston, 2010a: 68-69). Der Terminus „Anaphernresolution" bezeichnet die automatische Auflösung einer Anapher, das bedeutet, dass jeder Anapher das korrekte Antezedens zugeordnet wird (vgl. Mitkov, 2004: 269).

Welche Eigenschaften Anaphern zeigen oder auf sie zutreffen müssen, um als solche bezeichnet zu werden, wird bislang in Definitionen nur rudimentär diskutiert. Ähnlich existiert keine Nomenklatur, die auf einer umfassenden Definition aufbaut und die darüber hinaus auch im Text Retrieval anwendbar wäre. Häufig werden nur prototypische Anaphern, wie Personalpronomen in Beispiel (1), genannt, obwohl das Englische einige weitere wichtige Anaphernarten zeigt. Daher wird hier zuerst

---

[1] Daneben wird der Ausdruck *Anaphora* in der Literaturwissenschaft für die rhetorische Figur der Wiederholung verwendet (vgl. Agnes et al., 2007: 51).
[2] Jede Anapher wird unterstrichen markiert und jedes Antezedens im Fettdruck ausgezeichnet.

erläutert, welche Kriterien für Anaphern gelten, bevor im folgenden Kapitel 2.2 eine Nomenklatur für Anaphernarten des Englischen vorgestellt wird. Folgende sechs Eigenschaften müssen erfüllt sein, damit eine Anapher vorliegt:

- *Eine Anapher verweist auf einen sprachlichen Ausdruck, das Antezedens, das vor oder nach der Anapher auftritt.*

In Beispiel (1) fand sich das Antezedens vor der Anapher. Eine umgekehrte Positionierung ist ebenfalls möglich und ist in Beispiel (2) zu sehen:

(2) After <u>she</u> had come home, **Susan** did her homework.

Dies wird gelegentlich als „Kataphora" bezeichnet. Andere Ausdrücke anstatt „Kataphora" umfassen „anticipatory anaphora" und „backwards anaphora" (Stirling & Huddleston, 2010: 1455-1456). Diese betonen, dass es sich hierbei um eine Form der Anapher und nicht um eine gänzlich gegensätzliche Erscheinung handelt. Viele Definitionen von „Anapher" und „Anaphora", beispielsweise in Crystal (2009: 25), Glück (2010: 40-41) oder Hornby (2010: 48), ignorieren jedoch kataphorische Verweisrichtungen.

- *Das Antezedens ist ein expliziter Ausdruck, der im gleichen Text wie die Anapher zu finden ist.*

In diesem Zusammenhang differenzieren Halliday & Hasan (2008: 31-37) zwischen Endophora und Exophora. Dabei wird unterschieden, wo das „Antezedens" verankert ist: im Text (endophorisch, wie in Beispiel (1) und (2)) oder Kontext (exophorisch, wie in Beispiel (3)).

(3) *She* likes music.[3]

Um eine Anapher auflösen zu können, muss das dazugehörige Antezedens im Text vorhanden sein. Dies gilt umso mehr, wenn die Anaphernresolution durch maschinelle Systeme durchgeführt wird. Deswegen sind für Anaphern nur Ausdrücke relevant, die endophorisch auftreten. Dabei hängt es nicht vom Wort selbst ab, ob Endophora oder Exophora vorliegt, sondern vor allem von der jeweiligen Verwendung. Ein gutes Beispiel ist der Vergleich von Beispiel (1) und (3). Fehlt der Satz mit dem Antezedens *Susan*, so ist *she* nicht-anaphorisch. Manche Ausdrücke sind beinahe immer endophorisch, wie *herself*, andere dagegen in der Regel exophorisch, wie *here* (vgl. ebd.: 31-37).

Ein verwandtes Konzept zu Exophora ist Deixis. Obwohl umstritten ist, welche Beziehung zwischen Deixis, Anaphora, Exophora und Endophora besteht, so gilt tendenziell die Deixis als exophorisch und die Anaphora als endophorisch (vgl. Green, 2006: 417). Ein Grund dafür könnte sein, dass die Ausdrücke *Exophora* und *Endophora* nicht gängig sind und anstatt dessen häufig von „Deixis" und „Anaphora" gesprochen wird (vgl. Vater, 2005: 18).

- *Die referentielle Bestimmung einer Anapher geschieht in Verbindung mit ihrem Antezedens.*

Wie in Beispiel (1) bei der Anapher *she* zu sehen war, wird in Kenntnis des Antezedens klar, welche spezifische Person gemeint ist. Je nach Art der Anapher ist das Antezedens zur refe-

---

[3] Nicht-anaphorische Ausdrücke werden kursiv gesetzt.

rentiellen Bestimmung mehr oder weniger notwendig. Beispielsweise erfordern Personalpronomen wie *she* zur Interpretation normalerweise ein Antezedens, bei Eigennamen (Beispiel (4)) dagegen ist das Antezedens oft nicht so dringend für die referentielle Bestimmung notwendig, da bei letzerer Anaphernart die Anapher selbst bereits Hinweise zur Bestimmung gibt. In Beispiel (4) etwa ist die Anaphernauflösung somit insofern von Bedeutung, da hier sichergestellt wird, dass es sich bei Anapher und Antezedens um ein und dieselbe Person handelt.

(4) **Melanie Smith** has written a book and had it published recently. I am sure that Ms Smith will be more successful than Toby Clark.

■ *Die Beziehung zwischen Anapher und Antezedens ist meist koreferentiell oder substitutionell.*

Koreferenz bedeutet, dass der Sprecher mit sprachlichen Ausdrücken auf ein und denselben Gegenstand oder Sachverhalt in der Welt referiert. Dies ist in Beispiel (1) zu sehen, wo Anapher und Antezedens in koreferentieller Beziehung stehen. Eine substitutionelle und keine koreferentielle Beziehung besteht in Beispiel (5), in dem bei Anapher und Antezedens von zwei verschiedenen Objekten gesprochen wird:

(5) Tom bought a blue **shirt**. Simon bought a green one.

Nach Halliday & Hasan (2008: 88-90) liegt der Unterschied zwischen Koreferenz und Substitution darin, welche linguistische Ebene einbezogen wird. Die Koreferenz ist auf der semantischen Ebene angesiedelt, also in der Referenzidentität, die Substitution auf der lexikogrammatischen, da Anapher und Antezedens dieselbe Funktion in Phrasen und Sätzen einnehmen.

In verschiedenen Definitionen von „Anapher" und „Anaphora", wie zum Beispiel in Glück (2010: 40-41) und Bußmann (2008: 40-41), wird prototypisch nur von einer koreferentiellen Beziehung gesprochen. Daneben finden sich auch noch Anaphern, die entweder in keine Kategorie oder nicht eindeutig zu einer der Kategorien zählbar sind. Diese Anaphern werden hier ebenfalls nicht ausgeschlossen, da sie gleichermaßen für das Text Retrieval von Bedeutung sein können. Ein Beispiel für keine referentielle und auch keine substitutionelle Beziehung ist in Beispiel (6) zu sehen. Somit kann eine Anapher, neben den beiden Kategorien „Koreferenz" und „Substitution", auch in die Kategorie „Miszellen" fallen.

(6) **Every woman** knew that she had to give her best.

■ *Die Verwendung von Anaphern führt meist zu einer Reduktion des Textes und/oder vermeidet exzessive Repetition.*

Manche Anaphern tragen nur zu einer stilistischen Variation bei, andere Anaphern verkürzen darüber hinaus den Text, indem sie die Wiederholung einer längeren Phrase oder sogar eines ganzen Satzes vermeiden. Generell wird die ökonomischste und somit kürzeste Form gewählt, jedoch nur dann, wenn keine Ambiguität dadurch entsteht (vgl. Quirk et al., 2012: 858-862). In Beispiel (7) ist a) mit einer Ellipse die kürzeste Version, länger ist hier b) mit einer Verbalphrase als Anapher und c) die Verwendung eines anaphorischen Personalpronomens.

(7) a) I will **invite Simon to the party** if you want me to ___.
b) I will **invite Simon to the party** if you want me to <u>do so</u>.
c) I will invite **Simon** to the party if you want me to invite <u>him</u>.

- *Anaphern tragen zur Kohäsion eines Textes bei und machen somit den Inhalt eines Textes sichtbar.*

Anaphern sind kohäsive Mittel. Kohäsion ist nicht unbedingt notwendig für einen Text, kann aber als ein Netz visualisierter semantischer Beziehungen gesehen werden, durch das der Inhalt eines Textes sichtbar wird. Ähnlich erläutert auch Stede (2007) zur Kohäsion:

> Wir betrachten daher die Kohäsion (an der Textoberfläche sichtbare Verknüpfung) als die linguistische Reflexion von Kohärenz (unter der Textoberfläche liegende, vom Rezipienten zu rekonstruierende, inhaltliche Verknüpfung). (ebd.: 25)

Auf Basis dieser Kriterien werden nun die Anaphernarten für die englische Sprache dargestellt.

2.2 Anaphernarten

Bisherige Klassifikationen von Anaphernarten finden sich sowohl in der linguistischen als auch in der informationstechnologischen Literatur. Zu Beispielen für Klassifikationen aus der Linguistik sind vor allem die beiden etablierten Grammatikbücher *A Comprehensive Grammar of the English Language* von Quirk et al. (2012: 865) und *The Cambridge Grammar of the English Language* erwähnenswert, in letzterem vor allem ein Kapitel von Stirling & Huddleston (2010: 1449-1564). Beide sind jedoch unzureichend, was überwiegend auf einen Grund zurückzuführen ist: Sie nehmen nicht Anaphern als Ausgangspunkt ihrer Kategorisierung. Quirk et al. beschreiben Anaphern im Kontext des Kapitels Pro-Formen[4] und unterscheiden hier zwischen Koreferenz und Substitution. Ähnlich betrachten auch Stirling & Huddleston nicht Anaphern an sich, sondern zusammen mit Deixis. Folglich sind beispielsweise Nominalphrasen mit bestimmtem Artikel in keinen der beiden Kategorisierungen enthalten.

Als informationstechnologische Klassifikation ist besonders Mitkov (2002: 8-15) zu erwähnen. Er unterscheidet zwischen „pronominal anaphora", „lexical noun phrase anaphora", „noun anaphora", „verb anaphora", „adverb anaphora" und „zero anaphora". Solche Kategorien sind aus linguistischer Perspektive zu vage. So sind beispielsweise Anaphern, die auf Sätze verweisen, in keinen von Mitkovs Kategorien enthalten. Zusammenfassend sind diese sowie andere Klassifikationen unzureichend, da sie nicht auf einer umfassenden Definition von „Anapher" basieren und die englische Sprache nicht in all ihren Facetten ausreichend detailliert analysieren.

Die Kriterien, die nun für eine umfassende Klassifikation herangezogen wurden, basieren sowohl auf linguistischen Gesichtspunkten als auch auf der Anwendbarkeit für informationstechnologische Aufgaben. Allerdings dominieren die linguistischen Aspekte, hier vor allem die oben genannten Eigenschaften von Anaphern, wodurch die Klassifikation vor allem linguistischen Kriterien folgt. Informationstechnologische Aspekte werden insbesondere betrachtet, wenn es darum geht, den Gebrauch anaphorischer Ausdrücke von nicht-anaphorischen Verwendungen abzugrenzen. Für die englische Sprache wurden 12 Anaphernarten identifiziert: *central pronouns* (Personal-, Possessiv- und Reflexivpronomen); *reciprocal pronouns* (reziproke Pronomen); *demonstrative pronouns* (Demonstrativpronomen); *relative pronouns* (Relativpronomen); *adverbs* (Adverbien); *noun phrases with a definite article*

---

[4] Pro-Formen, wozu beispielsweise Pronomen gehören, sind Minimalformen einer Sprache (vgl. Sladovníková, 2010: 67; Quirk et al., 2012: 865).

(Nominalphrasen mit bestimmtem Artikel); *proper names* (Eigennamen); *indefinite pronouns* (Indefinit-pronomen); *other forms of coreference and substitution* (andere Formen der Koreferenz und Substitution); *verb phrases with* do *and combinations with* so, this, that, it *and* the same (thing) (Verbalphrasen mit *do* und Kombinationen mit *so, this, that, it* und *the same (thing)*); *ellipses* (Ellipsen); und *non-finite clauses* (infinite Teilsätze). Jede Anaphernart soll nun kurz erläutert werden.

2.2.1   Central pronouns

Mit *central pronouns* fassen Quirk et al. (2012: 345-346) Personal-, Possessiv- und Reflexivpronomen in eine Kategorie zusammen. Anaphorische Personalpronomen sind in der Regel die Formen der dritten Person *he* und *him*, *she* und *her*, *he or she* und *him or her*, *s/he*, *s(he)*, *it*, *they* und *them* (siehe erneut Beispiel (1)). Außerdem können die Formen der zweiten Person *we* und *us* anaphorisch gebraucht werden, wenn neben dem Sprecher oder Schreiber weitere Personen explizit genannt werden (Beispiel (8)). Daneben zeigen potentiell anaphorische Ausdrücke nicht-anaphorischen Gebrauch. Dies ist etwa dann der Fall, wenn Ausdrücke deiktisch verwendet werden (vgl. Stirling & Huddleston, 2010: 1465-1483). Außerdem ist *it* als "pleonastic *it*" (Mitkov, 2002: 9), auch "prop *it*", "empty *it*", "expletive *it*" (Quirk et al., 2012: 348-349, 749) genannt, nicht-anaphorisch (Beispiel (9)). Ein Beispiel für eine kataphorische Verwendung von Personalpronomen ist in (10) zu finden. Die Beziehung zwischen Anapher und Antezedens ist üblicherweise koreferentiell, jedoch nicht, wenn *it* auf einen ganzen Satz verweist oder Personalpronomen auf Ausdrücke wie *every* in Beispiel (11) referieren (vgl. Stirling & Huddleston, 2010: 1458, 1472-1475). In diesen Fällen zählen die Anaphern in die Kategorie der Miszellen.

(8)   **Luke and I** know that Ms. Thomson is our neighbour, but <u>we</u> are not sure if she is married.

(9)   *It*'s sunny today.

(10) Although <u>he</u> is a fan of Arnold Schwarzenegger, **Frank** is not sure whether or not he should vote for him.

(11) **Every woman** knew that <u>she</u> had to give her best.

Bei Possessivpronomen kann zwischen attributiven und substantivischen Formen unterschieden werden. Substantivische Possessivpronomen fungieren als Hauptelement einer Nominalphrase, wohingegen attributive Formen die Funktion von Determinativen einnehmen (vgl. ausführlicher in Quirk et al., 2012: 60-62, 253-257). Attributive Possessivpronomen, also *his, her, his/her, his or her, its, their* sowie *our*, stimmen hinsichtlich ihrer anaphorischen sowie auch kataphorischen Funktion weitestgehend mit den Personalpronomen überein. Bezüglich der substantivischen Form jedoch sind erste und zweite Person ebenfalls anaphorisch, da diese neben dem Bezug auf Adressat oder Sprecher/Schreiber auch auf andere Gegenstände oder Sachverhalte verweisen (Beispiel (12)). Anaphorisch verwendet werden also die Formen *mine, yours, ours, his, hers, its, theirs*. Attributive Possessivpronomen sind meist koreferentiell. Die substantivischen Formen gehören zu der Kategorie der Miszellen, außer den Formen der ersten und zweiten Person, die substitutionell sind.

(12) Since my **car** did not work, I borrowed <u>yours</u>.

Zu den anaphorischen Reflexivpronomen zählen *himself, herself, himself/herself, himself or herself, themself, itself, themselves* sowie *ourselves*. Reflexivpronomen können auch kataphorisch verwendet werden. Die Beziehung zwischen Anapher und Antezedens ist koreferentiell.

2.2.2 Reciprocal pronouns

In diese Kategorie fallen nur zwei Formen: *each other* und *one another*. Sie können als Komposita (Beispiel (13)) oder gesplittet (Beispiel (14)) verwendet werden. Reziproke Pronomen werden in der Regel anaphorisch gebraucht und treten nur selten kataphorisch auf (vgl. Stirling & Huddleston, 2010: 1499-1502).

(13) **The children** told <u>each other</u> a story.
(14) Each **child** told the <u>other</u> a story.

2.2.3 Demonstrative pronouns

Demonstrativpronomen können attributiv (Beispiel (15)) oder allein stehend als Hauptelement einer Nominalphrase (Beispiel (16)) gebraucht werden. Die Formen der Demonstrativpronomen unterscheiden Numerus, also *this* und *that* als singuläre, *these* und *those* als plurale Formen, sowie die Distanz zwischen Sprecher/Schreiber und der Person oder den Gegenstand, auf den referiert wird, also *this* und *these* als nahe, *that* und *those* als distanzierte Formen. Das Antezedens kann bei allein stehenden Formen ein ganzer Satz oder auch nur ein Nomen (Beispiel (17)) sein (vgl. Stirling & Huddleston, 2010: 1504-1507, 1510-1511). Kataphorischer Gebrauch ist mit *this* und *these* möglich, die auf einen ganzen Satz verweisen (Beispiel (18)) (vgl. Quirk et al., 2012: 374-376, 1461-1463).

(15) Many people play **the guitar**. <u>This instrument</u> is probably the most popular one.
(16) There are some green and red apples in the kitchen. Look at **the red ones**! <u>These</u> are especially sweet.
(17) This **watch** is more expensive than <u>that</u>.
(18) <u>This</u> is the best news I have heard so far today: **The TV set is working again.**

2.2.4 Relative pronouns

Relativpronomen umfassen die Formen *who, whom, which, whose, that* und *zero* that. Anaphorische Relativpronomen treten entweder in restriktiven oder nicht-restriktiven Sätzen auf. Nicht-restriktive Sätze (Beispiel (19)) sind im Gegensatz zu restriktiven innerhalb Kommas eingebettet oder mit einem Komma vom Hauptsatz getrennt und können als Kommentare gesehen werden. Restriktive Sätze spezifizieren das Antezedens, auf das sie verweisen, näher (Beispiel (20)). Die Differenzierung zwischen restriktiven und nicht-restriktiven Konstruktionen entscheidet überdies, welche Formen der Relativpronomen möglich sind, denn *that* und *zero* that kann nur in restriktiven Konstruktionen verwendet werden (vgl. Quirk et al., 2012: 365-366, 1247-1250, 1257-1261). Nicht-anaphorisch sind Ausdrücke als Interrogativpronomen (vgl. Payne & Huddleston, 2010: 413). Außerdem darf *that* nicht mit der Verwendung als Demonstrativpronomen verwechselt werden.

(19) Susan called out to **her friend Tom**, <u>who</u> was just crossing the street.
(20) I like **houses** <u>that</u> are built on hills.

2.2.5   *Adverbs*

Die Formen *here*, *there*, *then*, *where*, *when*, *while* und *why* gehören zu den Adverbien. *Here* und *there* (Beispiel (21)) stehen für räumliche Nähe und Distanz. *Here* ist meist nicht-anaphorisch. Wenn *there* nicht-anaphorisch verwendet wird, dann als *existential* there, wo es ähnlich wie ein *empty* it fungiert (Beispiel (22)). *Here* ist die einzige Form, bei der ein kataphorischer Gebrauch möglich ist. Ähnlich zu *here* und *there*, aber auf der Ebene der zeitlichen Nähe und Distanz liegen *now* und *then*. In der Regel wird von den zeitlichen Formen nur *then* anaphorisch verwendet (vgl. Stirling & Huddleston, 2010: 1549-1550, 1558-1559).

Where (Beispiel (23)) bezeichnet räumliche, *when* und *while* zeitliche und *why* kausale Umstände. Nicht-anaphorisch sind die *wh*-Wörter als Interrogativpronomen. Außerdem ergänzen die seltener auftretenden Formen *whereby*, *wherein* and *whereupon* sowie *whence* die Adverbien (vgl. Huddleston, Pullum & Peterson, 2010: 1046, 1050-1052).

(21)   Dad was in **London**. He came back from <u>there</u> yesterday.
(22)   *There* is still plenty of time left.
(23)   He lives **in the house** <u>where</u> my parents used to live.

2.2.6   *Noun phrases with a definite article*

Nominalphrasen mit bestimmtem Artikel sind nicht so typische Anaphern wie dies die oben genannten Anaphernarten darstellen. Sie werden – abgesehen von einer rein strukturellen Kataphora – nicht kataphorisch gebraucht. Nominalphrasen mit bestimmtem Artikel lassen sich in direkte und indirekte Formen klassifizieren. Dabei ist das Hauptelement von Anapher und Antezedens bei direkter Referenz das gleiche (Beispiel (24)), bei indirekter (Beispiel (25)) jedoch nicht. Nicht-anaphorisch wird der bestimmte Artikel beispielsweise verwendet, um die Nationalität zu bezeichnen, wie in *the English*. Im Gegensatz zu den oben genannten Anaphernarten verkürzen Nominalphrasen mit bestimmtem Artikel den Text nicht unbedingt (vgl. Quirk et al., 2012: 267-272, 282-285).

(24)   Toby has **a cat** and a dog. <u>The cat</u> is called "Molly".
(25)   He went by **car**. After a while, <u>the engine</u> broke down.

2.2.7   *Proper names*

Auch Eigennamen sind keine prototypische Anaphernart. Sie werden daher – wie auch Nominalphrasen mit bestimmtem Artikel – nicht bei Quirk et al. (2012) oder Stirling & Huddleston (2010) erwähnt. Halliday & Hasan (2008: 19) sprechen jedoch von einer impliziten anaphorischen Beziehung („implicitly anaphoric"), wenn ein Eigenname auf einen vorausgehenden Eigennamen verweist und beide die gleiche Form haben (Anapher [2] in Beispiel (26)). Wichtiger sind allerdings Eigennamen mit unterschiedlichen Formen (Beispiel (27)).

Es lassen sich verschiedene Arten von Eigennamen unterscheiden, die in anaphorischem Gebrauch eine Koreferenz darstellen (vgl. Quirk et al., 2012: 290-294). Hier wird allein zwischen persönlichen und allen anderen Eigennamen unterschieden. Eigennamen müssen nicht immer anaphorisch auftreten, sondern werden oft nicht-anaphorisch verwendet. Ein kataphorischer Gebrauch ist nicht möglich.

(26) **Melanie Smith** has written a book and had it published recently. I am sure that **Ms Smith** [1] will be more successful than Toby Clark. <u>Ms Smith</u> [2] is the better author of the two.

(27) **Bob Harris** is at a meeting in Berlin today. In urgent cases you can call the secretary there – just ask for <u>Mr Harris</u>.

2.2.8 *Indefinite pronouns*

Zu den Indefinitpronomen gehören *one(s), other(s), another, both, all, each, enough, several, some, any, either, neither, none, many* & *much/more/most, few/fewer/fewest, little/less/least*. Sie zeigen eine substitutionelle Beziehung zum jeweiligen Antezedens. Bis auf *ones* und *none* können alle Formen als Determinative verwendet werden, zum Beispiel in *both children*, wo sie dann jedoch nicht-anaphorisch sind (vgl. Stirling & Huddleston, 2010: 1512; Quirk et al., 2012: 377-380, 865, 870-871).

Ein Beispiel für anaphorisches *one* ist in (28) zu sehen. Es ersetzt entweder eine ganze Nominalphrase (Beispiel (28)) oder ein Nomen als Hauptelement einer Nominalphrase (Beispiel (29)). Nicht-anaphorisch wird *one* numerisch, wie in *one or two books* gebraucht. Ebenfalls darf *one* nicht mit der gesplitteten Konstruktion von reziproken Pronomen verwechselt werden (vgl. Stirling & Huddleston, 2010: 1511-1517; Quirk et al., 2012: 386-388, 869-870).

(28) I need **a pen**. Do you have <u>one</u>?

(29) I gave him a yellow **crayon**, but he wanted a green <u>one</u>.

Ähnlich müssen *other* und *another* von ihrer Verwendung in reziproken Pronomen abgegrenzt werden. Ein Beispiel für anaphorisches *others* wird in (30) gegeben, für *both* siehe (31). *Either* und *neither* ersetzen stets ganze Nominalphrasen und nicht nur Nomen, wie die vorigen Formen (Beispiel (32)). Außerdem sind alle Indefinitpronomen nicht-anaphorisch, wenn sie etwa deiktisch gebraucht werden. Eine kataphorische Verwendung ist möglich (vgl. Halliday & Hasan, 2008: 78-79; Payne & Huddleston, 2010: 380-385, 413; Quirk et al., 2012: 83-84, 377-392, 870-872).

(30) I have found some of the **documents**, but where are the <u>others</u>?

(31) The **boys** are already tired. <u>Both</u> got up early.

(32) **My two best friends** wanted to visit me at my parents' house, but <u>neither</u> knew that I was in Italy.

2.2.9 *Other forms of coreference and substitution:* **the same, such** *and* so

The same (Beispiel (33)) und *so* (Beispiel (35)) sind Formen der Substitution, *such* (Beispiel (34)) ein Beispiel für Koreferenz, außer wenn eine Anapher auf einen ganzen Satz verweist, da dies in die Kategorie der Miszellen fällt. Nicht-anaphorisches *the same* und *so* tritt beispielsweise deiktisch auf. Außer bei *such* besteht die Möglichkeit einer kataphorischen Verweisrichtung (vgl. Halliday & Hasan, 2008: 141; Stirling & Huddleston, 2010: 1535-1547; Quirk et al., 2012: 865, 879-883).

(33) Tony would like **a cup of coffee**. Susan would like <u>the same</u>.

(34) I would be happy to take over **the duty of spokesperson** if <u>such</u> is required.

(35) **Tina will come to the party.** At least I hope <u>so</u>.

2.2.10 *Verb phrases with* do *and combinations with* so, this, that, it *and the same (thing)*

Verbalphrasen umfassen einfache sowie komplexe Formen. Zu den einfachen zählen die Formen des Präsens *do* und *does*, die Form des Präteritums *did*, die Form des Partizip Präsens mit *-ing*, also *doing*, sowie die Form des Partizip Präteriums mit *-ed*, also *done*. Mit Ausnahme der Formen *doing* und *done* haben die erwähnten Ausdrücke negative Formen, entweder kontrahiert oder nicht. Das sind *don't/ do not, doesn't/ does not, didn't/ did not*. Außerdem sind dieser Kategorie die komplexen Formen *do so, do this, do that, do it* und *do the same (thing)* zugehörig. Hier können auch *does, did, doing* und *done* anstatt von *do* auftreten (vgl. Quirk et al., 2012: 875). Ein Beispiel für anaphorisches *does* ist Beispiel (36), für anaphorisches *doing that* steht Beispiel (37).

Do muss beispielsweise von der Verwendung als Hauptverb (Beispiel (38)) oder vom Gebrauch in Fragen, Verneinungen und Betonungen abgegrenzt werden. *Do this* und *do that* treten häufig deiktisch auf. Kataphorischer Gebrauch ist möglich. Die Beziehung zwischen Anapher und Antezedens ist meist substitutionell, außer bei *do this, do that* und *do it*, die eine koreferentielle Beziehung zeigen (vgl. Halliday & Hasan, 2008: 125-127; Stirling & Huddleston, 2010: 1523-1525; Quirk et al., 2012: 132-133, 875).

(36) Mary **speaks English perfectly**. At least, I think she <u>does</u>.

(37) The fine weather was perfect for **going shopping**. Elisabeth preferred <u>doing that</u> to studying for the exam.

(38) He *did* the washing-up.

2.2.11 *Ellipses*

Ellipsen, die anaphorisch verwendet werden, benötigen ein Antezedens, das im Text auftritt. Es ist zwischen nominaler, verbaler und satzbezogener Ellipse zu unterscheiden. Eine nominale Ellipse lässt ein Nomen aus, in Folge dessen das Antezedens eine Nominalphrase oder ein Teil davon sein muss (Beispiel (39)). Eine verbale Ellipse liegt in Beispiel (40) vor. Schließlich kann auch ein ganzer Satz oder Nebensatz elidiert werden (Beispiel (41)). Eine kataphorische Interpretation ist ebenfalls möglich (vgl. Halliday & Hasan, 2008: 147-150, 164-166; Stirling & Huddleston, 2010: 1456-1457).

(39) If you really have to buy a **guitar**, do not get the cheapest ___.

(40) She **knows** more than you ___.

(41) **When will Luke come home?** Sandy didn't tell me ___.

2.2.12 *Non-finite clauses*

Non-finite clauses sind ebenso keine prototypischen Anaphern. So werden sie bei Stirling und Huddleston (2010) nicht erwähnt und bei Quirk et al. (2012: 910, 993-995) nur knapp als spezielle Form der Ellipse beschrieben. Dennoch sind *non-finite clause* Anaphern wichtig, da das Englische häufig diese verkürzenden Konstruktionen bevorzugt:

> English often prefers abbreviated relative clauses (*The man standing at the corner was my uncle*) to finite ones (*The man who stood at thecorner was my uncle*). (Kortmann, 2005: 180)

Da *non-finite clause* Anaphern häufig auf ein Antezedens verweisen, welches die Funktion des Subjekts einnimmt, sind sie für den Inhalt eines Textes umso bedeutender (vgl. Huddleston, 2010b: 1175, 1193). Anapher und Antezedens sind bei *non-finite clauses* koreferentiell. Außerdem ist eine kataphorische Verweisrichtung möglich (Beispiel (42)). Bei *non-finite clauses* können vier Arten unterschieden werden: *to*-Infinitiv (Beispiel (42)), Infinitiv ohne *to*, *-ing*-Partizip (Beispiel (43)) und *-ed*-Partizip (Beispiel (45)). Da Infinitive ohne *to* relativ selten sind (vgl. Quirk et al., 2012: 993), werden sie hier nicht weiter beachtet. Wichtig ist außerdem, dass Formen des Partizips Präteritum nicht nur *-ed*-Flexionen aufweisen. Bei irregulären Verben sind jeweils ganz spezifische Formen auszumachen (Beispiel (44)).

Nicht-anaphorisch wird beispielsweise *to* als Präposition verwendet oder es tritt als Bestandteil von Verben wie *ought to*, *have got to*, *be able to* und fixen Ausdrücken wie *to sum up* auf (vgl. Quirk et al., 2012: 136-150, 1069, 1150-1161). Nicht-anaphorische *-ing*-Formen treten etwa in komplexen Verbalphrasen auf (Beispiel (45)) oder als Bestandteil am Wortende in Nomen wie in *thing*, Vollverben wie *sing* oder Adjektiven wie *interesting*. Einen ähnlichen nicht-anaphorischen Gebrauch zeigen auch *-ed*- oder irregulär flektierte *-ed*-Formen.

(42) <u>To</u> understand the problem, **Toby** needs to gather more information first.

(43) **The apparatus** <u>examining</u> the heartbeat of new-borns attracts the attention of the experts.

(44) We applauded **the winner** <u>chosen</u> by the audience.

(45) We are *testing* his newest invention.

2.3 Häufigkeit der Anaphernarten

Eine wichtige Frage, die sich nun angesichts der 12 Anaphernarten stellt, ist, wie häufig jede Art im Englischen ist. Eine solche Analyse wurde exemplarisch anhand von Hypertexten vorgenommen. Basierend auf Rehm (2007) wurden dazu Texte aus dem Internet aus folgenden Textsorten ausgewählt: Wikipedia, Blogs und traditionelle Webseiten mit den Subkategorien institutionelle Webseiten, persönliche Webseiten, Online-Zeitungen und Webseiten von Unternehmen. Je Textsorte wurden etwa 25 000 Wörter analysiert; das gesamte Korpus umfasst 75 974 Wörter.

Die Analyse der Anaphernarten im Korpus erzielt überraschende Ergebnisse. Am häufigsten sind *non-finite clauses* mit 29,2 %, die damit noch vor den *central pronouns* mit 27,5 % liegen. Eine prozentuelle Übersicht wird in Abbildung 2.1 gegeben. Kataphorische Interpretationen nehmen im Korpus nur eine geringe Anzahl aller Anaphern ein. Insgesamt sind 98,8 % anaphorisch, 1,2 % kataphorisch. Die meisten Kataphern (75 %) sind bei *non-finite clauses* auszumachen, 13,2 % fallen auf *central pronouns*, der Rest verteilt sich auf *demonstrative pronouns*, *adverbs* und *verb phrases with* do *and combinations*.

Außerdem wurde untersucht, wie viele Indizien für Anaphern letztlich als nicht-anaphorisch ausgeschieden wurden. Ein Indiz für eine Anapher sind alle in Kapitel 2.2 genannten Formen. Bei näherer Betrachtung können diese sich als anaphorisch oder nicht-anaphorisch herausstellen. Das Verhältnis zwischen anaphorischem und nicht-anaphorischem Gebrauch der Anaphernindizien ist in Abbildung 2.2 wiedergegeben, zusammen mit den absoluten Zahlen im Diagramm.

Die Ergebnisse zeigen nun, welche Anaphernarten aufgrund ihrer Häufigkeit vorwiegend aufgelöst werden sollten: *non-finite clauses* und *central pronouns*. Außerdem noch wichtig sind *proper names*, *relative pronouns*, *noun phrases with a definite article*, *demonstrative pronouns* and *ellipses*. Kataphorische Interpretationen sollten vor allem bei *non-finite clause* Anaphern berücksichtigt werden. Ansonsten sind sie selten anzutreffen. Die Verteilung anaphorischer und nicht-anaphorischer Formen ist außerdem für die Anaphernresolution relevant, da Indizien mit höherer Wahrscheinlichkeit einer nicht-anaphorischen Verwendung möglicherweise mehr Vorverarbeitungsschritte benötigen. Dies ist insbesondere bei *indefinite pronouns* und *other forms of coreference and substitution* der Fall.

Abbildung 2.1:

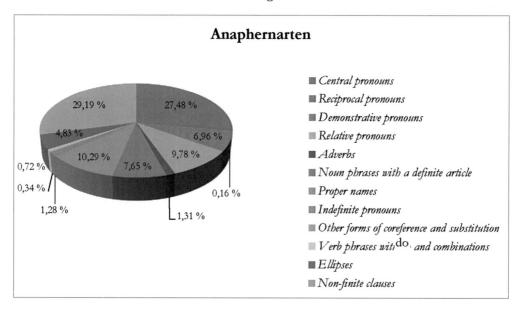

Abbildung 2.2:

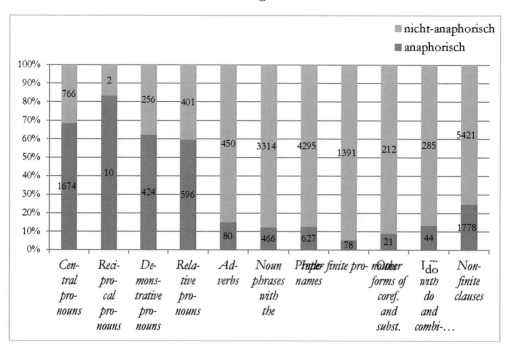

Mit den linguistischen Grundlagen der Definition einer Anapher, der Klassifikation und Frequenzanalyse von Anaphernarten kann nun im nächsten Kapitel der Blick auf die informationstechnologischen Aspekte gelegt werden.

3 DIE INFORMATIONSTECHNOLOGISCHE PERSPEKTIVE: ANAPHERNRESOLUTION UND TEXT RETRIEVAL

3.1 Funktionsweise und bisherige Ansätze der Anaphernresolution

Liest ein Mensch einen Text, erkennt er oder sie Anaphern in einem Text automatisch, meist ohne sich dessen bewusst zu sein. Er oder sie kann diese Anapher in der Regel auch ohne Probleme auflösen, basierend auf seinem oder ihrem sprachlichen und weltlichen Wissen. Wird nun dieser Prozess in einem informationstechnologischen System nachgebildet, so geschieht dies ebenfalls auf Grundlage von Anaphernerkennung und Anaphernauflösung. Die konkrete maschinelle Realisierung ist jedoch um ein Vielfaches schwieriger, da das implizite menschliche Wissen, das bei der Anaphernresolution zur Anwendung kommt, formalisiert verfügbar sein muss. Nicht umsonst sind daher bestehende Systeme bei weitem nicht perfekt und schaffen oft nur die Resolution von relativ einfach gestrickten Anaphern, obwohl die Anaphernresolution in der Informatik mittlerweile ein topaktuelles Thema geworden ist.

Manchmal werden Anaphernresolutions-Prozesse auch in drei Schritte eingeteilt (vgl. Mitkov, 2002: 18-19, 33-47). Ein Beispiel ist in Abbildung 3.1 zu sehen. Im ersten Schritt wird demnach nach Anaphernindizien gesucht und entschieden, ob tatsächlich eine Anapher vorliegt oder nicht. Im zweiten Schritt erfolgt die Auswahl möglicher Antezedens-Kandidaten, das bedeutet, dass eine Liste von Ausdrücken erstellt wird, die potentiell das richtige Antezedens sein können. Erst im dritten Schritt wird diese Liste auf Basis verschiedener Regeln analysiert, Kandidaten, die nicht in Frage kommen, ausgeschlossen, sodass am Ende das hoffentlich korrekte Antezedens übrig bleibt. Das bedeutet zum Beispiel, dass Anapher und Antezedens in der Regel in Genus (*it* kann nicht auf eine Person verweisen) und Numerus (*it* benötigt ein Antezedens im Singular) übereinstimmen müssen. Diese Abfolge spiegelt bereits wider, wie schwierig die Zuordnung des richtigen Antezedens zu jeder Anapher ist, sodass oft mittels eines solchen Ausschlussverfahrens gearbeitet wird.

Abbildung 3.1:

Beispiel: „Caroline sent them **a postcard**. <u>It</u> shows London's Tower Bridge."	
1.	*it* (anaphorisch)
2.	Nominalphrasen: *Caroline, them, a postcard* Satz: „Caroline sent them a postcard."

3.	**Bedingung (Genus):** Nominalphrasen: ~~Caroline~~, *them, a postcard* Satz: „Caroline sent them a postcard." **Bedingung (Numerus):** Nominalphrasen: ~~them~~, *a postcard* Satz: „Caroline sent them a postcard." **Präferenz (nächst positionierte Nominalphrase wird gegenüber einem Satz bevorzugt):** Antezedens: *a postcard*

Da es sich bei einer Anaphernresolution um die Analyse eines Textes handelt, werden verschiedene Methoden der natürlichen Sprachverarbeitung benötigt, die den Text vorbereiten. Zentrale Vorverarbeitungsschritte sind das Satzsplitten und die Tokenisierung, das Part-of-Speech Tagging (auch Wortart Tagging genannt) und das Parsing, also eine Syntaxanalyse (vgl. Jackson & Moulinier, 2002: 9).

Satzsplitter segmentieren einen Text in einzelne Sätze. Dies ist keine triviale Aufgabe, da ein Punkt oder die Großschreibung eines Wortes nicht immer das Ende oder den Anfang eines Satzes bedeuten. Tokenisierer splitten einen Text in einzelne Tokens, meist sind dies Wörter. Erneut sind Leerzeichen nicht in jedem Fall ein Indiz für ein Token, da Wörter auch ein Leerzeichen beinhalten können, wie zum Beispiel bei *tongue twister* (vgl. ebd.: 9-10).

Ein Part-of-Speech (POS) Tagger weist jedem Wort die Wortklasse zu, beispielsweise dass es sich bei *computer* um ein „Nomen" handelt. Damit POS-Tagger funktionieren, müssen vorher Satzsplittung und Tokenisierung durchgeführt werden. Viele POS-Tagger haben jedoch bereits ihre eigenen Satzsplitter und Tokenisierer (vgl. Mitkov, 2002: 40). Ein Parser weist schließlich jedem Wort seine Funktion im Satz und der Phrase zu. Beispielsweise, was das Subjekt ist, dass es etwa als Nominalphrase realisiert ist und ein Nomen als Hauptelement hat. Zu unterscheiden sind volle Parser, die eine umfassende Analyse des Satzes vornehmen, und Teilparser, die nur bestimmte Informationen wie alle Nominalphrasen extrahieren (vgl. Jackson & Moulinier, 2002: 15-17).

Prinzipiell können nun Systeme unterschieden werden, die nur eine Anaphernerkennung durchführen, nur eine Anaphernauflösung ausführen oder den gesamten Anaphernresolutions-Prozess bewerkstelligen. Bezüglich der Anaphernerkennung existieren vor allem für bestimmte Anaphernarten Ansätze. Beispielsweise finden sich einige Algorithmen wie Evans (2001) und Boyd, Gegg-Harrison & Byron (2005), die das „dummy *it*" detektieren. Häufig wird jedoch nicht dargelegt, welche der genannten Aufgaben adressiert werden, sodass der Eindruck entsteht, ein System würde den gesamten Resolutionsprozess durchführen. Dies haben bereits Mitkov & Hallett (2007) kritisiert. In einem Vergleich von fünf oft zitierten Ansätzen zur Auflösung von *central pronouns* fanden sie heraus, dass etwa nicht-anaphorische Anaphernindizien einfach gelöscht wurden (z.B. bei Kennedy & Boguraev, 1996), also keine Anaphernerkennung erfolgte, oder Vorverarbeitungsschritte, die einen Text zur Anaphernresolution aufbereiten, simuliert wurden (z.B. bei Lappin & Leass, 1994).

Ansätze zur Anaphernresolution selbst können wiederum – in Analogie zu anderen Unterscheidungen, wie etwa bei Systemen der natürlichen Sprachverarbeitung – in zwei grundlegende Kategorien eingeteilt werden: regelbasiert und datenbasiert. Anfangs wurden vor allem regelbasierte Ansätze entwickelt. Seit den 1990er Jahren sind es vor allem datenbasierte Ansätze, die jedoch noch nicht so gut sind wie regelbasierte (vgl. Mitkov, 2002: 95; Mitkov & Hallett, 2007: 271). Regelbasierte Ansätze sind arbeitsintensiver, da sie im Vorfeld mehr Wissen, das in Form von Regeln repräsentiert wird, benötigen (vgl. Strube, 2010: 400-407). Einer der ersten, jedoch noch immer zitierten, ist Hobbs Algorithmus (vgl. Hobbs, 1976). Außerdem sind bei regelbasierten Ansätzen Lappin & Leass (1994) und Haghighi & Klein (2009) zu erwähnen. Datenbasierte Ansätze benötigen ein Korpus, aus dem sie selbstständig Regeln ableiten. Wichtige datenbasierte Ansätze umfassen allem voran Soon, Ng & Lim's (2001) und daneben Versley et al. (2008), Stoyanov et al. (2010) und Uryupina (2010).

Wenngleich Hoffnung besteht, dass sich Anaphernresolutions-Systeme in den letzten Jahren seit der Untersuchung von Mitkov & Hallett (2007) gebessert haben könnten, so bleiben auch bei neueren Ansätzen Desiderata bezüglich der Dokumentation von Forschungsergebnissen. So wird beispielsweise häufig nicht genau dargelegt, welche Anaphern oder Anaphernarten ein Ansatz eigentlich behandelt. Ein weiterer Schwachpunkt, vor allem neuerer Arbeiten, ist, dass sie sich ausschließlich auf koreferentielle Anaphern beschränken. Dies stellt jedoch dann vielmehr eine Koreferenzauflösung dar, jedoch nicht in erster Linie eine Anaphernresolution. Außerdem behandelt kein bisheriger Ansatz alle Anaphernarten, sondern alle wählen nur bestimmte Arten für die Resolution aus. Es existieren vor allem Algorithmen für *central pronouns*, *noun phrases with a definite article*, *proper names* und *demonstrative pronouns*. Hieran anknüpfend berücksichtigt bis dato auch kein Ansatz die so häufigen *non-finite clause* Anaphern.

3.2 Funktionsweise von Text Retrieval Systemen

Suchmaschinen im Web wie Google sind prototypische Beispiele für Information Retrieval Systeme. Daher soll nun die Funktionsweise dieser Systeme dargelegt werden. Dabei umfasst der Terminus „Information Retrieval" jegliche Art der Information, beispielsweise Text, Grafik, Audiodateien sowie Video. „Text Retrieval" bezieht sich ausschließlich auf schriftliche Formen (vgl. Henrich, 2007: 16-20). Da hier allein Texte relevant sind, beschränkt sich die Darstellung auf das Text Retrieval. Zur Visualisierung der Funktionsweise von Text Retrieval Systemen dient Abbildung 3.2 (adaptiert von Jurafsky & Martin, 2009: 802).

Abbildung 3.2:

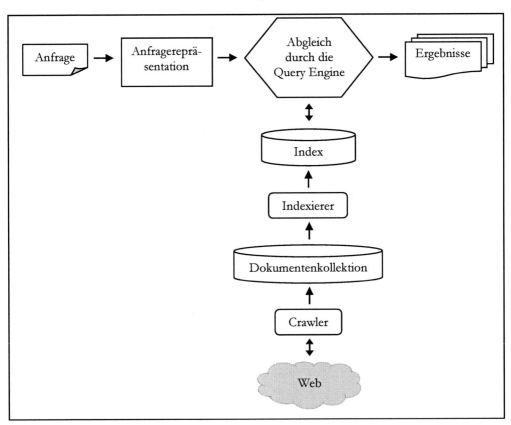

Zuerst muss ein Crawler Webseiten sammeln, die in der Dokumentenkollektion gespeichert werden. Um nun ein Informationsbedürfnis eines Benutzers, das er mittels einer Anfrage stellt, befriedigen zu können, analysiert ein Indexierer die Dokumente und speichert sie in einer bestimmten Form im Index. Dazu werden die wesentlichen Merkmale eines Textes extrahiert. So beispielsweise muss in einem Hypertext-Dokument zuerst die Struktur, also die HTML-Tags, entfernt werden. Anschließend kann eine Tokenisierung, eventuell auch eine Stoppworterkennung und ein Stemming durchgeführt werden.

Stoppwörter sind Ausdrücke, die für den semantischen Gehalt eines Textes eine geringe Rolle spielen. Oft sind Stoppwörter Funktionswörter, jedoch können auch Inhaltswörter als Stoppwörter klassifiziert werden. Systeme verwenden entweder manuelle Stoppwortlisten oder generieren automatisch Stoppwortlisten, basierend auf dem jeweiligen Korpus. Anschließend können Stoppwörter markiert oder ganz gelöscht werden (vgl. Henrich, 2007: 94-96). Das Stemming wird angewandt, um Wörter mit verschiedenen Flexionen auf einen Term reduzieren zu können. Beispielsweise sind *linguist*, *linguists*, *linguist's*, *linguistic*, *linguistically* semantisch verwandt und werden beim Stemming auf den Term *linguist* reduziert. Ein bekannter Stemmer für das Englische ist der Porter Stemmer (vgl. Jackson & Moulinier, 2002: 10-12).

Die aus diesen Methoden verbleibenden Tokens gehen anschließend als Terme, zusammen mit der Information, in welchem Dokument sie wie häufig auftreten, in den Index ein. Zur Veranschaulichung sind die Merkmalsextraktion und die anschließende Indexierung an dem Beispiel eines Wikipedia-Eintrags (http://en.wikipedia.org/wiki/Passau, letzter Zugriff: 05.08.2013) in Abbildung 3.3 dargestellt. In Teil a) ist der originäre Text mit HTML-Tags, wie Formatierung und Links zu anderen Seiten, zu sehen. Werden diese entfernt, bleibt übrig, was in b) dargestellt ist. Bei der Tokenisierung werden aus der Abfolge von Zeichen einzelne Wörter identifiziert. Erfolgt eine Stoppworterkennung und ein Löschen dieser Ausdrücke, so ist das in c) ersichtlich. Falls ein Stemming durchgeführt wird, so werden hier *previously* zu *previous*, *known* zu *know*, *Rivers* zu *River* und *joined* zu *join* verändert. Anschließend werden die verbleibenden Tokens als Terme, zusammen mit der Häufigkeit ihres Auftretens im spezifischen Dokument, in einem Index gespeichert. Teil d) gibt dazu einen Auszug aus dem Beispiel.

Abbildung 3.3:

a)

    \<p>\<b>Passau\</b> (previously \<a href="/wiki/Latin_language" title="Latin language" class="mw-redirect">Latin\</a>: \<span lang="la" xml:lang="la">\<i>Batavis\</i>\</span> or \<i>Batavia\</i>) is a town in \<a href="/wiki/Lower_Bavaria" title="Lower Bavaria">Lower Bavaria\</a>, Germany. It is also known as the \<b>Dreiflüssestadt\</b> or "City of Three Rivers," because the \<a href="/wiki/Danube" title="Danube">Danube\</a> is joined at Passau by the \<a href="/wiki/Inn_River" title="Inn River" class="mw-redirect">Inn\</a> from the south and the \<a href="/wiki/Ilz" title="Ilz">Ilz\</a> from the north.\</p>

b)

    Passau (previously Latin: Batavis or Batavia) is a town in Lower Bavaria, Germany. It is also known as the Dreiflüssestadt or "City of Three Rivers," because the Danube is joined at Passau by the Inn from the south and the Ilz from the north.

c)

    Passau (previously Latin: Batavis ~~or~~ Batavia) ~~is a~~ town ~~in~~ Lower Bavaria, Germany. ~~It is~~ also known ~~as the~~ Dreiflüssestadt ~~or~~ "City ~~of~~ Three Rivers," ~~because the~~ Danube ~~is~~ joined ~~at~~ Passau ~~by the~~ Inn ~~from the~~ south ~~and the~~ Ilz ~~from the~~ north.

d)

    Passau → doc1(2)
    river → doc1(1)
    town → doc1(1)

Ebenso wie die Dokumente in eine Repräsentation überführt werden, muss auch die Anfrage repräsentiert werden, damit ein Abgleich möglich ist. Daraus resultiert eine Ergebnisliste, wobei die einzelnen Ergebnisse nach unterschiedlichen Kriterien gewichtet werden, zum Beispiel nach Aktualität oder Häufigkeit des Aufrufs von Benutzern. Das wohl zutreffendste Ergebnis soll somit ganz oben genannt werden (vgl. Henrich, 2007: 357-367, 380-382; Stock, 2007: 271, 276-281; Jurafsky & Martin, 2009: 117).

4 DAS POTENZIAL DER ANAPHERNRESOLUTION IN SUCHMASCHINEN

Anaphernresolutions-Systeme sind immer dann bedeutend, wenn das Verstehen eines Textes eine Rolle spielt. Daher werden Anaphernresolutions-Systeme vorwiegend in folgenden Bereichen eingesetzt: Maschinelle Übersetzung, Informationsextraktion, Question Answering sowie Textzusammenfassung. Wenig Beachtung fand bisher die Anwendung im Text Retrieval (vgl. Mitkov, 2002: 123-125), wenngleich sie aus folgenden Gründen wichtig wäre: Die Anaphernresolution verbessert einerseits die Suche bei der Verwendung von Abstandsoperatoren und beeinflusst andererseits die Termfrequenz – und ist somit entscheidend für die Suchqualität.

Abstandsoperatoren werden eingesetzt, um beispielsweise zwischen zwei Ausdrücken eine bestimmte Anzahl an Wörtern zuzulassen. Sucht man so nach *Passau* und *university* und setzt den Abstandsoperator auf zehn, dann werden nicht nur Dokumente zurückgegeben, in denen die beiden Suchbegriffe unmittelbar aufeinander folgen, sondern es sind bis zu zehn beliebige Wörter zwischen *Passau* und *university* erlaubt. Beispielsweise wird dann ein Dokument mit folgendem Satz gefunden: „The university that is located in Passau is beautiful." Das Dokument mit folgendem Inhalt wird ohne Anaphernresolution jedoch nicht ausgegeben, da hier 15 Wörter zwischen den beiden gesuchten Ausdrücken auftreten: „The university has about 10,000 students. It is a rather small institution, embedded in the beautiful city Passau". Wird jedoch eine Anaphernresolution durchgeführt und das anaphorische Personalpronomen *it* sowie die *non-finite clause* Anapher *embedded* aufgelöst, so resultiert dies in folgendem Satz, der wiederum für die Suche mit einem Abstandsoperator von 10 ebenfalls in die Ergebnisliste aufgenommen werden würde: „The university has about 10,000 students. The university is a rather small institution; the university is embedded in the beautiful city Passau." Dies zeigt bereits, dass die Anaphernresolution die Suche mit Abstandsoperatoren entscheidend verbessern könnte.

Abstandsoperatoren werden zum Beispiel von der Suchmaschine Exalead angeboten (http://www.exalead.com/search, letzter Zugriff: 05.08.2013), genau genommen bietet sie den NEAR-Operator an (vgl. „Exalead: Web Search Syntax", 2013). Auch Google scheint den Operator AROUND(n) zur Verfügung zu stellen, der dem Benutzer selbst wählen lässt, wie viele Wörter zwischen zwei Ausdrücken auftreten: *university AROUND(1) Passau* erlaubt somit ein Wort zwischen den gesuchten Ausdrücken (vgl. Agarwal, 06.02.2012).

Wie im vorigen Kapitel erläutert, werden Terme zusammen mit ihrer Häufigkeit in einem Dokument also im Index gespeichert. Werden Anaphern nicht aufgelöst, so verzerrt dies die Termfrequenz, da verschiedene Ausdrücke nicht auf einen einzigen Term reduziert werden können (vgl. Stock, 2007: 147-150, 225, 295-299). Hierbei lassen sich zwei Szenarien skizzieren: Werden erstens Stoppwörter nicht indexiert, kann dies auch eine Anapher betreffen, die damit nicht mehr weiter beachtet werden würde. Im obigen Beispiel (Abbildung 3.3) würde mit einer Stoppworterkennung die Anapher *it* ausgeschlossen. Wird keine Stoppworterkennung durchgeführt, so können zweitens alle Anaphern in den Index eingehen, doch tun sie dies als andere Terme als ihr jeweiliges Antezedens. Beispielsweise wäre dann *Passau* zweimal und *it* einmal im Dokument vorhanden. Erfolgt jedoch eine Anaphernresolution, so wäre das an sich wenig aufschlussreiche *it* nicht im Index repräsentiert, dahingegen würde *Passau* aber dreimal, und damit öfter, im Dokument auftreten.

Obgleich dieser Vorteile existieren bislang nicht viele Untersuchungen, die den Einsatz der Anaphernresolution im Text Retrieval diskutieren. Die beiden bedeutendsten sind die Syracuse-Studie (vgl. Liddy, 1990) für die Termfrequenz und Pirkola & Järvelin (1996) für Abstandsoperatoren. Beide zeigen deutliche Verbesserungen durch die Anaphernresolution, weswegen die Beachtung der Anaphernresolution auch in Text Retrieval Systemen drängend erscheint.

5 FAZIT

Den Inhalt eines Textes adäquat zu repräsentieren ist angesichts der Zunahme von Informationen im Internet ein immer wichtiger werdendes Desiderat. Daher genügen rein informationstechnologische Ansätze längst nicht mehr, um dieser Herausforderung zu begegnen. Auf Basis einer Definition von „Anapher", der anschließend erstellten Nomenklatur aller Anaphernarten des Englischen und der Frequenzanalyse anhand eines Hypertext-Korpus wurde erläutert, dass die Anaphernresolution im Text Retrieval entscheidende Vorteile bringen kann, da die Termfrequenz korrekter abgebildet und Abstandsoperatoren besser eingesetzt werden können. Dazu bedarf es umfangreicherer Studien als bisher, welche Anaphernarten welche Auswirkungen bei ihrer Resolution nach sich ziehen. Außerdem müssen auch leistungsfähige Auflösungsprozesse vor allem für häufige Anaphernarten, etwa für *non-finite clause* Anaphern, implementiert werden, damit eine Anaphernresolution effizient bei Suchmaschinen eingesetzt werden kann.

6 LITERATURVERZEICHNIS

Agarwal, Amit. 06.02.2012. „A Google Search Operator That You May Not Know About!". *Digital Inspiration.* http://www.booleanblackbelt.com/2011/06/beyond-boolean-search-proximity-and-weighting/ (letzter Zugriff: 05.08.2013).

Agnes, Michael et al., Hg. 2007, 4. Aufl. *Webster's New World College Dictionary.* Cleveland, Ohio: Wiley.

Boyd, Adriane, Whitney Gegg-Harrison & Donna Byron. 2005. „Identifying Non-Referential *It*: A Machine Learning Approach Incorporating Linguistically Motivated Patterns". *Proceedings of the ACL Workshop on Feature Engineering for Machine Learning in NLP.* S. 40-47.

Bußmann, Hadumod, Hg. 2008, 4. Aufl. *Lexikon der Sprachwissenschaft.* Stuttgart: Kröner.

Crystal, David. 2009, 6. Aufl. *A Dictionary of Linguistics and Phonetics.* Malden, MA et al.: Blackwell.

Evans, Richard. 2001. „Applying Machine Learning Toward an Automatic Classification of *It*". *Literary and Linguistic Computing.* 16 (1). S. 45-57.

„Exalead: Web Search Syntax". (2013). http://www.exalead.com/search/web/search-syntax/ (letzter Zugriff: 05.08.2013).

Glück, Helmut, Hg. 2010, 4. Aufl. *Metzler Lexikon Sprache.* Stuttgart – Weimar: Metzler.

Green, Keith. 2006, 2. Aufl. „Deixis and Anaphora: Pragmatic Approaches". *In* Edward Brown, Hg. *Encyclopedia of Language and Linguistics.* Band 3, S. 415-417.

Haghighi, Aria & Dan Klein. 2009. „Simple Coreference Resolution with Rich Syntactic and Semantic Features". *Proceedings of the 2009 Conference on Empirical Methods in Natural Language Processing.* S. 1152-1161.

Halliday, Michael A.K. & Ruqaiya Hasan. 2008, erstmals veröffentlicht 1976. *Cohesion in English.* Harlow: Pearson Education.

Henrich, Andreas. 2007. *Information Retrieval 1. Kurs im Wintersemester 2007/2008* (Skript zum VHB-Kurs). Veröffentlicht 2008 als *Information Retrieval 1. Grundlagen, Modelle und Anwendungen.* Bamberg: Otto-Friedrich-Universität Bamberg. http://www.uni-bamberg.de/minf/ir1-buch/ (letzter Zugriff: 16.08.2013).

Hobbs, Jerry R. 1976. „Pronoun Resolution" (Forschungsbericht). New York: City University of New York. http://www.isi.edu/~hobbs/PronounResolution.pdf (letzter Zugriff: 14.08.2013).

Hornby, Albert Sydney, Hg. 2010, 8. Aufl. *Oxford Advanced Learner's Dictionary of Current English.* Oxford – New York: Oxford University Press.

Huddleston, Rodney, Geoffrey K. Pullum & Peter Peterson. 2010. „Relative Constructions and Unbounded Dependencies". *In* Rodney Huddleston & Geoffrey K. Pullum, Hg. *The Cambridge Grammar of the English Language.* Cambridge et al.: Cambridge University Press. S. 1031-1096.

Huddleston, Rodney. 2010a. „Syntactic Overview". *In* Rodney Huddleston & Geoffrey K. Pullum, Hg. *The Cambridge Grammar of the English Language.* Cambridge et al.: Cambridge University Press. S. 43-69.

Huddleston, Rodney. 2010b. „The Clause: Complements". *In* Rodney Huddleston & Geoffrey K. Pullum, Hg. *The Cambridge Grammar of the English Language.* Cambridge et al.: Cambridge University Press. S. 213-321.

Jackson, Peter & Isabelle Moulinier. 2002. *Natural Language Processing for Online Applications. Text Retrieval, Extraction and Categorization.* Amsterdam – Philadelphia: Benjamins.

Jurafsky, Daniel & James H. Martin. 2009, 2. Aufl. *Speech and Language Processing. An Introduction to Natural Language Processing, Computational Linguistics, and Speech Recognition.* Upper Saddle River, New Jersey: Pearson.

Kennedy, Christopher & Branimir Boguraev. 1996. „Anaphora for Everyone: Pronominal Anaphora Resolution without a Parser". *Proceedings of the 16th Conference on Computational Linguistics.* S. 113-118.

Kortmann, Bernd. 2005. *English Linguistics: Essentials.* Berlin: Cornelsen.

Lappin, Shalom & Herbert J. Leass. 1994. „An Algorithm for Pronominal Anaphora Resolution". *Computational Linguistics.* 20 (4). S. 535-561.

Liddy, Elizabeth DuRoss. 1990. „Anaphora in Natural Language Processing and Information Retrieval". *Information Processing & Management.* 26 (1). S. 39-52.

Mitkov, Ruslan & Catalina Hallett. 2007. „Comparing Pronoun Resolution Algorithms". *Computational Intelligence.* 23 (2). S. 262-297.

Mitkov, Ruslan. 2002. *Anaphora Resolution*. London et al.: Longman.

Mitkov, Ruslan. 2004. „Anaphora Resolution". *In* Ruslan Mitkov, Hg. *The Oxford Handbook of Computational Linguistics*. Oxford – New York: Oxford University Press. S. 266-283.

Payne, John & Rodney Huddleston. 2010. „Nouns and Noun Phrases". *In* Rodney Huddleston & Geoffrey Pullum, Hg. *The Cambridge Grammar of the English Language*. Cambridge: Cambridge University Press. S. 323-523.

Pirkola, Ari & Kalervo Järvelin. 1996. „The Effect of Anaphor and Ellipsis Resolution in Proximity Searching in a Text Database". *Information Processing & Management*. 32 (2). S. 199-216.

Quirk, Randolph et al. 2012, erstmals veröffentlicht 1985. *A Comprehensive Grammar of the English Language*. London – New York: Longman.

Rehm, Georg. 2007. *Hypertextsorten. Definition – Struktur – Klassifikation*. Norderstedt: Books on Demand.

Simpson, John A. & Edmund S.C. Weiner, Hg. 1989, 2. Aufl. *The Oxford English Dictionary*. Oxford: Clarendon Press.

Sladovníková, Šárka. 2010. *Textverstehen. Analysen zu Kohäsion und Kohärenz am Beispiel journalistischer Texte*. Ostrava: Universität Ostrava.

Soon, Wee Meng, Hwee Tou Ng & Daniel Chung Yong Lim. 2001. „A Machine Learning Approach to Coreference Resolution of Noun Phrases". *Computational Linguistics*. 27 (4). S. 521-544.

Stede, Manfred. 2007. *Korpusgestützte Textanalyse. Grundzüge der Ebenenorientierten Textlinguistik*. Tübingen: Narr.

Stirling, Lesley & Rodney Huddleston. 2010. „Deixis and Anaphora". *In* Rodney Huddleston & Geoffrey Pullum, Hg. *The Cambridge Grammar of the English Language*. Cambridge: Cambridge University Press. S. 1449-1564.

Stock, Wolfgang. 2007. *Information Retrieval. Informationen suchen und finden*. München – Wien: Oldenbourg.

Stoyanov, Veselin et al. 2010. „Coreference Resolution with Reconcile". *Proceedings of the ACL 2010 Conference Short Papers*. S. 156-161.

Strube, Michael. 2010, 3. Aufl. „Anaphernresolution". *In* Kai-Uwe Carstensen et al., Hg. *Computerlinguistik und Sprachtechnologie. Eine Einführung*. Heidelberg: Spektrum. S. 399-409.

Uryupina, Olga. 2010. „Corry: A System for Coreference Resolution". *Proceedings of 5th International Workshop on Semantic Evaluation*. S. 100-103.

Vater, Heinz. 2005. *Referenz-Linguistik*. München: Fink.

Versley, Yannick et al. 2008. „BART: A Modular Toolkit for Coreference Resolution". *Proceedings of the ACL-08: HLT Demo Session.* S. 9-12.

Michael Eble / Sebastian Kirch

ENTERPRISE SEARCH

IM WISSENSMANAGEMENT –

Herausforderungen für Suchmaschinen in forschungsbasierten Konzernen

Zusammenfassung

In forschungsbasierten Konzernen der Chemie-, Pharma- und Technologiebranchen hat das über die Jahre entwickelte Wissen in Forschung und Entwicklung eine hohe und wachsende Relevanz für die Innovations- und Wettbewerbsfähigkeit der jeweiligen Unternehmen. Dementsprechend gewinnt der systematische Umgang mit Daten, Informationen und Wissen an Bedeutung. Ein Werkzeug des Wissensmanagement sind Enterprise-Suchmaschinen: Diese sollen einen effizienten Zugriff auf Informationsobjekte aus verschiedenen Organisationseinheiten und Standorten eines Konzerns ermöglichen und die Wiederverwendung von Informationen in Forschung und Entwicklung unterstützen. Dazu müssen sie anhand von technischen und organisatorischen Anforderungen geplant, eingeführt und betrieben werden. Der Beitrag beschäftigt sich in diesem Kontext mit den drei Handlungsfeldern 1) Information Policy und Metadaten-Strategie, 2) automatische und manuelle Medienerschließung sowie 3) Veränderung von Handlungspraktiken. Er bespricht technische und organisatorische Herausforderungen und gibt einen Ausblick auf weitere Entwicklungen hinsichtlich des Umgangs mit multimedialen Daten.

1 AUSGANGSPUNKT UND FRAGESTELLUNG

In forschungsbasierten Konzernen der Chemie-, Pharma- und Technologiebranchen hat das über die Jahre entwickelte Wissen in Forschung und Entwicklung eine hohe und wachsende Relevanz für die Innovations- und Wettbewerbsfähigkeit der jeweiligen Unternehmen. Für zukünftige Forschungsaktivitäten und Produkte kann das Wissen über Produktionsfaktoren und -verfahren eine wichtige Grundlage sein. Dementsprechend gewinnt der systematische Umgang mit Daten, Informationen und Wissen insbesondere auch in solchen Konzernen an Bedeutung.

Dazu werden diese Ressourcen über Aktivitäten des Wissensmanagements mittels verschiedener analoger und digitaler Medien gespeichert, verbreitet und genutzt. „Wissensmanagement" wird hierbei im Anschluss an Thommen und Achleitner (2006, S. 1025) verstanden als die „zielgerichtete Steuerung von Wissen und Wissensflüssen zur optimalen Nutzung von internem und externem Wissen zur nachhaltigen Steigerung des Unternehmenswertes. Im Vordergrund stehen Beschaffung, Entwicklung, Nutzung und Bewahrung des Wissens." Der Begriff „Wissen" wird in der Literatur je nach Kontext unterschiedlich interpretiert. Nachfolgend bezeichnet er „die Gesamtheit der Kenntnisse und Fähigkeiten, die Individuen zur Lösung von Problemen einsetzen. Dies umfasst sowohl theoretische Erkenntnisse als auch praktische Alltagsregeln und Handlungsanweisungen. Wissen stützt sich auf Daten und Informationen, ist im Gegensatz zu diesen jedoch immer an Personen gebunden." (Probst, Raub & Romhardt, 2003, S. 22 – zitiert nach Thommen & Achleitner, 2006, 1025) Zwischen diesen Fähigkeiten zur Problemlösung und der Innovationsstärke von Unternehmen wird ein Zusammenhang angenommen (vgl. López-Nicolás & Merono-Cerdán, 2011). Damit ist bei den heute stark verkürzten Produktlebenszyklen und der gestiegenen Notwendigkeit an Innovationen der unmittelbare Zugriff auf relevante F&E-Informationen, Ansprechpartner und Kompetenzen von hoher Bedeutung.

Die so genannten Enterprise-Suchmaschinen spielen hier eine zentrale Rolle, um diesen Zugriff in Konzernen wie Pfizer oder Siemens zu ermöglichen (Mullin, 2007; Mörl, Heiss & Richter, 2011; Stocker & Müller, 2012). Derartige Suchmaschinen sind gedacht als „zentraler Informationszugang […] für Inhalte in Unternehmen" (Bahrs, 2009, S. 329), indem sie eine definierte Zielgruppe beim Auffinden von unternehmensrelevanten Informationsobjekten unterstützen. Bahrs (2009, S. 333) führt die Verkürzung von Suchzeit, die Wiederverwendung vorhandener Informationen und die gesteigerte Auskunfts- bzw. Handlungsfähigkeit als Nutzwerte an. Auf diese Weise können Enterprise-Suchmaschinen nützliche Werkzeuge in alltäglichen Use Cases sein: Soll beispielsweise in einem Pharmakonzern ein neuer Wirkstoff gegen Kopfschmerzen entwickelt werden, so erfordert das entsprechende Forschungsprojekt in nahezu jeder Phase einen systematischen Umgang mit unterschiedlichen Informationsobjekten. Die zuständige Mitarbeiterin muss z. B. ermitteln, inwieweit im eigenen Unternehmen bereits Vorarbeiten im relevanten Forschungsfeld geleistet wurden. Außerdem muss sie in Zusammenarbeit mit dem Patentmanagement herausfinden, inwieweit welche Schutzrechte beachtet werden müssen. Sie hat es also mit zahlreichen Informationsobjekten zu tun – internen (z. B. Versuchsprotokolle, Forschungsberichte und Marktstudien) wie externen (z. B. Literatur, Patentschriften, Gebrauchsanweisungen). Außerdem kommt sie dabei mit verschiedenen Organisationseinheiten des Konzerns in Berührung (z. B. Patentmanagement, Informationsdienste, Geschäftseinheit).

Mit diesem und ähnlichen Use Cases sind verschiedene Herausforderungen verbunden, die im vorliegenden Beitrag anhand von drei Handlungsfeldern betrachtet werden:

Information Policy und Metadaten-Strategie: Erstens müssen Regeln zur Erzeugung, Verwendung, Speicherung, Verbreitung und Wiederverwertung von Informationen konzipiert sowie organisatorisch und technisch eingeführt werden (Braman, 2011). Zweitens müssen Informationen auf der Basis dieser Regeln systematisch verschlagwortet und abgelegt werden. Eine der wesentlichen Herausforderungen ist hier die Berücksichtigung und Integration der spezifischen Bedarfe der verschiedenen internen Anspruchsgruppen (z. B. F&E-Abteilungen, IT-Abteilung, Rechtsabteilung) und externen Stakeholder (z. B. Lieferanten, Abnehmer).

Automatische und manuelle Medienerschließung: Verschiedene Informationsobjekte müssen strukturell und inhaltlich erschlossen werden, um sie für Enterprise-Suchmaschinen und Mitarbeiter zugänglich zu machen. Dazu können automatische Verfahren und manuelle Ansätze kombiniert werden. Damit stehen Herausforderungen in Zusammenhang hinsichtlich der Eingabe, Verarbeitung und Bereitstellung von Daten.

Veränderung von Handlungspraktiken: Die Enterprise-IT steht u. a. in Zusammenhang mit Praktiken des Informations-, Identitäts- und Beziehungsmanagements (Schmidt, 2011) im Social Web sowie mit Anpassungen von Arbeitsweisen in Unternehmen hinsichtlich des Umgangs mit Informationen bei F&E-Tätigkeiten. Damit verbunden sind Herausforderungen der organisatorischen Einführung und Weiterentwicklungen von Prozessen im Wissensmanagement.

Aus der Unternehmensperspektive handelt es sich in allen drei Fällen explizit um interdisziplinäre Handlungsfelder von Fachabteilungen wie F&E, IT und Wissensmanagement. Der Beitrag bespricht diese und basiert auf Beratungs- und Entwicklungsprojekten im Bereich von Enterprise-Suchmaschinen und Medienerschließung sowie Literaturrecherchen.

2   METADATEN-STRATEGIE UND INFORMATION POLICY

In forschungsbasierten Konzernen sind digital gespeicherte Daten und Informationen ein wichtiger Bezugspunkt des Kerngeschäfts. Die Literatur bezeichnet die Daten und Dokumente, in denen solches Wissen als Informationen gespeichert ist, daher auch als „Master Data" oder Masterdaten (Dreibelbis et al., 2008). Ein effizientes Management von Masterdaten muss sicherstellen, dass Daten strukturiert abgelegt und dadurch wiederaufgefunden werden können. Smith & McKeen (2008, S. 65) fassen die Aufgaben des Master Data Management (MDM) wie folgt zusammen: "Master Data Management is an application-independent process which describes, owns, and manages core business data entities. It ensures consistency and accuracy of this data by providing a single set of guidelines for their management and thereby creates a common view on key company data, which may or may not be held in a common data source". Hieraus lassen sich drei Ziele ableiten (DAMA, 2009): MDM muss erstens eine Quelle für qualitativ hochwertige Master Daten bereitstellen. Zweitens sollen Kosten und Komplexität durch ein standardisiertes Framework zum Umgang mit Daten gesenkt werden. Und drittens soll MDM Business Intelligence sowie die Integration von Informationen in die Prozesse des Unternehmens unterstützen.

Die Grundlage für ein solides MDM sind daher nicht nur entsprechende Software-Tools, die in der Lage sind Daten zu speichern und zu durchsuchen, sondern vielmehr ein diesen Tools zugrundeliegendes, konzeptuelles Modell, das auf den Anforderungen der beteiligten Stakeholder basiert. Dieser organisatorische Gesichtspunkt wird gegenüber technischen Aspekten oft vernachlässigt, obwohl er einer der zentralen Erfolgsfaktoren für ein erfolgreiches MDM darstellt (Otto, 2012). Zwar bieten viele Tools umfangreiche Funktionen zum effizienten Management von Daten. Doch diese werden oft nur in geringem Umfang genutzt, da es an Vorgaben und Best Practices fehlt. Um das Wissensmanagement im Unternehmen und somit die tägliche Arbeit seiner Mitarbeiter bestmöglich zu unterstützen, sollte ein solches konzeptuelles Modell insbesondere zwei Punkte enthalten: Die Metadaten-Strategie und eine Information Policy. Diese bilden das Fundament für die darauffolgende technische Implementierung und sollten immer im Rahmen eines holistischen Daten- und Informationsmodells für das gesamte Unternehmen entwickelt werden.

2.1   Metadaten-Strategie

Metadaten sind strukturierte Informationen, die Daten identifizieren, beschreiben, erklären, lokalisieren oder vernetzen, und dadurch den Zugang zu diesen Daten erleichtern. Sie sorgen dafür, dass Objekte gleichen Typs über eine einheitliche Struktur beschrieben werden und somit leichter verglichen, gefiltert und aufgefunden werden können. Eine solche Struktur wird auch als Metadatenschema (NIST, 2004) oder Metadaten-Modell bezeichnet. Beispielsweise bietet das Fotoportal Flickr[1] seinen Nutzern die Möglichkeit, Bilder mit sogenannten „Tags" zu versehen, damit sie von anderen Nutzern einfacher aufgefunden werden können.

Ein Metadaten-Modell setzt sich aus verschiedenen Metadaten-Attributen zusammen, die über ihren Namen, ihre Semantik sowie die Regeln für mögliche Attributwerte definiert werden. Der Name eines Attributs sollte dabei auf den ersten Blick erkennen lassen, welchen Zweck das Attribut erfüllt und welche Attributwerte erwartet werden. Zum Beispiel verdeutlicht der Attributname „Autor(en)", dass einer oder mehrere Autoren angegeben werden können. Ergänzt wird der Name durch die semantische Beschreibung des Attributs. Diese sollte als Hilfe für den Nutzer immer bei Bedarf eingeblendet werden können, um Fehlerquellen zu minimieren und konsistente Attributwerte zu gewährleisten.

Attributwerte sollten zusätzlich durch die Definition von Inhaltsregeln spezifiziert werden. Zum Beispiel muss ersichtlich sein, ob es sich bei einem Attribut um ein Pflichtfeld handelt und ob mehrere Werte zulässig sind. Noch wichtiger sind hierbei jedoch Syntaxregeln, die festlegen, dass ein Attributwert einem bestimmten regulären Ausdruck[2] oder Format (Beispiel: Datumsformat TT.MM.JJJJ) genügen muss, um vom System akzeptiert zu werden. Darüber hinaus kann aber auch eine feste oder erweiterbare Menge von erlaubten Werten (Wertebereich) vorgegeben werden, aus denen der Nutzer auswählen kann. Welche Regeln bei der Spezifikation von Attributwerten letztendlich zum Einsatz kommen, hängt stark vom Anwendungsfall ab.

Das Festlegen eines Wertebereichs für Attributwerte stellt dabei meist eine Herausforderung dar. Zwar ist dies für manche Attribute recht einfach möglich: Namen von Organisationseinheiten können direkt bestimmt und festgelegt werden, so dass die Angabe von unterschiedlichen Schreibweisen oder Abkürzungen verhindert wird. Gleichzeitig erlaubt die Vorgabe von Werten bei der späteren Suche eine einfache und konsistente Filterung von Suchergebnissen. Für andere Attribute ist das Erstellen eines entsprechenden Wertebereiches jedoch schon deswegen schwierig, weil das Wissen über die möglichen Werte über verschiedene Organisationseinheiten verteilt oder nicht vereinheitlicht ist. Ein Beispiel hierfür sind Schlagworte: Sie können zum einen je nach Organisationseinheit stark variieren und sind zum anderen sehr dynamische Daten, die sich schnell ändern können, wenn beispielsweise in einem neuen Bereich geforscht wird. Eine vorgegebene Liste könnte nie alle Facetten und Begriffe abdecken und würde somit für die Mitarbeiter eine Einschränkung bei der Ablage und dem Wiederauffinden von Daten darstellen. Des Weiteren würde eine solche Liste, wäre sie erweiterbar, sehr

---

[1] *Flickr*. URL: http://www.flickr.com/
[2] Mit regulären Ausdrücken können Zeichenketten syntaktisch eindeutig beschrieben werden (vgl. Friedl, 2002). Beispielsweise kann somit ein bestimmtes Datumsformat spezifiziert und automatisch validiert werden.

schnell auf eine Größe anwachsen, die weder bei der Ablage von neuen Dokumenten eine hilfreiche Vorgabe ist, noch eine facettierte Suche sinnvoll unterstützt. Beim Entwurf der Metadaten-Strategie besteht damit zunächst die Herausforderung, zu bestimmen, welche Attribute sich für die Vorgabe eines Wertebereichs eignen. Für die ausgewählten Attribute muss dann eine Taxonomie erstellt werden, in der die Vorgabewerte, entweder unternehmensweit oder je Organisationseinheit, definiert werden. Die Herausforderung besteht hierbei oft darin, dass entsprechende Taxonomien bereits im Unternehmen bestehen und eingesetzt werden. In diesem Fall müssen diese entweder harmonisiert und vereinheitlicht werden, oder es muss ein dauerhaftes Mapping zwischen den Begriffen der verschiedenen Taxonomien hergestellt werden.

Jedes Attribut erfüllt innerhalb der Metadaten-Strategie eine bestimmte Aufgabe. Der Titel eines Dokuments ermöglicht es zum Beispiel, Dokumente nach Thema und Inhalt zu identifizieren, wohingegen der Projektname den Kontext des Dokuments beschreibt und somit Rückschlüsse auf die Struktur zulässt, in der sich das Dokument befindet. Auf der Basis dieser Aufgaben lassen sich Metadaten-Attribute in drei Typen clustern (NIST, 2004):

- **Beschreibende Metadaten** dienen der Identifikation von Objekten und zur Verbesserung ihrer Auffindbarkeit. Beschreibende Metadaten enthalten in der Regel bibliographische Angaben wie Autor und Titel sowie Schlüsselwörter, Dokumenttyp etc.

- **Struktur- und relationsbezogene Metadaten** beschreiben die Verbindungen und Beziehungen zwischen Objekten. Metadaten von zusammengesetzten Objekten können beispielsweise Referenzen auf die Unterobjekte enthalten etc.

- **Administrative Metadaten** unterstützen das Management der Daten. Typischerweise werden hierfür technische Informationen wie das Dateiformat, zum Öffnen erforderliche Codecs oder Rechte und Zugriffsmodalitäten abgelegt.

Das folgende Beispiel zeigt den Ausschnitt aus einem fiktiven Metadaten-Modell für Dokumente, dass die besprochenen Punkte berücksichtigt: Neben den Attributen, ihrem Typ, ihrer Beschreibung und ihrem Wertebereich wird auch angegeben, ob es sich um ein Pflichtfeld handelt und ob mehrere Werte zulässig sind. Ist der Wertebereich vorgegeben, so wird auf die entsprechende Liste bzw. Taxonomie verwiesen.

Tabelle 2.1: Ausschnitt aus einem Metadaten-Modell für Dokumente

Attribut	Beschreibung	MW[3]	P[4]	T[5]	Wertebereich
Titel	Titel des Dokumentes wie im Dokument angegeben	✗	✓	B	-
Autor(en)	Liste *aller* Autoren dieses Dokuments	✓	✓	B	*Vorgabe:* Liste der Mitarbeiter
Dokument-typ	Zuordnung des Dokuments zu einem der standardisierten Dokumenttypen	✗	✓	B	*Vorgabe:* Taxonomie für Dokumenttypen

[3] Mehrere Werte zulässig: Ja/Nein
[4] Pflichtfeld: Ja/Nein
[5] Metadaten-Typ: B=Beschreibend, S=Strukturell, A=Administrativ

Projekt	Projekt, in dessen Rahmen dieses Dokument entstanden ist	✗	✗	S	*Vorgabe:* Liste der Projekte

Derart gepflegte Metadaten ermöglichen einerseits die strukturierte Ablage von Daten und erlauben dadurch eine mehrdimensionale Navigation. Hierarchische Ordnerstrukturen und Ansichten lassen sich auf Basis der Metadaten-Attribute dynamisch generieren, je nach Organisationseinheit, Mitarbeiter und Zweck. Andererseits unterstützen Metadaten aber auch Suchmaschinen, indem sie Möglichkeiten zur Filterung von Suchergebnissen bieten.

Obwohl die Mitarbeiter durch das Internet und Suchmaschinen wie Google einen sehr einfachen und direkten Zugriff auf Information gewohnt sind, werden Daten in vielen Unternehmen noch in starren Ordnerstrukturen auf Dateiservern gespeichert werden (vgl. Bahrs, 2009, S. 331). Eine Suchfunktion anhand strukturierter, übergreifender Systematiken steht teilweise nur eingeschränkt zur Verfügung, so dass Mitarbeiter z. B. darauf angewiesen sind, sich in den von Kollegen vorgegebenen Ordnerstrukturen zurechtzufinden.

Enterprise-Suchmaschinen können hier Abhilfe schaffen, indem sie die gespeicherten Daten indexieren und über eine Suchoberfläche zur Verfügung stellen. Doch insbesondere für eine detaillierte Suche in umfangreichen Beständen ist eine flache Ergebnisliste in der Regel nicht ausreichend, um relevante Informationen effizient zu finden. Hierfür bieten einige Suchmaschinen vielmehr eine facettierte Suche an, die eine Filterung der Suchergebnisse anhand von vorgegebenen Kriterien (Facetten) erlaubt. Abbildung 2.1 zeigt als Beispiel die Ergebnisliste der Literatur-Suchmaschine „Scopus"[6] von Elsevier. Auf der linken Seite sind die Facetten wie „Author Name" oder „Document Type" zu sehen, anhand derer die Suchergebnisse gefiltert werden können um zum Beispiel nur Ergebnisse eines bestimmten Autors zu erhalten.

Abbildung 2.1: Suchergebnisliste der Literatur-Suchmaschine Scopus von Elsevier

Metadaten sind die Grundlage für eine solche facettierte Suche. Besonders die Metadaten-Attribute, deren Werte aus einem vorgegebenen Wertebereich bestimmt werden, eignen sich hierfür. Die möglichen Werte können dann in der Suchmaschine als Facette konfiguriert werden, um anschließend bei der Indexierung von Dokumenten berücksichtigt zu werden. Dadurch werden strukturierte und gepflegte Metadaten zum Schlüssel für ein komfortableres und effizienteres Sucherlebnis.

Nur wenn Metadaten auch systematisch spezifiziert und erfasst werden, können sie von der Suchmaschine verarbeitet und zur Filterung der Suchergebnisse genutzt werden. Diese Herausforderung kann über die nachfolgend beschriebenen Schritte zur Entwicklung einer Metadaten-Strategie für Unternehmensdokumente adressiert werden:

---

[6] Elsevier. *SciVerse Scopus*. URL: http://www.scopus.com

1. **Dokumenttypen identifizieren.** Im ersten Schritt sollten die relevanten Informationsobjekte identifiziert und klassifiziert werden. Dokumente können beispielsweise in solche Dokumenttypen gruppiert werden, für die es einheitliche Vorlagen gibt. Die Vorlagen erleichtern später die Angabe der Metadaten, da Werte wie der Dokumenttyp schon angegeben sind und nicht erneut ausgefüllt werden müssen.

2. **Metadaten-Modell für Dokumenttypen definieren.** Für die Dokumenttypen sollte nun ein Metadaten-Modell erarbeitet werden. Für jeden Typ müssen hierfür die benötigten Attribute, ihre Beschreibung und Wertebereiche spezifiziert werden. Für Attribute mit festen Wertebereichen müssen Taxonomien erstellt werden bzw. es müssen bestehende Taxonomien harmonisiert werden.

3. **Regeln zur systematischen Erzeugung, Verschlagwortung und Speicherung von Informationen etablieren.** Abschließend sollte über ein Regelwerk gesteuert werden, welche Dokumente wo, wie und von wem abgelegt werden (siehe Abschnitt 4). Hierdurch wird eine konsistente Verschlagwortung der Informationen gewährleistet, die das spätere Auffinden vereinfacht.

Eine bis ins Detail ausgearbeitete Metadaten-Strategie ist nutzlos, wenn sie nicht konsequent umgesetzt wird. Nicht oder falsch vergebene Metadaten resultieren in einer falschen Ablage von Dokumenten und können somit das Auffinden signifikant erschweren. Dies ist zum Beispiel dann der Fall, wenn Schlagworte falsch vergeben werden und Dokumente dann unter einem falschen Suchbegriff auftauchen. Dadurch wird einerseits das Auffinden des falsch gekennzeichneten Dokumentes erschwert und andererseits wird die Anzahl irrelevanter Treffer für Suchen nach dem falsch vergebenen Schlagwort erhöht. Gleichzeitig stellt das Arbeiten mit und die Vergabe von Metadaten gegenwärtig noch immer wieder einen Bruch der bestehenden Arbeitsweise der Mitarbeiter dar. Das erfordert von den Mitarbeitern nicht nur ein Umdenken, sondern auch eine andere Arbeitsweise im Umgang mit Dokumenten. Daher ist es zum einen wichtig, dass die Aktivitäten des MDM in die tägliche Arbeit der Mitarbeiter integriert werden, um dadurch eine stetige Verbesserung des Prozesses zu erreichen (Benbya et al., 2004). Gleichzeitig sollte aber auch der Aufwand für die Pflege der Daten möglichst gering sein, da die Mitarbeiter nicht direkt von der Qualität der Metadaten ihrer eigenen Dokumente profitieren (Hüner et al., 2011, S. 263): "Two success factors for achieving a high level of collaboration were identified: First, metadata should be easy to use for various business users and easily accessible in as many enterprise systems as possible (e. g. customer relationship management); and second, the effort for managing and maintaining metadata should be kept rather low." Daher sollten folgende Aspekte beim Entwurf der Metadaten-Strategie berücksichtigt werden:

- **Metadaten basieren auf den Anforderungen der Anwender.** Die erhobenen Metadaten sollen die tägliche Arbeit der Mitarbeiter bestmöglich unterstützen und sollten daher zum Beispiel in Interviews oder Workshops mit den beteiligten Stakeholdern (Fachabteilungen, IT etc.) identifiziert werden.

- **So wenige Pflichtfelder wie möglich.** Attribute sollen nur wenn unbedingt nötig als Pflichtfelder definiert werden, um den Aufwand zur Eingabe von Metadaten zu minimieren und damit eine bessere Umsetzbarkeit parallel zu den Kernaufgaben der Mitarbeiter zu ermöglichen.

- **So viele Attributwerte wie möglich automatisch bestimmbar.** Um den Mitarbeitern die Arbeit zur Eingabe und Pflege von Metadaten weiter zu erleichtern, sollten möglichst viele Attributwerte automatisch bestimmt werden (siehe auch Abschnitt 3.2).

- **Wenn möglich: Vorgabe von Standard-Werten.** Lassen sich Attributwerte nicht automatisch bestimmen, so sollten wenn möglich und sinnvoll Vorgabe-Werte definiert und über Auswahlmenüs (z. B. Dropdown-Listen) angeboten werden.

- **Eine Metadaten-Strategie muss erweiterbar sein.** Die Vorgaben für Metadaten-Attribute und Attributwerte sollen als Ausgangsbasis dienen, die bei Bedarf sinnvoll erweitert und angepasst werden kann (Framework-Charakter). Die Metadaten-Strategie soll auf diesen Rahmen aufbauend iterativ weiterentwickelt werden.

2.2 Information Policy

Sind forschungsrelevante Informationen erst einmal strukturiert abgelegt, können sie mittels einer Enterprise-Suchmaschine prinzipiell unternehmensweit aufgefunden werden. Ein solch offener Umgang mit internen Daten ist jedoch nicht immer möglich, praktikabel oder gewünscht. Daher muss es Mechanismen geben, um den Zugriff auf Informationen zu steuern. Die konzeptuelle Beschreibung einer solchen Zugriffssteuerung bezeichnet man als Information Policy: Diese beinhaltet „Gesetze, Regeln und Prinzipien, die die Erzeugung, Verwendung, Speicherung, Verbreitung und Wiederverwertung von Informationen" definieren (Braman, 2011, S. 3). Es wird also definiert, welche Informationen wann, von wem und wie eingesehen und verändert werden können. Ein solches Regelwerk kann beispielsweise davon abhängen, in welchem Projekt oder welcher Organisationseinheit ein Mitarbeiter arbeitet oder ob er eine bestimmte Funktion innehat. Zudem können projektbezogene Non-Disclosure Agreements (NDAs) mit Geschäftspartnern existieren, die eine Weitergabe der Ergebnisse und Inhalte von Forschungsprojekten nur an bestimmte Mitarbeiter erlauben. In diesem Fall muss das Regelwerk berücksichtigen, dass nur diese Projektmitarbeiter Zugriff auf die entsprechenden Daten erhalten.

Auch wenn derartige Konzepte bereits im Unternehmen existieren sollten, ist es wichtig, dass sich diese auch technisch von den eingesetzten Software-Tools abbilden lassen. Dies gilt insbesondere für Enterprise-Suchmaschinen, da die Daten dort in der Regel in einem einzigen Index abgelegt sind, der prinzipiell unternehmensweite Suchanfragen zulässt. Daraus resultiert die Herausforderung, die Suchmaschine so zu konfigurieren, dass sie Informationsobjekte für bestimmte Nutzer aufgrund von Zugriffsbeschränkungen aus den Suchergebnissen ausblendet. Theoretisch lassen sich Regeln für den Zugriff beliebig komplex definieren, beispielsweise durch eine Kombination verschiedener Metadaten-Attribute. Praktisch müssen sich diese Regeln jedoch auch technisch umsetzen lassen.

Um zu einem gemeinsamen Verständnis und einer entsprechenden Politik bzgl. des Teilens von Informationen zu gelangen, sollte eine Information Policy schrittweise erarbeitet werden. Insbesondere müssen die Interessen verschiedener Stakeholder berücksichtigt und aufgenommen werden. Beispielsweise befürworten einige Mitarbeiter einen offenen Informationszugang, wohingegen andere Mitarbeiter solche Einblicke in ihre eigene Arbeit nur unter bestimmten Auflagen zulassen können. Gleichzeitig muss eine Information Policy übersichtlich und stufenweise umsetzbar sein, da ihre Implementierung sonst mit hohen Kosten und Aufwänden verbunden ist. Viele Software-Tools arbeiten mit rollenbasierten Zugriffsmodellen oder vergleichbaren Ansätzen, so dass ein solches Modell als Ausgangspunkt für ein Zugriffskonzept dienen kann.

1. **Rollen identifizieren.** Im ersten Schritt sollten die hinsichtlich der Information Policy relevanten Rollen im Unternehmen identifiziert werden. In dem oben beschriebenen Fall sollte es beispielsweise eine Rolle für Mitarbeiter in einem bestimmten Projekt geben, so dass Berechtigungen später an solche Rollen vergeben werden können. Weitere Rollen basieren meist auf Organisationseinheiten oder Funktionen.

2. **Zugriffskonzept definieren.** Für jede Rolle muss nun definiert werden, auf welche Informationen der entsprechende Mitarbeiter Zugriff erhält. Da ein Mitarbeiter in der Regel mehrere Rollen innehaben kann, können sich die entsprechenden Berechtigungen überschneiden oder ergänzen.

3. **Information Policy dokumentieren und umsetzen.** Das erarbeitete Zugriffskonzept muss nun im Rahmen der Information Policy dokumentiert und in den entsprechenden Software-Tools umgesetzt werden. Dies betrifft vor allem Ablagesysteme und Enterprise-Suchmaschinen.

3   MANUELLE UND AUTOMATISCHE MEDIENER-SCHLIEßUNG

Im vorherigen Abschnitt wurde gezeigt, wie Metadaten zu relevanteren Suchergebnissen führen können und welche Schritte hierfür notwendig sind. Dabei spielte es zunächst keine Rolle, in welchem Datenformat die abgelegten Daten vorliegen, also ob es sich um textuelle Daten wie Dokumente oder z. B. multimediale Daten wie Videos oder Audiodateien handelt. Für die meisten Enterprise-Suchmaschinen ist das Datenformat jedoch sehr wohl von Bedeutung, da sich insbesondere textuelle Daten aus PDF- oder Microsoft-Office-Dateien im Gegensatz zu vielen anderen Formaten im Volltext indexieren lassen. Es können also nicht nur Attribute wie der Dateiname und die vom Mitarbeiter vergebenen Metadaten durchsucht werden, sondern auch der Dateiinhalt, sofern die eingesetzte Suchmaschine das jeweilige Dateiformat unterstützt.

Insbesondere multimediale Daten wie Videos oder Audiodaten enthalten jedoch eine Vielzahl von Informationen, die von einer Suchmaschine nicht direkt erfasst und indexiert werden können. Hinzu kommt, dass in vielen Unternehmen oft branchenspezifische Formate wie CAD-Zeichnungen oder Formate mit chemischen Molekül-Strukturen eingesetzt werden, die sich ebenfalls nicht ohne weiteres von Suchmaschinen indexieren lassen. Denn diese Formate erfordern meist auch spezielle Suchoperatoren, da sich ihre Semantik nicht über den reinen Text erschließt. Beispiele hierfür sind die Suche nach gesprochenem Text innerhalb eines Videos oder nach einer bestimmten Person, die im Video gezeigt wird. Das Erschließen solcher Medienbestände ist daher eine zentrale Grundlage, um ihre Inhalte kontextualisieren, suchen und nutzen zu können. Idealerweise wird dies durch eine Kombination aus manuellen und automatischen Erschließungsverfahren erreicht.

3.1   Manuelle Medienerschließung

Die Annahme bei der Vergabe von Metadaten war bisher stets, dass diese entweder durch den Einsatz von Vorlagen bereits vorhanden sind oder vom Mitarbeiter bei der Ablage eines neuen Dokuments angegeben werden müssen. Um einen neuen Bericht anzufertigen, könnte der Mitarbeiter beispielsweise eine personalisierte Berichtsvorlage öffnen, das Dokument mit einem Titel versehen und anschließend den Bericht verfassen. Durch dieses Vorgehen können bereits vier Metadaten-Attribute mit Werten versehen werden: Erstens ist durch die Wahl einer personalisierten Vorlage der Autor des Dokuments bereits hinterlegt. Zweitens kann auf diese Weise auch die Organisationseinheit des Mitarbeiters bestimmt werden. Drittens steht durch Wahl der Berichtsvorlage der verwendete Dokumenttyp fest. Und viertens kann der Titel des Dokuments automatisch in die Metadaten übernommen werden (Microsoft Word bietet z. B. über die Funktion „Schnellbausteine für Dokumenteigenschaften" eine solche Möglichkeit). Weitere Metadaten wie beispielsweise Schlagworte oder der Projektkontext muss der Mitarbeiter bei der Ablage des Dokuments noch manuell ergänzen.

Für audiovisuelle Medien oder branchenspezifische Dateiformate ist der beschriebene Prozess jedoch mit mehreren Herausforderungen verbunden. Beispielsweise werden Videos in der Regel nicht vom Mitarbeiter selbst erstellt. In Unternehmen handelt es sich hierbei z. B. um Schulungs- oder Tagungsvideos, die extern produziert wurden und von den Mitarbeitern zur Weiterbildung oder zur Unterstützung der täglichen Arbeit genutzt werden. Darüber hinaus gibt es durch die große Anzahl an Videoformaten keinen einheitlichen Standard, der es erlaubt, Metadaten in der Datei selbst integriert abzulegen. In der Folge müssten die Mitarbeiter also die Metadaten bei der Ablage jedes Videos manuell anlegen, was mit einem enormen zeitlichen Aufwand verbunden ist.

Doch selbst wenn ausgewählte Metadaten von Hand eingetragen werden, so ist eine inhaltliche Suche im Video nach z. B. gesprochenem Text dennoch nicht möglich. Eine manuelle Transkribierung von Videoinhalten ist für eine größere Anzahl von multimedialen Daten mit so großem finanziellem bzw. personellem Aufwand verbunden, dass ein solches Vorgehen nur in Spezialfällen sinnvoll ist. Darüber hinaus sollte eine solche Transkribierung idealerweise auch Zeitmarken für jedes Wort enthalten, da nur so bei der Suche an die entsprechende Stelle im Video gesprungen werden kann.

Eine rein manuelle Medienerschließung ist somit für Unternehmen, die in multimedialen Daten suchen wollen, keine Option. Es stellt sich vielmehr die Frage, wie automatisiert zusätzliche Informationen über ein Objekt gewonnen werden können, ohne dass Mitarbeiter hierfür in größerem Umfang manuell tätig werden müssen.

3.2   Automatische Medienerschließung

Eine weitere Möglichkeit zur Anreicherung von multimedialen Informationsobjekten sind daher Verfahren der automatischen Medienerschließung. Durch die Anwendung intelligenter Algorithmen sind solche Verfahren in der Lage, Medieninhalte zu analysieren, Informationen zu extrahieren sowie Volltexte und strukturierte Metadaten automatisch bereitzustellen. Ein Beispiel hierfür sind Speech-to-Text-Verfahren (ASR: Automatic Speech Recognition), die Sprachdaten in Texte umwandeln, so dass sie von einer Suchmaschine indexiert werden können. Für den gleichen Zweck kommen Verfahren zur Texterkennung (OCR: Optical Character Recognition) zum Einsatz, um Texte aus gescannten Dokumenten zu extrahieren. Durch solche Erschließungsverfahren werden multimediale Inhalte in textuelle Inhalte transformiert, die dann wiederum von Suchmaschinen indexiert und somit gefunden werden können (vgl. Eble & Kirch, 2012).

Automatische Erschließungsverfahren erlauben jedoch noch weit umfangreichere Analysen. Denn die extrahierten Textdaten enthalten wertvolle Informationen, die einer Suchmaschine nicht ohne weiteres zugänglich sind, aber das Auffinden und den Umgang mit einem indexierten Objekt signifikant erleichtern können. Solche Verfahren werden oft als semantische Erschließungsverfahren bezeichnet, da sie Zusammenhänge im Text verstehen und dadurch Informationen extrahieren können. Als Beispiel hierfür soll die Named Entity Recognition (NER) dienen. Aufgabe der NER ist die Extraktion von eindeutig bestimmbaren Objekten wie Personen, Orten oder Organisationen, die als Entitäten bezeichnet werden. Die Besonderheit solcher Verfahren besteht darin, dass sie nicht nur das Wort im Text finden (dies wäre über eine Volltextsuche sehr viel einfacher möglich), sondern dass sie den umgebenden Text analysieren, um eine Entität auch eindeutig zu identifizieren (Desambiguierung). Dies versetzt die Verfahren in die Lage, unterscheiden zu können, ob es sich bei „Kohl" um den ehemaligen Bundeskanzler Helmut Kohl, den Schiedsrichter Helmut Kohl oder das Gemüse handelt. Durch ein anschließendes Named Entity Linking (NEL) kann dann eine Verknüpfung der gefundenen Entität mit weiteren externen und internen Datenquellen erfolgen. (Paal & Eickeler, 2011; Eble & Paal, 2012)

Im Unternehmenskontext können mit Hilfe solcher Verfahren zum Beispiel Werte für bestimmte Metadaten-Attribute automatisch bestimmt werden. Beispielsweise wird dadurch eine automatische Kategorisierung von Dokumenten möglich (siehe Abbildung 3.1). Produkte oder Personen innerhalb von Dokumenten können nicht nur extrahiert werden, sondern wiederum mit internen (z. B. Mitarbeiter- oder Produktverzeichnis in SAP) oder externen Datenquellen (z. B. Linked-Open-Data-Datenbanken wie DBpedia[7]) verknüpft werden, um dadurch die Suche nach zusätzlichen Informationen zu erleichtern.

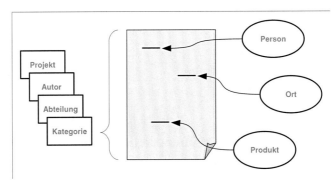

Abbildung 3.1: Semantische Medienerschließung von Textdaten

Bei unternehmensinternen Videos handelt es sich zum Beispiel um Schulungsvideos, die den Mitarbeitern eine Einführung in neue Themen geben oder bestimmte Maschinen und Prozesse erläutern und entsprechend durchsuchbar gemacht werden müssen (vgl. Eble & Kirch, 2013). Ein weiteres Beispiel ist die Verwendung von Videos im medizinisch-pharmazeutischen Bereich auf Plattformen wie „The Informed Scientist".[8] Für solche Videos ist ein effizientes Auffinden essenziell, da sie die Mitarbeiter bei der täglichen Arbeit unterstützen. Im Folgenden werden daher mögliche Erschließungsschritte am Beispiel eines solchen Schulungsvideos erläutert:

- **Videosegmentierung:** Bevor eine Spracherkennung durchgeführt wird, sollte das Video zunächst segmentiert werden. Dabei wird es in solche Segmente unterteilt, die Sprache enthalten und solche, die keine Sprache enthalten. Dadurch wird nicht nur eine effizientere Verarbeitung erreicht, sondern durch eine entsprechende Darstellung können die Nutzer leichter innerhalb des Videos navigieren.

- **Spracherkennung:** Die Transformation von gesprochener Sprache in Text ist in der Regel der wichtigste Schritt bei der Erschließung von audiovisuellen Medien. Da für jedes erkannte Wort auch der entsprechende Zeitstempel vermerkt wird, kann bei einer späteren Suche direkt an diejenige Stelle im Video gesprungen werden, an dem der gesuchte Begriff fällt. Dadurch können auch längere Videos effizient durchsucht werden.

- **Keyframe-Extraktion:** Neben der Sprache sind die Bilder eines Videos ein wichtiger Ausgangspunkt für eine Suche. Die Extraktion von Keyframes ermöglicht eine bildliche Darstellung der zuvor identifizierten Segmente, so dass eine visuelle Navigation innerhalb des Videos möglich wird.

---

[7] *DBpedia.* URL: http://dbpedia.org/
[8] *The Informed Scientist.* URL: http://www.informed-scientist.org/

- **Named Entity Recognition (NER):** Insbesondere für Schulungsvideos können im Video genannte Entitäten wie Produkte oder Organisationen eine wichtige Ergänzung zu gesprochenen Text selbst sein. Beispielsweise können die extrahierten Entitäten später für eine facettierte Suche verwendet werden oder sie können mit weiteren internen oder externen Schulungsmaterialien verlinkt werden.

Auch wenn automatische Erschließungsverfahren effizienter, komfortabler und kostengünstiger als eine manuelle Erschließung sind, sie erreichen sehr selten die Präzision einer manuellen Auswertung. Keines der genannten automatischen Erschließungsverfahren arbeitet perfekt, so dass zum Beispiel Sprachtranskripte zu einem bestimmten Prozentsatz mit Fehlern behaftet sind. Es handelt sich bei automatischen Erschließungsverfahren vielmehr um ein aktives Forschungsfeld der Informatik, auf dem noch zahlreiche Probleme ungelöst sind. Daraus folgt, dass eine rein automatische Erschließung ebenso wie eine rein manuelle Erschließung in der Regel nicht zielführend sein kann. Damit besteht die Herausforderung, manuelle und automatische Erschließungsverfahren intelligent zu verschränken, um den Mitarbeiter bestmöglich bei der Erzeugung von Metadaten und somit beim Suchen und Finden nach den für ihn relevanten Informationen zu unterstützen. Man spricht hierbei auch von integrierter Medienerschließung.

3.3   Schritte zur integrierten Medienerschließung

In jedem Fall bedarf es bei der Implementierung eines Konzepts zur integrierten Medienerschließung einer differenzierten Betrachtung und Analyse der vorhandenen Daten, Anwendungen und Prozesse. Da multimediale Daten jedoch mittlerweile einen wachsenden Anteil an unternehmensinternen Daten ausmachen und auch vielfach gescannte Dokumente (wie z. B. Patentakten) von den Mitarbeitern bearbeitet und abgelegt werden, sollte ein solches Konzept auch Teil des MDM sein. Hierbei kommt es besonders darauf an, welche automatischen Verfahren eingesetzt werden können und wie sie mit manuellen Ansätzen kombiniert werden können, um die Anforderungen der Anwender bestmöglich umzusetzen. Ausgehend von den Anforderungen muss dann spezifiziert werden, welche Erschließungsverfahren zum Einsatz kommen und wie diese umgesetzt werden. Hierfür gibt es folgende Möglichkeiten:

- **Manuelle Erschließung:** Eine rein manuelle Erschließung ist immer dann sinnvoll, wenn sich der Aufwand zur manuellen Eingabe in Grenzen hält, das Vorhandensein der entsprechenden Daten einen Mehrwert für die Mitarbeiter darstellt und wenn kein automatisches Verfahren verfügbar ist, das die Erschließung unterstützen kann. In jedem Fall sollten Konventionen definiert werden, die einen guten Kompromiss zwischen praktikablem Aufwand und Erschließungstiefe darstellen.

- **Vollautomatische Erschließung:** Eine vollautomatische Medienerschließung sollte immer dann zum Einsatz kommen, wenn sie ohne manuelle Schritte gute Ergebnisse liefert oder wenn sie die einzige Möglichkeit zur Erschließung darstellt. In einem solchen Fall bieten die fehlerbehafteten Daten einer automatischen Erschließung immer noch einen Mehrwert gegenüber unerschlossenem Material.

- **Semiautomatische Erschließung:** Wo hohe Ansprüche an Effizienz und Qualität von Volltext- und Metadaten miteinander vereinbart werden müssen, sollten automatische und manuelle Verfahren kombiniert werden. Hierfür gibt es unterschiedliche Ansätze, aus denen je nach Anwendungsfall gewählt werden kann. Beispielsweise können automatische Verfahren dazu genutzt werden um Vorschläge zu generieren, die dann vom Mitarbeiter übernommen oder abgelehnt werden können. Denkbar ist ein solches Vorgehen zum Beispiel bei der

Vergabe von Schlagwörtern. Weiterhin können automatisch erzeugte Ergebnisse manuell verbessert werden, um Fehler der Automatik zu korrigieren.

Wie die gewählten Erschließungsverfahren konkret implementiert werden bzw. wie die erzeugten Daten von der Suchmaschine indexiert werden, hängt von der eingesetzten Software ab. So bietet z. B. SharePoint ab Version 2010 eine integrierte Named Entity Recognition an. Über die Definition von Workflows können darüber hinaus Prozesse zur automatischen Erzeugung von Metadaten angestoßen werden, sobald eine neue Datei vom Mitarbeiter abgelegt wird. Die erzeugten Metadaten können dann wiederum in der Suchmaschine FAST for SharePoint zur Erzeugung von Facetten für die Suche konfiguriert werden. Vergleichbare Software-Lösungen bieten wiederum andere Möglichkeiten zur Integration von entsprechenden Konzepten. In jedem Fall sollten die Anforderungen und Funktionen in einem technologieunabhängigen Konzept festgehalten werden.

4 VERÄNDERUNGEN VON HANDLUNGSPRAKTIKEN

In den vorherigen Abschnitten wurde besprochen, welche technischen Herausforderungen mit Master Data Management und dem Einsatz von Enterprise-Suchmaschinen zur Unterstützung des Wissensmanagements verbunden sind. Jedoch sind – wie bereits mehrfach angeklungen – neben der technischen Sicht auch Anpassungen der Arbeitsweise von Mitarbeitern hinsichtlich ihres Umgangs mit Informationen zu F&E-Tätigkeiten wesentlich. Verbunden damit sind Herausforderungen der Organisationsentwicklung. Diese wird „als ein langfristig angelegter, umfassender Entwicklungs- und Veränderungsprozess von Organisationen und den in ihnen tätigen Menschen betrachtet. Der Prozess beruht auf dem Lernen aller Betroffenen durch direkte Mitwirkung und praktische Erfahrung. Sein Ziel besteht in der gleichzeitigen Verbesserung der Leistungsfähigkeit der Organisation (Effektivität) und der Qualität des Arbeitslebens (Humanität)." (Jung, 2006, S. 269) Zur Verbesserung der Produktivität zählt Jung u. a. die Förderung der Innovationsbereitschaft; mehr persönliche Entfaltungs- und Entwicklungsmöglichkeiten sieht er als mögliche Effekte der Verbesserung der Arbeitssituation. Die darauf abzielenden Schritte – Analyse des Problems und Definition der Ziele, Initiierung und Planung der Reorganisation, Einführung und Umsetzung der Reorganisation sowie ihre Kontrolle und Weiterentwicklung – werden nachfolgend besprochen.

4.1 Analyse von IST- und SOLL-Zuständen

Eine Strategie zur systematischen Nutzung einer Enterprise-Suchmaschine ist in einem forschungsbasierten Konzern als Unterfunktion der Unternehmensstrategie bzw. der Bereichsstrategien von Forschung und Entwicklung sowie des Wissensmanagements zu sehen. Damit muss sie als ein Baustein dazu beitragen, Prozesse zum Bewahren und Nutzen von Wissen effektiv und effizient zu gestalten. Dazu ist es zunächst erforderlich, den IST-Zustand zu erfassen sowie strategische und operative Ziele (SOLL-Zustände) zu definieren.

Auf der Ebene der Problemanalyse (IST-Zustände) besteht zunächst die Herausforderung a) die Kernaufgaben der Mitarbeiter mit den b) auf das Wissensmanagement ausgerichteten Prozessen in Verbindung zu bringen. Dazu zählen einerseits Prozesse zur Erfassung, Strukturierung und Speicherung von Informationen sowie andererseits Prozesse zur Beschaffung und Verwendung von Informationen. Im ersten Fall finden sich solche z. B. im Labor, wenn es um die Dokumentation von Versuchen geht, sowie im Büro, wenn es um die Dokumentation von Projekten geht. Im zweiten Fall zählen dazu die Recherchen nach Ansprechpartnern, Patenten, Marktstudien, Literatur, Forschungsberichten, Versuchsprotokollen, Gebrauchsanleitungen und anderen Dokumenten innerhalb und außerhalb einer Organisationseinheit, eines Standorts oder eines Unternehmens. Eine weitere Herausforderung ist die Berücksichtigung bestehender und heterogener Daten(modelle) und Applikationen, die über die Jahre geschaffen und eingesetzt werden. Durch Zukäufe sowie aufgrund von Sonderregelungen für bestimmte Organisationseinheiten oder Standorte finden sich heterogene Systemlandschaften, die für den IST-Zustand prägend sind.

Auf der Ebene der Formulierung von Zielen (SOLL-Zustände) geht es zunächst um strategische Ziele – z. B. die Steigerung der Innovationsfähigkeit und Erhöhung der Effektivität und Effizienz des Wissensmanagements. Im Zuge dessen bietet es sich in diesem Kontext auch an, eine Metadaten-Strategie anhand der beschriebenen Faktoren zu definieren. Wie oben angesprochen, ist jedoch bei der Veränderung von Handlungspraktiken wesentlich, dass es auch um eine Erhöhung nicht nur der ökonomischen Effizienz, sondern auch der sozialen Leistungsfähigkeit gehen sollte. Es ist gerade im hier gegenständlichen Kontext von hoher Bedeutung, dass Wissen und Wissensmanagement immer mit Menschen zu tun haben und eine Enterprise-Suchmaschine dann eine bessere Leistung erbringen kann, wenn sie dazu über einen entsprechenden Umgang mit Daten und Informationen von Nutzern ermächtigt wird. Hinsichtlich der operativen Ziele geht es im Anschluss daran um unmittelbar steuerbare Größen einer Verbesserung des Sicherns und Nutzens von aufgebautem Wissen aus der Sicht der Mitarbeiter, der Organisationseinheit und des Unternehmens. Die Herausforderung besteht dann darin, Kennzahlen zu bilden, die eine Verbesserung der Bereitstellung und des Zugriffs auf forschungsrelevante Information widerspiegeln – z. B. Grad der Nutzung definierter Dokumenttypen, Grad der Einheitlichkeit der Ablage von Dokumenten, Anzahl der ausgefüllten Metadatenfelder, Grad der Automatisierung von Dokumentationstätigkeiten, Ausmaß der Wiederverwendung von Informationen.

In der Planungs- wie auch in der Umsetzungsphase besteht eine generelle Herausforderung darin, die verschiedenen Stakeholder im Konzern zu berücksichtigen. Das wird im nächsten Abschnitt besprochen.

4.2 Planung und Umsetzung der Reorganisation

Im Anschluss an die Auseinandersetzung mit der Problemstellung werden in Machbarkeitsstudien sowie in Grob- und anschließenden Feinplanungen die erforderlichen Fach- und IT-Konzepte erarbeitet. Eine wesentliche Herausforderung ist hier die Integration der Sichtweisen verschiedener Stakeholder im Konzern. Dazu zählen im hier interessierenden Kontext mehrere Organisationseinheiten mit ihren jeweiligen Aufgabenbereichen, die Berührungspunkte mit F&E-Aktivitäten haben:[9]

- Forschung und Entwicklung: Planung und Durchführung von Forschungsprojekten
- Forschungsdienste: Dienstleistungen im chemisch-technischen Bereich
- Informationsdienste: Beschaffung von Literatur und internen Dokumenten
- IP-/Patentmanagement: Prüfung, Schaffung und Verteidigung von Schutzrechten
- Geschäftseinheiten: Erbringen von Leistungen in spezifischen Absatzmärkten
- Einkauf: Erwerb von Material und Geräten in Beschaffungsmärkten

Die Organisationseinheiten bzw. ihre Mitarbeiter operieren vielfach an verschiedenen Standorten, Ländern und Rechtsräumen. Insofern müssen ihre unterschiedlichen Anforderungen integriert

---

[9] Vgl. z. B. die Organisationsstrukturen von Bayer (http://www.bayer.de/de/profil-und-organisation.aspx) und Lanxess (http://lanxess.de/de/corporate/ueber-lanxess/management/organisation/).

werden. Als weitere Herausforderung kann hinzukommen, dass gewachsene Strukturen sowie mehr oder weniger stark formalisierte aber individuell durchaus sehr gut eingespielte Prozesse existieren. Dabei steht das Verfassen, Verteilen und Nutzen von Dokumenten immer hinsichtlich Fachlichkeit, Organisation und Technik mit bestimmten Kernaufgaben in Zusammenhang. Dementsprechend resultieren aus der Heterogenität der Kernaufgaben auch unterschiedliche Stakeholder-Interessen im Hinblick auf die Ablage und das Auffinden von Dokumenten innerhalb des jeweiligen Konzerns. Gleichzeitig jedoch sind Informationsobjekte regelmäßig auch Schnittstellen zwischen Organisationseinheiten und müssen dementsprechend anschlussfähig sein. So wirken z. B. IP-/Patentmanagement zusammen mit Forschung und Entwicklung an Patentschriften, die wiederum auch für die marktseitig tätigen Geschäftseinheiten relevant sein können (siehe nachstehende Abbildung). Dementsprechend bedarf es solcher Regeln, die organisatorisch akzeptiert und technisch abgebildet sind, um die verschiedenen Interessen zu wahren.

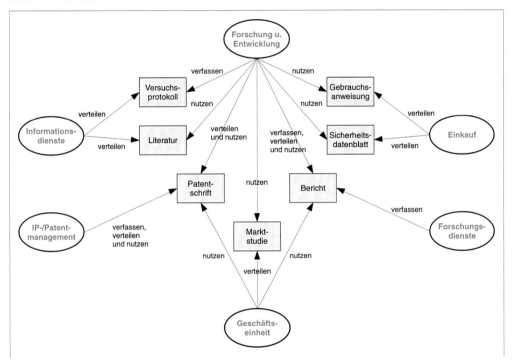

Abbildung 4.1: Beispielhafte Organisationseinheiten und gemeinsame Informationsobjekte

Bei der Planung besteht folglich die Herausforderung, für das spätere Tagesgeschäft ggf. auftretende Ziel- und/oder Ressourcenkonflikte zu erkennen und zu adressieren. Um eine konsensfähige Ressourcenallokation und entsprechende Commitments der beteiligten Organisationseinheiten zu erzielen, ist der oben bereits angesprochene Aspekt einer möglichst einfachen Eingabe und Pflege von Daten und Metadaten sehr wichtig. Außerdem ist hier auch eine Betrachtung der weiteren fördernden und hemmenden Rahmenbedingungen der Organisationsentwicklung wesentlich. Eine Herausforderung sind dabei hemmende Faktoren wie die Sorge von Mitarbeitern, dass sie durch das Verschriftlichen, Speichern und Verteilen von Informationen einen Teil des bisherigen Status einbüßen und Nachteile erleiden. Hier lässt sich ansetzen, indem man Betroffene zu Beteiligten macht und die Mitarbeiter einbezieht. Konkret bedeutet das, dass die Mitarbeiter bereits früh in der o. g. Phase der IST- und SOLL-Analyse die Anforderungen ihres Tagesgeschäfts hinsichtlich Fachlichkeit, Organisation und Technik einbringen.

Das Ergebnis der Planungsphase ist dann ein Organisationsentwicklungskonzept, das kurz-, mittel- und langfristige Ziele definiert, die Bedarfe der Stakeholder adressiert sowie verschiedene Maßnahmenbündel mit Zeiten, Ergebnissen und Meilensteinen benennt und in Bezug zueinander setzt. Wesentliche Elemente sind dabei die abgestimmten Aktivitäten der technischen Implementierung (z. B. Installation des Backends der Suchmaschine), der organisatorischen Umsetzung (z. B. Durchführen von Workshops) und der kommunikativen Begleitung (z. B. Bereitstellung von internen Best Practices).

Dieses Konzept bildet den Ausgangspunkt für die Umsetzung. Eine der wesentlichen Herausforderungen ist hier die Verstetigung der definierten Maßnahmen im Tagesgeschäft der Mitarbeiter. Ein dabei zentrales Handlungsfeld ist die systematische Ablage und manuelle bzw. integrierte Erschließung von Informationsobjekten. Bahrs (2009, S. 331) etwa stellt fest, dass Annotationen und Klassifikationen in Unternehmen nur wenig verbreitet sind. Offen ist jedoch inwieweit sich dies in den kommenden Jahren verändert: Wesentlich ist hier, dass das kommunikative Handeln von Berufseinsteigern und jüngeren Mitarbeitern bereits gegenwärtig zu einem hohen Grad medienvermittelt stattfindet. Ein Beispiel dafür ist die Nutzung von Social-Web-Plattformen wie Twitter: Schmidt (2011, S. 41ff) argumentiert, dass Handlungspraktiken im Social Web aus einem „Zusammenspiel von individuellen Motiven und Handlungsweisen einerseits mit gesellschaftlichen Vorgaben und Strukturen andererseits" entstehen, wobei aus diesen Strukturen Dispositionen und keine Determinanten des Handelns resultierten. Er unterscheidet sodann drei Komponenten der Social-Web-Nutzung: Identitätsmanagement (Zugänglich-Machen von Aspekten der eigenen Person), Beziehungsmanagement (Pflege bestehender und Knüpfen neuer Relationen) und Informationsmanagement (Selektieren, Filtern, Bewerten und Verwalten von Informationen). (Schmidt, 2011, S. 73ff.)

Überträgt man diese Gedanken auf Enterprise-Suchmaschinen und die o. g. Ansätze der Erschließung von Informationsobjekten, dann können die im Social Web entwickelten Handlungspraktiken sowohl zu neuen Erwartungen an die Art und Weise der Dokumentation und Informationsbeschaffung im Wissensmanagement als auch zu neuen Herangehensweisen in diesem Feld führen: Die Praktiken des Informationsmanagements, die Mitarbeiter im persönlichen Bereich und Alltag umsetzen, können zu Dispositionen des individuellen und kollektiven Informationsmanagements in Unternehmen werden. Für die Umsetzung der Reorganisation bedeutet das, die Zugangshürden und Funktionalitäten etablierter, externer Social-Web-Plattformen zu berücksichtigen. So stellt etwa Bahrs (2009, S. 331) fest, dass externe Suchinstrumente „wesentlich häufiger" genutzt werden als unternehmensinterne Werkzeuge. Die von Nutzern als besser wahrgenommene Usability und Ergebnisqualität von Google & Co. mögen zwei Gründe dafür sein. In ähnlicher Weise argumentiert Schmidt (2011, S. 186), wenn er Verschlagwortungsfunktionen von Social-Web-Plattformen (wie z. B. das o. g. Beispiel Flickr) als Treiber für die manuelle Erschließung von Informationsobjekten sieht: „Tagging-Systeme unterstützen das individuelle Informationsmanagement ihrer Nutzer und verbreitern so den Personenkreis, der Objekte mit Metadaten versieht und für zukünftige Recherchen aufbereitet."

Für die Umsetzung ist es darüber hinaus auch wichtig, die Veränderungen von Praktiken in kleinen und kontinuierlichen Schritten zu ermöglichen und zu unterstützen. Instrumente dazu können Workshops zwischen verschiedenen Organisationseinheiten, Schulungen zu einzelnen Handlungsfeldern und begleitende Kommunikationsmaßnahmen sein. Dazu können z. B. in einer ersten Umsetzungsphase in ausgewählten Organisationseinheiten Early Adopters identifiziert werden, die offen gegenüber neuen Herangehensweisen sind und die Feedback zu frühen Implementierungen beisteuern. In einer zweiten Umsetzungsphase können diese Nutzer dann weitere Anwender einführen und unterstützen. In einer dritten Phase können Experten-Anwender wie Archivare, Dokumentare und Rechercheure aus der entsprechenden Organisationseinheit (Informationsdienste, s. o.) dabei helfen, neue Praktiken der Dokumentation und Informationsbeschaffung zu etablieren und zu optimieren. Als ein Ergebnis dessen können interne Best-Practice-Dokument verfasst und bereitgestellt werden.

Beispiel: Forschungsprojekt in der pharmazeutischen Wirkstoffforschung

Das lässt sich an einem konkreten Beispiel illustrieren, das an den eingangs skizzierten Use Case der pharmazeutischen Wirkstoffforschung anschließt: Gegeben sei in diesem Konzern das operative Teilziel, die Datenbasis für die Enterprise-Suchmaschine zu verbessern. Dazu sollen im Tagesgeschäft diejenigen Informationsobjekte mit strukturierten Metadaten versehen werden, die in Forschungsprojekten erzeugt werden. Zu einem Großteil werden dazu im Projekt die Tools der Microsoft-Office-Familie eingesetzt, allen voran MS Word, MS Excel und MS PowerPoint, sowie Adobe Acrobat. Mittels dieser Tools werden Informationsobjekte wie Versuchsprotokolle, Patentschriften und Forschungsberichte intern verfasst und genutzt. Hinzu kommen von extern Literatur und Sicherheitsdatenblätter zu chemischen Substanzen. Diese Dokumente sollen nun mit Werten zu einzelnen Metadaten-Attributen wie Dokumenttyp, Titel, Kategorien, Status, Firma, Autor versehen werden (vgl. Tabelle 2.1). Es geht also darum, in einem strukturierten Vorgehen und im Anschluss an die o. g. Metadaten-Strategie, Informationsobjekte mit spezifischen Schlagworten (Tags) zu markieren.

Dabei besteht, wie skizziert, die Möglichkeit, den Mitarbeitern bereits einen Katalog solcher Schlagworte zur Verfügung zu stellen (kontrollierte Verschlagwortung, z. B. Liste der Organisationseinheiten oder bestehende Taxonomien). Dadurch kann eine hohe Konsistenz der Metadaten sichergestellt werden. Andererseits besteht die Option, den Mitarbeitern die Vergabe eigener Tags zu ermöglichen (freie Verschlagwortung, z. B. projektspezifische Termini). Auf diese Weise kann die Konsistenz der Metadaten leiden, andererseits kann so eher implizites Kontextwissen des jeweiligen Mitarbeiters in die Metadaten einfließen: „Weil Schlagworte nicht auf bestimmte Eigenschaften des Objekts beschränkt sind, sondern zum Beispiel auch Bewertungen enthalten können, machen sie Assoziationen und implizite mentale Modelle der Nutzer explizit, wodurch zusätzlicher Informationsgehalt hinzugefügt wird." (Schmidt, 2011, S. 173) Hinzu kommt der für die organisatorische Umsetzung wichtige Aspekt, dass die Einstiegshürden der freien Verschlagwortung als geringer wahrgenommen werden können. Die Merkmale der freien und der kontrollierten Verschlagwortung sind in der nachfolgenden Tabelle einander gegenübergestellt.

Tabelle 4.1: Charakteristika von freier und kontrollierter Verschlagwortung (in Anlehnung an Schmidt, 2011, S. 169 ff.)

Freie Verschlagwortung	Kontrollierte Verschlagwortung
Sehr breites, heterogenes Spektrum an Schlagworten (Tags) nach persönlicher Einschätzung	Eindeutige und standardisierte Kategorien mit hierarchischen Bezügen (Schlagwort-Kataloge, Taxonomien)
Benutzerspezifische Schlagworte und kein vorgegebener Katalog, dadurch geringe Einstiegshürden (Ad-hoc-Klassifikationen)	Kenntnis dieser Kataloge und ihre systematische Anwendung sind erforderlich
Keine Kenntnis von Kategorien erforderlich, damit sehr breiter Personenkreis, der Tags vergeben kann	Einordnung ggf. nur durch Experten möglich

Polysemie und Synonymie von Schlagworten, verschiedene Schlagwortvarianten und damit fehlende Generalisierung und Anschluss-fähigkeit zwischen verschiedenen Standorten oder Organisationseinheiten	Generalisierung und damit Anschlussfähigkeit zwischen verschiedenen Organisationseinheiten und Standorten

Zur Überwindung dieser Dichotomie „frei vs. kontrolliert" bestünde im skizzierten Beispiel die Option, den Mitarbeitern beides zu ermöglichen. Einschränkend ist jedoch im Bereich von Chemie und Pharmazie zu berücksichtigen, dass hier auch chemische Bezeichner, Summen- und Strukturformeln von wesentlicher Bedeutung sind. Dies lässt sich über ein schriftsprachliches Tagging kaum befriedigend lösen.

Abseits dessen können durch eine solche Praxis neben der Verbesserung der Datenbasis für die Enterprise-Suchmaschine weitere Effekte erzielt werden: Schmidt ist der Ansicht, dass ‚normale' Nutzer durch ein solches Informationsmanagement auch Beziehungen zwischen Person, Informationsobjekt und Schlagwort herstellen und die Verschlagwortung von Experten (wie der Informationsdienste des Konzerns im vorliegenden Beispiel) nachhaltig unterstützen können: „Dieser Mechanismus kann mit dem rasanten Wachstum digitaler Informationen deutlich besser Schritt halten, als die Klassifizierung durch Experten oder mit Hilfe von automatisierten Verfahren der Extraktion und der Vergabe von Metadaten." (Schmidt, 2011, S. 174)

Wenngleich auch die Umsetzungsphase aus Gründen der Operationalisierbarkeit und Projektierung ein definiertes Ende haben muss, ist es wichtig, dass die Veränderung von Handlungspraktiken im Sinne der strategischen und operativen Ziele überprüft und dauerhaft unterstützt wird. Die folgenden Schritte sind dementsprechend Kontrolle und Weiterentwicklung.

4.3 Kontrolle und Weiterentwicklung

Die Bezugsgrößen für die Überprüfung und Fortentwicklung ist abhängig von den Objekten, die für Analyse, Planung und Umsetzung gewählt wurden sowie von den Zielen, die im Organisationsentwicklungskonzept definiert wurden. Im Anschluss an das skizzierte Beispiel können z. B. lediglich ein bestimmtes Forschungsprojekt oder aber ein oder mehrere Prozesse in einer oder mehreren Organisationseinheit solche Bezugsgrößen sein.

Um beim Beispiel des Forschungsprojekts zu bleiben, wäre danach zu fragen, welche Erfahrungen die beteiligten Mitarbeiter in ihren jeweiligen Prozessen zur Erfassung, Strukturierung und Speicherung von Informationen bzw. zur Beschaffung und Verwendung von Informationen gemacht haben. In Gesprächen wäre zu ermitteln, welche Schwierigkeiten bestanden und welche Nutzwerte wahrgenommen wurden. Wichtig ist dabei auch, wie viel Aufwand (Zeit) die Mitarbeiter neben ihren Kernaufgaben aufgewendet haben, um Prozesse der Dokumentation umzusetzen. Zu berücksichtigen ist dann, dass dem nicht unmittelbar Zeitersparnisse gegenübergestellt werden können, die aus einem effizienteren Zugriff auf Informationen resultieren. Hier handelt es sich tendenziell um Effekte, die erst mittel- und langfristig belastbar ermittelt werden können. Ergänzend dazu können Werte zu Kennziffern wie Grad der Nutzung bestimmter Dokumenttypen, Anzahl der ausgefüllten Metadatenfelder, Nutzung von vorgegebenen Katalogen vs. freien Schlagworten etc. betrachtet werden. Neben diesem expliziten Feedback kann gerade im Kontext von Enterprise-Suchmaschinen auch implizites Feedback genutzt werden, das „aus der Beobachtung und Analyse der Aktivitäten des Anwenders gewonnen [wird], um daraus Rückschlüsse auf die Ergebnisqualität zu ziehen." (Bahrs, 2009, S. 336)

Die Ergebnisse der verschiedenen Auswertungsansätze können dann zusammen mit dem Organisationsentwicklungsplan zur Weiterentwicklung von Handlungspraktiken genutzt werden. Dazu bietet es sich an, mit einer Fortschreibung der Analyse von IST- und SOLL-Zuständen zu beginnen und die beschriebenen Schritte erneut umzusetzen.

5 ZUSAMMENFASSUNG UND AUSBLICK

Der Beitrag hat gezeigt, dass die Unterstützung des Wissensmanagements durch Enterprise-Suchmaschinen mit einer Reihe von technischen und organisatorischen Herausforderungen verbunden ist. Wenngleich auch der Nutzen dieses Werkzeugs schnell ersichtlich wird, bedarf es einer intensiven Auseinandersetzung mit den erforderlichen Maßnahmenbündeln und den potenziellen Fallstricken, damit diese Ansätze nicht zu einem Bottleneck für Forschung und Innovation werden. Sowohl die Definition von Metadaten-Strategien und Information Policys als auch die manuelle und automatische Medienerschließung sind dabei in engem Zusammenhang zu sehen mit Veränderungen von Handlungspraktiken:

- **Metadaten-Strategie und Information Policy** bilden das Fundament für die darauffolgende technische Implementierung und sollten immer im Rahmen eines holistischen Daten- und Informationsmodells für das gesamte Unternehmen entwickelt werden. Sie sind damit Ergebnis und Bezugspunkt von technischen und organisatorischen Arbeiten.

- **Manuelle und automatische Medienerschließung** sind die notwendigen Vorgänge, um die Inhalte von multimedialen Informationsobjekten anhand ihrer Volltext- und Metadaten für Enterprise-Suchmaschinen bzw. Mitarbeiter zugänglich zu machen. Eine Verbindung der beiden Ansätze bietet die Chance, die jeweiligen Stärken zu kombinieren und einen Mittelweg zwischen Aufwand und Resultat zu erzielen.

- **Veränderungen von Handlungspraktiken:** Die systematische Konzeption und nachhaltige Etablierung von Praktiken des individuellen und kollektiven Informationsmanagements muss die verschiedenen Stakeholder-Interessen, fachlichen und technischen Anforderungen berücksichtigen, um nachhaltig erfolgreich zu sein. Gleichzeitig sind transparente Kommunikation und stetige Weiterentwicklung notwendig.

Wagt man einen Ausblick auf kommende Herausforderungen und Handlungsfelder in diesem Kontext, dann erscheinen drei Aspekte besondere Bedeutung zu erlangen:

- **Heterogenität und Interoperabilität von Daten:** In Forschung und Entwicklung wächst der Bedarf, in immer kürzerer Zeit mit immer mehr Daten aus verschiedenen Quellen arbeiten zu müssen. Dabei sind es einerseits unterschiedliche Daten- und Metadaten-Modelle, die z. B. nach Zukäufen und Restrukturierungen miteinander in Beziehung gesetzt werden müssen. Andererseits sind es Daten aus internen Systemen verschiedener Bereiche (u. a. SAP EH&S, Projektmanagement-Tools, chemische Datenbanken) und Daten von externen Lieferanten (z. B. Forschungsdienste, Gerätehersteller). Neben der Heterogenität ist damit die Interoperabilität von Daten ein weiteres Feld, das nicht zuletzt durch die zunehmende Verbreitung von Linked (Open) Data im Enterprise-Kontext an Bedeutung gewinnt.

- **Multimedialität und Kontextualisierung von Daten:** Damit in Zusammenhang steht die wachsende Bedeutung von Multimedia-Daten. Insbesondere Audio- und Videodaten wie Podcasts, Webcasts und Mitschnitte von Konferenzen oder Schulungen gilt es zukünftig ebenfalls in die Enterprise-Suchmaschine zu integrieren. Das erfordert auch ihre Kontextualisierung mit weiteren Informationsobjekten wie textuellen Forschungsberichten, Literatur und Präsentationen. Die semantische Erschließung und Vernetzung von Multimedia-Daten sind für das Wissensmanagement von Interesse.

■ **Kompetenzprädispositionen von Mitarbeitern**: Es ist damit zu rechnen, dass Mitarbeiter zukünftig andere Fähigkeiten und Erwartungen mitbringen, die auch in einem veränderten persönlichen Informationsmanagement begründet sind. Ein Beispiel dafür kann die Strukturierung von Informationen auf Twitter durch Hashtags sein. Hier ist zu erwarten, dass Enterprise-Software verstärkt durch Funktion und Design von Consumer-Software beeinflusst wird. Eine Herausforderung besteht dabei darin, die veränderten Erwartungen zu adressieren.

6 LITERATURVERZEICHNIS

Bahrs, Julian. 2009. Enterprise Search – Suchmaschinen für Inhalte im Unternehmen. In Dirk Lewandowski (Hrsg.), *Handbuch Internet-Suchmaschinen. Nutzerorientierung in Wissenschaft und Praxis.* Akademische Verlagsgesellschaft AKA, S. 329–355.

Benbya, Hint, Giuseppina Passiante & Nassim Aissa Belbaly. 2004. Corporate portal: A tool for knowledge management synchronization. *International Journal of Information Management*, 24, S. 201–220.

Braman, Sandra. 2011: Defining Information Policy. *Journal of Information Policy*, S. 1–5.

DAMA. 2009. *The DAMA guide to the data management body of knowledge.* Bradley Beach, NJ: Technics Publications.

Dreibelbis, Allen, Eberhard Hechler, Ivan Milman, Martin Oberhofer, Paul van Run, Dan Wolfson. 2008. *Enterprise master data management: An SOA approach to managing core information.* Upper Saddle River, NJ: IBM Press.

Eble, Michale, Sebastian Kirch. 2012. Metadaten aus der Cloud: Technologien und Anwendungsfälle der Medienerschließung mittels Software as a Service. In B. Mittermaier (Hrsg.), *Vernetztes Wissen – Daten, Menschen, Systeme. Proceedings zur WissKom 2012 – 6. Konferenz der Zentralbibliothek Forschungszentrum Jülich*, Jülich: Forschungszentrum, S. 135–147.

Eble, Michael, Sebastian Kirch. 2013. Wissenstransfer und Medienerschließung: Werkzeuge für die Integration von Multimedia-Inhalten in das Wissensmanagement. *Open Journal of Knowledge Management*, VII/2013, S. 42–46.

Eble, Michael, Sebastian Paal. 2012. Metadaten aus der Cloud: Technologien und Anwendungen der CONTENTUS-Diensteplattform zur Medienerschließung. In: A. Bienert, F. Weckend & J. Hemsley (Hrsg.), *EVA 2012 Berlin. Konferenzband der 19. internationalen Konferenz Elektronische Medien & Kunst, Kultur, Historie (7.-9.11.2012).* Berlin: Staatliche Museen zu Berlin / Gesellschaft zur Förderung angewandter Informatik (GFaI), S. 84–90.

Friedl, Jeffrey. 2006. *Mastering Regular Expressions.* 3. Auflage. Sebastopol, California: O'Reilly Media.

Jung, Hans. 2006. *Personalwirtschaft.* 7. Auflage. München: Oldenbourg.

Hüner, Kai M., Boris Otto, Hubert Österle. 2011. Collaborative management of business metadata. *International Journal of Information Management*, 31, S. 366–373.

Mullin, Rick. 2007: Seeing The Forest At Pfizer. A radical knowledge-sharing initiative takes hold at the world's largest drugmaker. *Chemical & Engineering News*, Volume 85, Number 36, S. 29.

Mörl, Susanne, Michael Heiss, Alexander Richter. 2011. Siemens: Wissensvernetzung mit TechnoWeb 2.0. In Andrea Back, Michael Koch, Petra Schubert, Stefan Smolnik (Hrsg.), Schriftenreihe zu Enterprise 2.0 – Fallstudien, Nr. 09. München/ St. Gallen/Koblenz/Frankfurt: Enterprise 2.0 Fallstudien-Netzwerk.

NIST. 2004. *Understanding Metadata.* Bethesda, MD: NISO Press.

Otto, Boris. 2012. How to design the master data architecture: Findings from a case study at Bosch. *International Journal of Information Management*, 32, S. 337–346

Otto, Boris, Alexander Schmidt. 2010. Enterprise master data architecture: Design decisions and options. *Proceedings of the 15th international conference on information quality*, Little Rock: AR.

Paal, Stefan, Stefan Eickeler, S. 2011. Automatisierung vom Scan bis zum elektronischen Lesesaal. In *Information - Wissenschaft & Praxis (IWP)*, 62 (8), S. 351–354.

Schmidt, Jan. 2011. *Das neue Netz. Merkmale, Praktiken und Folgen des Web 2.0*. 2. Auflage. Konstanz: UVK.

Smith, Heather A., James D. McKeen. 2008. Developments in practice: Master data management: Salvation or snake oil? *Communications of the AIS*, 23, S. 63–72.

Stocker, Alexander, Johannes Müller. 2012: Wissensmanagement mit References+ bei der Siemens-Division Building Technologies. *Open Journal of Knowledge Management*, V/2012, S. 21–26.

Franz Lehner / Ondra Havel

ENTWICKLUNG EINER ENTERPRISE-SUCHMASCHINE –

Zur Unterstützung der Zusammenarbeit zwischen Hochschulen und Wirtschaft

Zusammenfassung

Die Suche nach Informationen hat insbesondere in Unternehmen aufgrund der rapid anwachsenden Datenmengen enorm an Bedeutung gewonnen. Mehr als die Hälfte der Tätigkeit von Managern wird für die Informationssuche aufgewendet.

Im Rahmen dieses Beitrags werden neben einem kurzen Überblick über das Angebot an verfügbaren Suchmaschinen das technische Konzept und die Implementierung einer neuen Suchmaschine vorgestellt sowie die Lösung anhand von ersten Erfahrungen kritisch reflektiert.

1   MOTIVATION UND ZIELSETZUNG

Die Suche nach Informationen hat innerhalb von Unternehmen aufgrund der rapid anwachsenden Datenmengen enorm an Bedeutung gewonnen. Mehr als die Hälfte der Tätigkeit von Managern wird für die Informationssuche aufgewendet. Da die Informationen gewöhnlich auf viele Systeme verteilt sind, unterscheidet sich eine unternehmensweite (interne) Suche wesentlich von der Suche in Datenbanken. Sie unterscheidet sich aber auch von der Suche im Internet, da der Suchraum innerhalb eines Unternehmens zwar begrenzt ist, die Informationsquellen selbst allerdings sehr vielfältig, verteilt und heterogen sind. Weitere Unterschiede ergeben sich durch die klar differenzierbaren Ansprüche der Zielgruppen (z. B. interne Mitarbeiter vs. externe Kunden).

In vielen Organisationen kann man eine klare Trennung zwischen öffentlichen und internen Daten vornehmen. Im öffentlichen Bereich gibt es viele dynamisch erzeugte Daten, welche aus unterschiedlichen Datenbanken oder Dokumentenmanagementsystemen stammen (z. B. Telefonverzeichnis, Veranstaltungskalender, Projektübersicht, Publikationsverzeichnisse etc.), die aber durch mehrfache Einbettung in Webseiten oft redundant im Intranet vorkommen. Der gesamte Informationsraum wird dadurch sehr heterogen und der gezielte Informationszugang insbesondere für externe Benutzer schwierig und abhängig von der Qualität einer strukturierten Webpräsenz.

Im vorliegenden Fall liegt der Fokus auf der Unterstützung von externen Suchanfragen, die sich auf öffentlich zugängliche Informationen beziehen. Unternehmen stellen dabei in Verbindung mit den Technologietransferaufgaben von Hochschulen und Universitäten eine besonders wichtige Zielgruppe dar, und es wird im Einsatz einer Suchmaschine ein großes Potenzial zur Verbesserung bei der Suche nach Experten und Expertise gesehen. Zwar wird die Suche auch derzeit schon unterstützt, überwiegend über den Webauftritt, dies erfolgt in vielen Fällen aber weder sehr gezielt noch abgestimmt auf die Besonderheiten solcher Anfragen. Natürlich kann die Suchmaschine auch für weitere externe Zielgruppen wie interessierte Schüler oder Studierende eingesetzt werden, zunächst sollen aber die spezifischen Anforderungen der Unternehmen abgedeckt werden.

Da es bisher keine universell geeignete Lösung gibt, wird in diesem Beitrag ausgehend von der Situation an Hochschulen eine organisationsübergreifende Suchlösung als Free Open Source Software (FOSS) entwickelt, um Forschungsinhalte und Fachleute mit Rücksicht auf die Relevanz für kleine und mittlere Unternehmen zu indexieren und über eine zentrale Webschnittstelle einfacher auffindbar und dadurch besser zugänglich zu machen. Durch einfache Eingabemöglichkeit und die unmittelbare Verarbeitung liefern Suchmaschinen Trefferlisten, welche als Startpunkt für die Navigation im Internet dienen. Diese Technologie bildet die Basis für die spezifische Aufgabenstellung im vorliegenden Fall, wobei aus praktischen und vor allem aus sicherheitsbezogenen Gründen unabhängige Suchmaschinensysteme zum Indexieren der Daten eingesetzt werden.

Die Suche und der Zugriff auf Daten werden allgemein als Teilgebiet des Information Retrieval (IR), d.h. der Informatik verstanden. Die generische Unterstützung der Suche und die Schaffung eines effizienten Zugangs zu Informationen mit Hilfe geeigneter Suchtechnologien werden aber als Aufgabe des Informations- und Wissensmanagements und damit der Wirtschaftsinformatik gesehen.

Der Funktionsumfang am Markt verfügbarer Produkte und die relativ hohen Anforderungen an zugrunde liegender Hardware wurden für die spezifische Suche an Hochschulen als unnötig hoch empfunden, sodass sich daraus die Notwendigkeit für die Entwicklung einer eigenständigen Lösung ergibt. Ein weiterer Grund war die meist fehlende oder nur untergeordnete Bedeutung der Tag- und Personensuche. Die neue Suchmaschine wurde aus bestehenden Standardbausteinen erstellt. Im Rahmen dieses Beitrags werden das technische Konzept und die Implementierung einer Enterprise-Suchmaschine vorgestellt und die Lösung anhand von ersten Erfahrungen kritisch reflektiert. Die Funktionalität der Suchmaschine umfasst das Auffinden und die Identifikation adäquater Inhalte sowie die regelmäßige Überprüfung dieser Inhalte auf Aktualität. Die Suchmaschine bietet eine web-basierte, benutzerfreundliche Schnittstelle für die Anfragen und unterstützt unterschiedliche Formen für die Aufbereitung der Suchergebnisse.

2 STAND DER FORSCHUNG UND ENTWICKLUNG

Enterprise Search bzw. die unternehmensweite Suche bezeichnet ein Teilgebiet des Information Retrieval. Dabei geht es um die inhaltsorientierte Suche in allen Datenbeständen eines Unternehmens mit Hilfe von Suchmaschinen wie sie von der Internetsuche bekannt sind. Die Suche wird gewöhnlich nicht in den Datenquellen selbst sondern in Indexdateien ausgeführt, die regelmäßig aktualisiert werden. Der Unterschied zwischen Enterprise Search und Internetsuche wird von Mukherjee und Mao (2004) ausführlich dargestellt und auch die Unterschiede der Qualitätsmerkmale bei den beiden Sucharten beschrieben. Diese betreffen u.a. Sicherheitsaspekte, die Linkstruktur, die durchsuchbaren Quellen und die Inhalte. Venkateshprasanna et al. (2011) betrachten eine Erweiterung der Suche um Tags ausführlicher und beschäftigen sich mit der Synthese und Schaffung einer Tag-Menge bei der kombinierten Suche nach Personen und Inhalten. In dem später vorgestellten System wird ein ähnlicher Algorithmus zur Erzeugung von Tags verwendet, das neue System basiert jedoch auf zwei separaten Tag-Mengen zur Beschreibung von Themenbereichen und Personen. Guy et al. (2010) berichten von einem besseren Feedback bei Recommender-Systemen unter Verwendung einer aggregierten Ontologie (Personen und Tags).

Weltweit gibt es viele kommerzielle Anbieter von Enterprise-Search-Engines, welche die Suche oft als einen Bestandteil einer größeren Lösung umsetzen. Abbildung 2.1 gibt einen Überblick über ausgewählte Suchmaschinen und ihre Anbieter. Grefenstette (2009) schätzte, dass die Enterprise-Suche jährlich um ca. 20 % wächst und nach 2010 einen Umsatz von 2.55 Mrd. $ übersteigt. Attivio, Coveo, Open Text u. a. versuchen alle vorhandenen Datenquellen im Unternehmen zu kombinieren und bieten Suchschnittstellen und automatisierte Berichterstellung mit Rücksicht auf Kosten-, Risiko- und Entscheidungsmanagement, wobei die Suche Bestandteil einer größeren Enterprise- Content-Management-Lösung ist. Weiters gibt es auf dem Markt Produkte von einigen Internet-Suchmaschinenbetreibern, die ihre Lösungen oft als Kombination von Hardware und Software anbieten (sog. Appliances), z. B. „Google mini". Solche Ansätze bieten ein Trefferlistenformat und einen Benutzerkomfort, der mit herkömmlichen Internetsuchmaschinen vergleichbar ist, und kommen sogar an manchen deutschen Hochschulen zum Einsatz.

Einige Systeme sind als FOSS-Lösungen (Free Open Source Software) verfügbar. Sehr bekannt und auch weit verbreitet ist Apache Solr[1]. Dabei geht es um eine umfangreiche, modulare Suchplattform mit integrierter Volltextsuche, Ergebnismarkierung und Unterstützung für die Bearbeitung von Rich-Text-Dokumenten (PDF, PPT, Word usw.). Solr wurde in Java geschrieben und für seinen Betrieb wird der Apache-Tomcat-Server benötigt. Gegenüber anderen Lösungen ist der Vorteil von Solr die komplette Trennung des Quellcodes von den Konfigurationsdateien, mit welchen sich die Suchmaschine komplett konfigurieren lässt. Apache Lucene[2], momentan das übergeordnete Projekt von Solr, ist eine Java-Bibliothek zur Volltextsuche mit existierenden Schnittstellen auch für andere Programmiersprachen.

---

[1] http://lucene.apache.org/solr/
[2] http://lucene.apache.org/

Die Situation ist insgesamt sehr heterogen und die Entwicklung weder auf der konzeptuellen noch auf der technischen Ebene abgeschlossen. Ein Teil des Problems liegt in der nach wie vor dynamischen Technologieentwicklung, die nicht nur die Suchtechnologien sondern auch die zu durchsuchenden Informationsquellen betrifft. Dazu kommen die rapid anwachsenden Datenmengen. Letztlich ist aber das Anwendungsfeld entscheidend für spezifische Suchanwendungen, die konkrete Aufgaben unterstützen sollen. Genauso wie im vorliegenden Fall gibt es meistens keine zufriedenstellenden Standardlösungen.

Attivio	Active Intelligence Engine	http://www.attivio.com/active-intelligence/activie-intelligence-overview.html
Autonomy Corporation	IDOL	http://www.autonomy.com/content/Products/products.en.html
Babylon	Babylon Enterprise	http://www.babylon-enterprise.com/
Brainware	Globalbrain	http://www.brainware.com/search.php
Concept Searching Limited	conceptSearching	http://www.conceptsearching.com/Web/home/products.aspx
Coveo	CoVEO Enterprise Search	http://www.coveo.com/en/products/
Dieselpoint	Dieselpoint Search	http://www.dieselpoint.com/products.html
dtSearch Corp.	dtSearch	http://www.dtsearch.com/WhatsNew.html
Endeca Technologies Inc	Endeca Information Access Platform	http://www.endeca.com/technology/index.html
Exalead	Ecealed CloudView	http://www.exalead.com/software/products/
Expert System	Cogito Semantic Search	http://www.expertsystem.net/page.asp?id=1521&idd=18
Funnelback	Funnelback Enterprise	http://funnelback.com/Products/Enterprise.shtml
IBM	Omnifind	http://www-142.ibm.com/software/dre/ecatalog/list.wss?locale=de_DE&subcategory=H019647E94685D93
Google	Google Search Appliance	http://www.google.de/enterprise/gsa/index.html#utm_campaign=it&utm_source=de-ha-emea-de-bk_&utm_medium=ha&utm_term=google%20search%20appliance
ISYS Search Software	ISYS:Web	http://www.isys-search.com/technology/isysweb/index.html
Microsoft	Microsoft Search Server 2008	http://www.microsoft.com/enterprisesearch/en/us/default.aspx
Open Text	Open Text Discovery Server	http://www.opentext.de/3/global/sol-products/sol-pro-enterprise-search/pro-ll-discovery-server-2.htm
Oracle	Oracle Secure Enterprise Search	http://www.oracle.com/lang/de/database/secure-enterprise-search.html
Queplix	Queplix QueSearch	http://www.queplix.com/index.php
SAP	SAP Netweaver Enterprise Search	http://www.sap.com/platform/netweaver/components/enterprisesearch/index.epx
SLI Systems	Learning Search	http://www.sli-systems.com/site-search.php
Solr	Apache Lucene	http://lucene.apache.org/solr/
Vivisimo	Velocity Enterprise Search	http://vivisimo.com/products/products
X1 Techonologies	X1 Enterprise Search	http://www.x1.com/products/
Xdot	Xfriend	http://www.xdot.de/
ZyLAB	ZyIMAGE	http://www.zylab.com/

Abbildung 2.1: Überblick über Suchmaschinen und ihre Anbieter

3 AUFBAU DER NEUEN SUCHMASCHINE UND VER-WENDETE TECHNOLOGIEN

Eine Suchmaschine ist eine Anwendung zur Analyse und Recherche von Dokumenten, die in einem Computernetzwerk gespeichert sind. Sie erstellt einen Index für die Suchbasis, um Anfragen mit Schlüsselwörtern mit einer nach Relevanz geordneten Trefferliste zu beantworten. Zu den wesentlichen Aufgabenbereichen einer Suchmaschine gehören die Erstellung und Pflege eines Indexes, das Verarbeiten von Suchanfragen und das Generieren von Trefferlisten. Suchmaschinen bestehen meistens aus drei Komponenten, nämlich einer Crawling- oder Indexing-Engine, einer Query-Engine und der Ranking- oder Relevance-Engine. Die neu entwickelte Suchmaschine „Info_Net" besteht neben der Datenbank mit den Index-Dateien aus einem Crawler- und einem Frontend-Subsystem (Benutzerschnittstelle für die Suche). Die Relevanzbestimmung wurde in das Frontend integriert. Die zugrunde liegende Architektur der beiden Subsysteme (Crawler und Frontend) entspricht dem Client-Server-Muster. Die gesamte Lösung stellt ein Pull-System dar. Ausgehend von einer Suchanfrage eines Benutzers werden ein oder mehrere Indizes durchsucht. Im Index werden die relevanten Informationen in einer für den Prozess des Suchens optimalen Form abgespeichert (Lehner 2012).

Die Suchmaschine arbeitet primär mit Quelldateien in HTML und verwandten Standard-Formaten gemäß der Spezifikation des World Wide Web Consortiums (W3C). Unterstützte Anwendungsprotokolle sind dann HTTP ohne und mit Verschlüsselung.

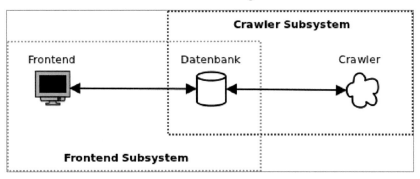

Abbildung 3.1: Bestandteile des Suchsystems

Für die Implementierung der Suchlösung wurden ausschließlich kostenfreie Softwarebausteine mit offenem Quellcode eingesetzt. Als geeignetes Betriebssystem mit allen notwendigen Entwicklungstools hat sich Debian[3] erwiesen. Es wurde für die komplette Entwicklung und Implementierung verwendet.

Die gesamte Softwarelösung lässt sich gut verteilen und jedes Subsystem kann auf einem separaten Rechner ausgeführt werden, wodurch sich die Systemleistung steigern lässt und auch sicherheitsbezogene Probleme einfacher zu beheben sind. Aus Gründen leichter Verständlichkeit und der weiten Verbreitung wurde eine relationale Datenbank mit SQL-Syntax ausgewählt[4]. Der Crawler wurde mit

---

[3] Debian: The Universal Operating System: http://www.debian.org/
[4] PostgreSQL: Open-source Object-Relational DBMS: http://www.postgresql.org/

Perl Version 5.8[5], vor allem wegen der großen Flexibilität und der Vielfalt an vorhandenen Bibliotheken und hervorragenden Textbearbeitungsfähigkeiten realisiert.

Das Frontend-System wurde als einfache, durch ein Skript dynamisch generierte Web-Seite umgesetzt. Für den dynamischen Transfer von Tags wurde JSON[6] verwendet, und für eine flexiblere Unterstützung von gängigen Webbrowsern wurde Jquery[7] als zugrunde liegende Javascript-Bibliothek eingesetzt. Notwendige Voraussetzung für den Betrieb des Suchsystems ist ein Web-Server mit CGI-Ausführungsmöglichkeit. Als Standardlösung für diese Aufgabe bietet sich der Apache 2 mit angepasster Konfiguration an. Das Skript wurde in Perl geschrieben und kann somit einige Kommunikationsbibliotheken gemeinsam mit der Crawleranwendung nutzen.

Die Bibliotheken LWP::UserAgent[8], HTML::LinkExtor[9], forks::shared[10] gelten als Standardbibliotheken, sind in den meisten unixbasierten Betriebssystemen verfügbar und lassen sich standardmäßig installieren und warten. Auf diese Weise wurde die grundlegende Crawler-Funktionalität umgesetzt und Transport-, Hypertextanalyse- und Prozessskalierungsproblematik gelöst. Die Suchmaschine ist damit auf vielen der heute eingesetzten Betriebssystemen einsetzbar (ohne oder nur mit ganz minimalen Anpassungen).

Die wichtigsten Bestandteile und Komponenten der Suchmaschine werden nachfolgend etwas genauer beschrieben, und zwar die Ontologie, der Crawler, die Benutzerschnittstelle und die Datenbank.

3.1 Die Ontologie

Für den Suchraum sind drei Entitätstypen entscheidend, die sich auch im Datenbank-Schema (vgl. Kapitel 3.4) wieder finden:

- **Inhalt**: Er umfasst alle Ressourcen, die als Ergebnisse einer Suche in Frage kommen. Es ist ein zentraler Entitätstyp, welcher selbständig existiert. Die anderen Entitätstypen haben assoziativen Charakter und dürfen nur in Verbindung mit entsprechenden Inhalten koexistieren. Der Name wird zur schnellen Identifikation und umfassender Beschreibung gespeichert.
- **Person:** Namen der menschlichen Akteure mit Bezug zu den Inhalten. Eine Person ist immer mit mindestens einem Inhalt assoziiert.
- **Tag:** ist eine kurze Zeichenkette mit einer aussagekräftigen Beschreibung des assoziierten Inhalts. Tags sind immer mit mindestens einem Inhalt assoziiert.

Der Benutzer der Suchmaschine bewegt sich in dieser Struktur, kann sie durch einfache Operationen transformieren und eingrenzen und reduziert dadurch die zu durchsuchende Informationsmenge bzw. kommt auf diese Weise einfacher zum Ergebnis.

---

[5] Perl : Practical Extraction and Report Language: http://cpan.org

[6] JSON: Javascript Object Notation: http://www.json.org/

[7] JQuery: Fast and Concise JavaScript Library: http://jquery.org/

[8] LWP: UserAgent: http://search.cpan.org/~gaas/libwww-perl-6.04/lib/LWP/UserAgent.pm

[9] HTML: LinkExtor: http://search.cpan.org/~gaas/HTML-Parser-3.69/lib/HTML/LinkExtor.pm

[10] http://search.cpan.org/~rybskej/forks-0.34/lib/forks/shared.pm

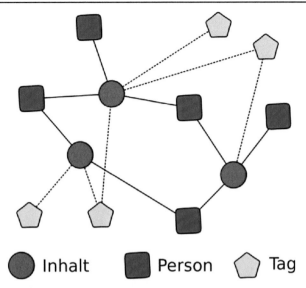

Abbildung 3.2: Beispiel eines virtuellen Raums

Die konkreten Ausprägungen (Instanzen) der drei Entitätstypen sind miteinander verbunden (vgl. Abb. 3.2), wobei die Mengen von Tags und Personen dynamisch nach jedem Inputereignis neu berechnet werden. Bei richtig durchgeführter Suche lässt sich der Suchraum mit nur wenigen Schritten sehr schnell wesentlich eingrenzen.

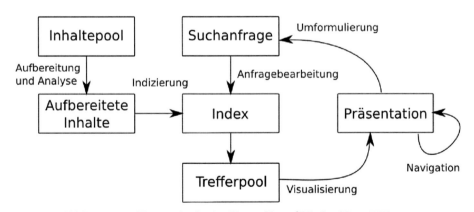

Abbildung 3.3: Phasen der Suche (Baeza-Yates/Ribeiro-Neto 1999)

Die Neuberechnung der Tag-Mengen und der gesamte Suchvorgang erfolgen konjunktiv. I ist die Menge von allen Inhalten im Index, P die Menge von allen Personen und T die Menge von allen Tags. Die Abbildungen PI: P → I und TI: T → I beschreiben dann die Zugehörigkeit von einzelnen Personen und Tags zu assoziierten Inhalten. Die Abbildung M: M(i,q) → (true, false) beschreibt das boolesche Ergebnis der Volltextsuche, formuliert durch die Zeichenkette q für den Inhalt i. Unter der Annahme, dass Pa die Menge von aktuell ausgewählten Tags darstellt, Pn die dazu gehörige negative Menge, Ta die Menge von aktuell ausgewählten Tags und Tn wiederum die negative Menge, dann gilt folgendes für den Trefferpool (tp):

$$\forall i \in I \mid i \subseteq PI(Pa) \wedge i \subseteq TI(Ta) \wedge M(i,q) \wedge \neg(i \subseteq PI(Pn) \wedge i \subseteq TI(Tn))$$

Mit dem Verweis auf den aktuellen Trefferpool lassen sich die Personen- und Tag-Mengen schnell neu berechnen. Für sie gilt:

für die Personen-Menge: $\quad\quad \forall i \in tp \mid PI\text{-}1(i)$

für die Tag-Menge: $\quad\quad\quad \forall i \in tp \mid TI\text{-}1(i)$

PI-1 und TI-1 sind inverse Abbildungen zu PI und TI.

Weil es viele Inhalte mit identischen Namen gibt, die durch Zufall oder durch vorhandene Redundanz im Suchraum vorkommen, werden solche Ergebnisse zur besseren Übersichtlichkeit auf der Trefferliste kombiniert in einer lokal eingebetteten Liste dargestellt. Die Liste lässt sich vom Benutzer separat durchblättern. Nach dem Ergebnis-Link wird die gesamte Anzahl von Listeneinträgen genannt.

↑ **Multivariate Verfahren mit SPSS** (8x)
1 www.wiwi.uni-passau.de/4059.html?&L=1&module=Lecturedetails&target...
    vor 3 Monaten
↓ Keine Beschreibung vorhanden.

Abbildung 3.4: Kombinierte Darstellung einer Ergebnisgruppe

3.2 Crawler

Der Crawler ist der implizit-aktive Systembestandteil, der das ganze Netz in festgelegten Zeitabständen durchsucht. Er analysiert Relevanz und Aktualität der auf den Webseiten gefundenen Informationen und speichert bzw. aktualisiert diese in der Datenbank.

Die Crawler-Anwendung funktioniert autonom und ihre Tätigkeit kann durch die vorgegebene Startkonfiguration gesteuert werden. Inhalte, die vom Crawler als Forschungsinhalte identifiziert werden sollen, müssen auch entsprechend verständlich beschrieben und formatiert sein. Weil es viele mögliche Arten gibt, wie Informationen gespeichert werden können, wurde der Crawler modular entworfen und kann auf jedes Datenformat das am besten geeignete Modul anwenden bzw. die Analyse mit mehreren Modulen durchführen.

(Beispielsweise unterscheiden sich spezifische Eigenschaften und die Seitenstruktur von Typo3, welches im Intranet hauptsächlich verwendet wird, von individuell erstellten HTML-Seiten.)

Der modulare Aufbau ermöglicht eine bessere Flexibilität sowie die einfachere Wartung und Weiterentwicklung der Software.

Das HTTP-Netzwerk wird vom Crawler regelmäßig kontrolliert, nach neuen Inhalten durchsucht und die Aktualität früher gefundener und bereits bekannter Inhalte geprüft. Gleichzeitig werden folgende Nebenbedingungen beachtet:

- Möglichst schneller Ablauf.
- Einzelne Webserver dürfen durch die Überprüfung nicht überlastet werden.

Weil die Antwortzeiten relativ langsam sind und die Gesamtanzahl an Seiten im Netzwerk ziemlich groß ist, klont sich der Crawler-Prozess mehrfach und arbeitet in mehreren Instanzen parallel. Die Anzahl der parallelen Prozesse und andere leistungsbezogene Merkmale lassen sich in einer Konfigurationsdatei einstellen.

Der Arbiter-Prozess (in Abbildung 3.5 als A bezeichnet) erzeugt gemäß der Konfiguration die entsprechende Anzahl an Scanner-Prozessen (S). Anschließend übergibt er jedem Scanner-Prozess eine bestimmte HTTP-Adresse aus der Warteschlange (WQ). Diese wird am Anfang gemäß der Konfiguration mit Initialadressen gefüllt. Nach der Übergabe der Seitenadresse wird der Scanner-Prozess gestartet. Er versucht die Seite herunterzuladen. Bei Erfolg wird der Inhalt kategorisiert und passende Extractor-Module (E) aufgerufen.

Die einzelnen Prozesse finden z. B. neue und noch nicht indizierte Links, welche dann in die Suchschlange übergeben werden. Weiterhin analysieren sie den Inhalt und aktualisieren ggf. die Datenbank. Der Scanner meldet sich bei dem Arbiter-Prozess als inaktiv und wartet dann auf den nächsten Auftrag.

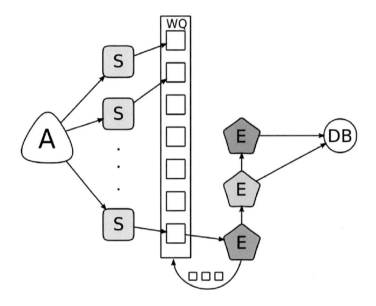

Abbildung 3.5: Der Crawler-Prozess

Der Arbiterprozess des Crawlers lädt jede gefundene Seite herunter, identifiziert passende Scanner-Module und führt mit ihrer Hilfe die Seitenanalyse durch. Die Scanner-Module wurden in verschiedene Kategorien unterteilt:

- nach Typ des Quellsystems
  Verschiedene Systeme bieten verschiedene Möglichkeiten zur Beschreibung von suchrelevanten Daten. Bei herkömmlichen HTML-Seiten sind die Möglichkeiten in der Regel unbegrenzt. Bei manchen Web-Content-Management-Systemen (z.B. Typo 3) ist der Zugriff auf Meta-Information beschränkt.
- nach Typ eingebetteter Daten
  Nicht alle Seiten sind mit passender Metainformation versehen, können aber trotzdem relevante Suchdaten beinhalten. Unter Verwendung von speziellen Programmen wird der Seitentext analysiert und nach relevanten Informationen gesucht.
- nach Typ der Quellseite

Es gibt verschiedene andere Datenbanken mit öffentlicher Webschnittstelle (Beispiele sind Personen- und Veranstaltungsverzeichnisse.) Für solche Systeme wurden spezialisierte Programme entwickelt, die öffentlich zugängliche Informationen präzise übernehmen können.

3.3   Benutzerschnittstelle

Die Benutzerschnittstelle wurde als einfache, dynamisch generierte Webseite mit Fokus auf niedrige Komplexität bei der Bedienung umgesetzt. Weil durchschnittliche Benutzer eine solche Schnittstelle nur ganz oberflächlich betrachten (Spink/Jansen 2004), wurde die klassische Suchschnittstelle mit Freitexteingabe nur leicht erweitert und mit mehrfacher Eingabemöglichkeit umgesetzt. Benutzer können so nach gewünschten Begriffen mit einer Freitexteingabe und durch interaktive Auswahl von Begriffen aus dynamisch generierten Tag-Mengen suchen.

Die Ergebnisse werden als Liste benannter anklickbarer Hypertext-Links dargestellt. Benutzer können ihre Suche durch die Texteingabe mit Stichworten steuern und können so z. B. nur nach Personen oder bestimmten Bereichen und Themen suchen. Die Trefferliste definiert die Reihenfolge der angezeigten Ergebnisse, welche sich durch ein wählbares Relevanz-Modul berechnen lässt. So lassen sich die Relevanzwerte für jedes Ergebnis beliebig erzeugen und z. B. der Datenumfang der Quelldaten, die Übereinstimmung mit den Inputsuchbegriffen oder die Aktualität berücksichtigen.

Abbildung 3.6: Web-basierte Schnittstelle der Suchmaschine

Die obere Leiste mit Verweisen (vgl. Abb. 3.6) ermöglicht den Zugang zur Projektseite und zur Dokumentation. Unterstützt wird auch der Kontakt mit dem Betreiber zur Klärung sonstiger Probleme und man hat die Möglichkeit, eine weitere, der Suchmaschine noch unbekannte Seite anzumelden. Nach der Konfiguration wird die Kontaktaufnahme maschinell verarbeitet oder einfach als eine E-Mail an die Administratoren geschickt. Aus Sicherheitsgründen gegen Spamüberflutung sind alle

Feedback-Formulare durch Captcha-Kontrolle geschützt. Als Programmiersprache für die Umsetzung der Suchmaschine kommt Perl zum Einsatz, die View ist in HTML 5 und JavaScript geschrieben.

In einem Beispiel (vgl. Abbildung 3.7) wird gezeigt, wie sich die Suche mit den unterstützenden Inputmethoden iterativ so umformulieren lässt, dass man in kurzer Zeit eine substanzielle Reduktion des Suchraums erreicht und dadurch eine kurze Ergebnisliste mit hoher Relevanz erhält. Ziel der Beispielanfrage ist es, alle Projekte von Herrn „Lehmann" mit Bezug zum interaktiven Video aufzufinden.

1. Startseite des Testprototyps, 110 Tags und 210 Personen
2. „video" als Suchbegriff für die Volltextsuche eingegeben. Die Menge von Tags wurde auf 11 (10-fach) und Personen auf 7 (30-fach) reduziert.
3. Tag „interactive" wurde ausgewählt. Eine Reduktion auf 7 Tags und 5 Personen. Person „Fred Lehmann" wird hinzugefügt.
4. Suche wurde abgeschickt, 1 Ergebnis wurde gefunden und angezeigt.

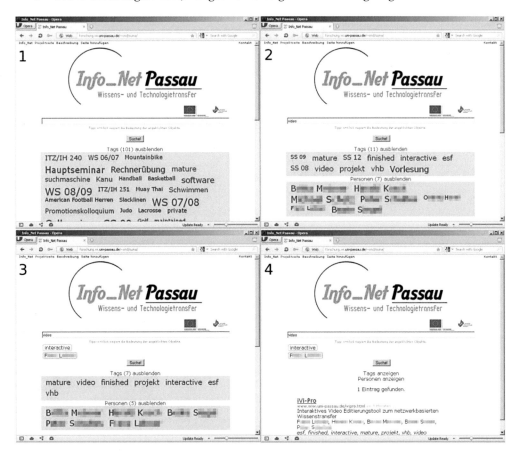

Abbildung 3.7: Demonstration eines interaktiven Suchvorgangs

3.4   Datenbank

Der Index wird komplett in einer SQL-Datenbank abgespeichert. Die wesentlichen, aus Kapitel 3.1 folgenden Aufgaben für die dynamische Neuberechnung von Tag- und Trefferlisten lassen sich auf das „many-to-many match"-Problem überführen, welches sich direkt in einer SQL-Notation formulieren lässt. Das eigene Schema bleibt einfach und begrenzt sich auf eine ausführliche Tabelle zur Speicherung von indexierten Inhalten mit indexierungsbezogenen und suchrelevanten Attributen, Tabellen für Tags sowie Personen mit Views zur schnellen Zuordnung von Inhalten zu entsprechenden Tags und Personen.

Zur persistenten Speicherung der Daten wird eine PostgreSQL-Datenbank eingesetzt. Abbildung 3.8 zeigt die Tabellen, die anschließend kurz beschrieben werden, mit den Primärschlüsseln und deren Referenzen im Überblick. Zusätzlich gibt es noch zwei Views, die ebenfalls dargestellt werden.

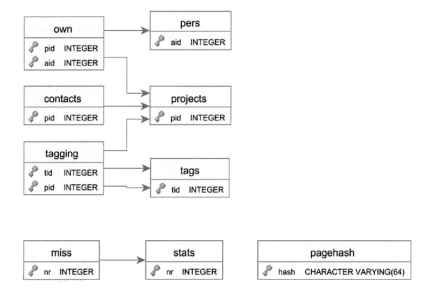

Abbildung 3.8: Datenmodell

Projects: enthält sämtliche auffindbare Einträge (Personen und Veranstaltungen) und speichert sie als „Projekte"

Attribute:
- pid: Eindeutige Id eines Eintrags
- name: Name der Person oder Veranstaltung
- info: Zusätzliche Informationen wie Veranstaltungsbeschreibungen oder „Kontaktinformation" bei Personen
- md5: Ein MD5-Hash des Eintrags
- url: Link, der zum Treffer führt
- ctime: Zeitpunkt, an dem der Crawler den Eintrag einfügt hat
- stime: Zeitpunkt, an dem zuletzt nach einem Eintrag gesucht worden ist
- views: Zählt, wie oft ein Eintrag bereits angezeigt worden ist
- clicks: Zählt, wie oft ein Eintrag bereits angeklickt worden ist

- module: Gibt an, welches Modul bei einem Klick auf den Treffer in der Beschreibung aufgerufen wird, z.B. bei Personen das Kontaktfenster
- origin: Quelle eines Eintrags

pers: enthält sämtliche im System registrierte Personen

Attribute:
- aid: Eindeutige Id eines Eintrags
- name: Name der Person, muss eindeutig sein
- nsel: Personen, deren Name negiert ausgewählt wurde (negative selected)
- psel: Personen, deren Name ausgewählt wurde (positive selected)

tags: enthält sämtliche im System verwendete Tags

Attribute:
- tid: Eindeutige Id eines Eintrags
- name: Eindeutiger Name des Tags
- nsel: Tags, die negiert ausgewählt wurden (negative selected)
- psel: Tags, die ausgewählt wurden (positive selected)

own: speichert, welche Personen zu welcher Veranstaltung gehören

Attribute:
- aid: Id einer Person, Fremdschlüssel auf pers
- pid: Id einer Veranstaltung,Fremdschlüssel auf projects
- aid, pid: Primärschlüssel

tagging: speichert, welche Tags zu welchem Eintrag in projects gehören

Attribute:
- tid: Id eines Tags, Fremdschlüssel auf tags
- pid: Id einer Veranstaltung,Fremdschlüssel auf projects
- tid, pid: Primärschlüssel

contacts: speichert die Kontaktdaten einer Person ab

Attribute:
- pid: Eindeutige Id einer Person, Fremdschlüssel auf projects
- telefon: Telefonnummer
- room: Raumnummer des Büros
- homepage: Link zur Homepage
- email: Emailadresse
- image: Link zum Foto

stats: speichert die Suchstatistiken ab

Attribute:
- nr: Eindeutige Id eines Eintrags
- time: Zeitpunkt, zu dem die Suchanfrage erfolgte
- ra: IP-Adresse, von der aus die Anfrage kam

- na: negative authors, d.h. die Zahl an negierten Personen
- pa: positive authors, d.h. die Zahl an nicht negierten Personen
- nt: negative tags, d.h. die Zahl an negierten Tags
- pt: positive tags, d.h. die Zahl an nicht negierten Tags
- results: Zahl der Treffer

miss: speichert die Schlüsselwörter ab, die zu keinen Treffern führten

Attribute:
- nr: Eindeutige Id eines Eintrags, Fremdschlüssel auf stats
- query: Schlüsselwörter, nach denen gesucht wurde
- crop: Angabe, ob der String mit den Schlüsselwörtern gekürzt worden ist (maximale Länge sind 128 Zeichen)

pagehash: speichert die Hashwerte der Daten über eine Seite ab

Attribute:

- hash: Eindeutiger Hash einer Seite
- Beschreibung der Views

Owners: verknüpft Personen und Veranstaltungen bei zusätzlicher Ausgabe des Namens der Person (diesen hat die own Tabelle nicht dabei)

Attribute:
- pid: Eindeutige Id einer Person, aus own und Fremdschlüssel auf pers
- aid: Eindeutige Id einer Person, aus pers und Fremdschlüssel auf own
- name: Name der Person, aus pers

taggers: verknüpft Tags und Veranstaltungen bei zusätzlicher Ausgabe des Namens der Veranstaltung (diesen hat die tagging Tabelle nicht dabei)

Attribute:
- pid: Eindeutige Id einer Veranstaltung, aus tagging und Fremdschlüssel auf tags
- pid: Eindeutige Id einer Veranstaltung, aus tags und Fremdschlüssel auf tagging
- name: Name einer Veranstaltung, aus tags

4 ENTWICKLUNG DES PROTOTYPS UND ERSTE EIN-SATZERFAHRUNGEN

Mit der Entwicklung der Suchanwendung waren erhebliche Herausforderungen verbunden, welche zunächst die Usability und Sucheffizienz betreffen. Daneben gibt es aber auch Sicherheitsanforderungen zu beachten, da mit dem regelmäßigen Zugriff auf interne Daten die Gefahr externer Hackerangriffe nicht ignoriert werden kann. Im Folgenden wird kurz auf die Herausforderungen bei der Entwicklung des Prototyps eingegangen, die Wartung und der Systembetrieb sowie die Demo-Konfiguration beschrieben und abschließend eine erste Reflexion vorgenommen.

4.1   Herausforderungen bei der Entwicklung des Prototyps

Weil die neue Suchanwendung relativ viele Untersysteme enthält, die teilweise autonom mit anderen Systemen interagieren, wird die gesamte Systemleistung von jedem einzelnem Subsystem beeinflusst. Risiken ergeben sich daher nicht nur innerhalb der einzelnen Subsysteme, sondern vor allem auch an den Schnittstellen durch fehlerhafte Datenübergabe der jeweiligen Systeme (z.B. SQL-Injection). Eine besondere Herausforderung bei der Entwicklung bestand auch darin, den Quellcode kompakt zu halten und durch automatisiertes Testen im Extreme-Programming-Zyklus Risikostellen im Quellcode und an Schnittstellen zu finden. Dank des modularen Aufbaus können viele Module separat getestet und entwickelt und die Funktionalität der schon laufenden Suchmaschine erweitert oder angepasst werden. Die Modultests erfolgten weitgehend automatisch als Teil der Entwicklung, des Installationsprozesses und der Inbetriebnahme. Das Testen der gesamten Systemfunktionalität hingegen ist technisch sehr aufwendig und konnte daher nur teilweise automatisiert werden.

4.2   Wartung und Systembetrieb

Weil es viele standardmäßig gelieferte Systemkomponenten gibt (einzelne Bibliotheken, die Datenbank usw.), lassen sich diese mit Standard-Kommandos warten und aktualisieren. Zu den Aufgaben für den Systemadministrator gehören die regelmäßige Kontrolle, ob der Crawler-Prozess läuft, die Entleerung der Logdateien und die Kommunikation bzw. Weiterleitung der durch die Kontaktaufnahme entstandenen Nachrichten. Weitere Merkmale, wie eventuell erhöhte Systemauslastung lassen sich gut mit weiteren Standardwerkzeugen beobachten. Die gesamte Lösung kommt gut mit einem aus heutiger Sicht unterdurchschnittlich ausgestatteten Rechner aus (siehe Hardwareanforderungen von PostgreSQL[11]) und kann natürlich die Hardware mit weiteren Diensten teilen.

4.3   Demo-Konfiguration

Um eine ganze Webdomäne (z.B. die Server einer Hochschule) indizieren zu können, sind einige Konfigurationsschritte notwendig. Diese werden nachfolgend dargestellt, wobei sich die Anweisungen auf die nicht standardmäßig gelieferten Systempakete beziehen. Sie beschäftigen sich daher z. B. nicht mit der Installation und Konfiguration der Datenbank. Die Konfiguration wird in „config.inc" im Anwendungsverzeichnis gespeichert.

- Basisverzeichnis und das Vz. für Captcha-Bilder (beide auch per HTTP erreichbar) festlegen:

```
our $base="/var/www/sm";
our $captcha_dir="/var/www/sm/captcha";
```

- Relativen HTTP-Pfad zum Captcha Verzeichnis setzen.

```
our $captcha_http="/sm/captcha";
Temporäres Vz. für den Captcha-Generator.
our $tmp_dir="/var/tmp/sm";
```

---

[11] PostgreSQL: Open-source Object-Relational DBMS : http://www.postgresql.org/

- Intranet Netzmaske:

```
our $subnet="132.231.35.";
```

- SMTP-Konfiguration für die Kontaktaufnahme

```
our $contact_mail='smadmin@wi.uni-passau.de';
our $smtp_server="mail.wi.uni-passau.de";
our $my_email='sm@wi.uni-passau.de';
```

- Logfile und Verbosität beim Loggen:

```
our $log_file="/var/tmp/sm/suma.log";
our $verbose=0;
```

- Konfiguration der Datenbankverbindung:

```
our $dbname="smdb";
our $dbuser="smuser";
our $dbhost="127.0.0.1";
our $dbpw="smpassword";
```

Damit lassen sich die Webschnittstelle und der Crawler konfigurieren. Weiterhin werden der Crawler ausgeführt und die Indexdaten gesammelt. Für die Ausführung werden die Startadressen genannt, die Anzahl an parallel laufenden Scanner-Prozessen bestimmt, sowie das Konkurrenzmaß für die maximale Anzahl von gleichzeitigen Verbindungen mit einem Server und eine Regex-Zeichenkette zum Ausfiltern von außerhalb der Domäne liegenden Ressourcen festgelegt.

```
$ ./crawler –url http://www.wi.uni-passau.de –threads 20 –concurrency 4 –urlregex '^http://www\.wi\.'
```

Bei dieser Konfiguration dauert ein Durchlauf weniger als 20 Minuten, wobei ca. 10.000 Seiten analysiert werden. Die Gesamtleistung wird natürlich von externen Merkmalen (Konnektivität, Reaktionszeit etc.) stark beeinflusst und ist nicht vollständig kontrollierbar.

4.4 Evaluation und Tests

Die erste Version der Suchmaschine wurde im Oktober 2011 fertiggestellt und ab diesem Zeitpunkt wird eine Zugriffsstatistik geführt. Eingehende Suchbegriffe werden von der Anwendung erfasst und können in einer Ex-Post-Analyse verwendet werden. Dabei werden die am häufigsten verwendeten Begriffe identifiziert und eine Erfolgsstatistik für jeden einzelnen Begriff berechnet. Der Output dieser Statistik hat sich als nützlicher Indikator für die Verbesserung der Analysemodule erwiesen. Vor allem Suchbegriffe mit Erfolgsquote „Null" bilden eine wichtige Gruppe, die genauer zu analysieren ist. Die Gesamtanzahl an bisherigen Zugriffen pro Monat wird in Abbildung 4.1 zusammengefasst.

Monat	Zugriffe	Monat	Zugriffe	Monat
		Jan 12	5	Jan 13
		Feb 12	2369	Feb 13
		Mrz 12	44	Mrz 13
		Apr 12	1057	Apr 13
		Mai 12	500	Mai 13
		Jun 12	1577	Jun 13
		Jul 12	1432	
		Aug 12	29	
		Sep 12	143	
Okt 11	100	Okt 12	3822	
Nov 11	16	Nov 12	1783	
Dec 11	124	Dec 12	338	

Abbildung 4.1: Zugriffstatistik

Nachdem eine Abfrage vom Server abgearbeitet wurde, notiert die Anwendung die benötigte Zeit und die Anzahl an Ergebnissen. Die Zeiterfassung erfolgt detailliert für jeden internen Funktionsblock und bietet eine wichtige Information für die gezielte Verbesserung des Systems. Listen mit Inputsuchbegriffen können nach jeder Änderung und Erweiterung wiederverwendet werden und die Verbesserung der Performanz kann dadurch überprüft werden.

Der größte Vorteil der Suchmaschine Info_Net ist die Möglichkeit der gezielten Suche mithilfe der Ontologie. Die Trefferliste beschränkt sich dann auf jene Inhalte, die dem eingegebenen Suchbegriff exakt entsprechen. Herkömmliche, im Volltextmodus arbeitende Suchmaschinen liefern oft eine unübersichtliche Menge an Suchergebnissen, wodurch das Auffinden des relevanten Inhalts behindert wird. Abbildung 4.2 zeigt einen Vergleich von ausgewählten Suchmaschinen mit der jeweiligen Trefferanzahl für verschiedene Suchbegriffe. Suchmaschine „RZ" bezeichnet die momentan an der Universität Passau verwendete Suchmaschine (MnogoSearch).

	Info_Net	RZ	Google	Yahoo
Suche nach Einrichtungen *"Lehrstuhl für Wirtschaftsinformatik"*	2	2	10500	80
Suche nach Kontaktdaten *"Kontakt Lehner"*	1	120	9900	2120
Suche nach Veranstaltungen *"Vorlesung Interaktive Medien"*	8	365	1000	28
Allgemeine Begriffe *"Technik PLUS"*	9	404	1360	86
Suchbegriffe mit Tippfehler *"Tchnik PLUS"*	0	0	1370	86

Abbildung 4.2: Die Suchmaschine Info_Net im Vergleich

Das größte Problem der neuen Suchmaschine sind Suchbegriffe, die einen Schreibfehler enthalten. Obwohl der entsprechende Inhalt in der Datenbank vorhanden sein könnte, fehlen noch entsprechende Algorithmen für die Erkennung und Behandlung von „beschädigten" Suchbegriffen.

Die am häufigsten verwendeten Maße zur Beurteilung der Güte eines Information-Retrieval-Systems sind „Recall" und „Precision". Recall (R) bildet die Sucheffektivität ab. Es geht um das Verhältnis der gefundenen und relevanten Treffer zu allen möglichen relevanten Treffern. Precision (P) ist das Verhältnis der gefundenen relevanten Treffer zu allen angezeigten Treffern. Recall und Precision werden als Prozentwerte abgebildet mit Wertebereichen zwischen 0 und 100. P(x) und R(x) bezeichnen dann die berechneten Werte mit den maximal ersten x Treffern aus der gesamten Trefferliste.

Für die ersten 5, 25, 50 sowie für alle gelieferten Treffer werden die beiden Werte berechnet. Die Unterschiede zu den herkömmlichen Suchmaschinen sind damit besser nachvollziehbar. Im Volltext-Modus sind die "externen" Suchmaschinen besser, weil sie in einem breiteren Kontext arbeiten und auch weitere Aspekte wie Wichtigkeit und Popularität (z.B. PageRank) einbeziehen können. Die externen Suchmaschinen sind derzeit auch bei Tippfehlern noch überlegen und bieten mehr Möglichkeiten bei einer erweiterten Suche. Abbildung 4.3 zeigt die Gütemaße im Vergleich.

Suche nach Einrichtungen "Lehrstuhl für Wirtschaftsinformatik"

	Treffer	R(5)	P(5)	R(25)	P(25)	R(50)	P(50)	R(alle)	P(alle)
Info_Net	2	100.00	100.00	100.00	100.00	100.00	100.00	100.00	100.00
RZ	2	0.00	0.00	0.00	0.00	0.00	0.00	0.00	0.00
Google	10500	100.00	40.00	100.00	8.00	100.00	4.00	100.00	0.02
Yahoo	80	100.00	40.00	100.00	8.00	100.00	4.00	100.00	1.67

Suche nach Kontaktdaten "Kontakt Lehner"

	Treffer	R(5)	P(5)	R(25)	P(25)	R(50)	P(50)	R(alle)	P(alle)
Info_Net	5	100.00	75.00	100.00	75.00	100.00	75.00	100.00	75.00
RZ	120	20.00	20.00	60.00	8.00	100.00	10.00	100.00	4.17
Google	9900	20.00	20.00	60.00	8.00	50.00	4.00	100.00	0.05
Yahoo	2120	40.00	40.00	60.00	12.00	80.00	8.00	80.00	0.19

Suche nach Veranstaltungen "Vorlesung Interaktive Medien"

	Treffer	R(5)	P(5)	R(25)	P(25)	R(50)	P(50)	R(alle)	P(alle)
Info_Net	8	100.00	40.00	100.00	25.00	100.00	25.00	100.00	25.00
RZ	365	0.00	0.00	0.00	0.00	0.00	0.00	0.00	0.00
Google	1000	0.00	0.00	50.00	4.00	50.00	2.00	50.00	0.10
Yahoo	28	0.00	0.00	0.00	0.00	0.00	0.00	0.00	0.00

Allgemeine Begriffe "Technik PLUS"

	Treffer	R(5)	P(5)	R(25)	P(25)	R(50)	P(50)	R(alle)	P(alle)
Info_Net	9	0.00	0.00	100.00	11.11	100.00	11.11	100.00	11.11
RZ	404	0.00	0.00	0.00	0.00	100.00	2.00	100.00	0.25
Google	1360	100.00	20.00	100.00	4.00	100.00	2.00	100.00	0.07
Yahoo	86	100.00	20.00	100.00	4.00	100.00	2.00	100.00	1.16

Suchbegriffe mit Tippfehler "Tchnik PLUS"

	Treffer	R(5)	P(5)	R(25)	P(25)	R(50)	P(50)	R(alle)	P(alle)
Info_Net	0	0.00	0.00	0.00	0.00	0.00	0.00	0.00	0.00
RZ	0	0.00	0.00	0.00	0.00	0.00	0.00	0.00	0.00
Google	1360	100.00	20.00	100.00	4.00	100.00	2.00	100.00	0.07
Yahoo	86	100.00	20.00	100.00	4.00	100.00	2.00	100.00	1.16

Abbildung 4.3: Vergleich der Suchmaschinen mit den Gütemaßen Recall und Precision

Der modulare Aufbau ermöglicht eine relativ leichte Weiterentwicklung der Suchmaschine Info_Net. Aufgrund seiner Anpassbarkeit ist das Suchsystem für andere Hochschulen mit geringem Programmier- und Konfigurationsaufwand schnell einsetzbar.

Erste Sucherfahrungen haben bei den an der Universität Passau durchgeführten Experimenten das erwartete schnellere Auffinden von Informationen bestätigt. Im Benutzerfeedback wurde vor allem die Interaktivität der Schnittstelle positiv hervorgehoben, welche die Auswirkungen der Suchkriterien sofort widerspiegelt. Benutzer können damit mögliche Zusammenhänge zwischen Personen und Inhalten rasch nachvollziehen. Ebenso leicht lassen sich durch das „Negieren" unerwünschte Ergebnisse ausfiltern. Im Vergleich mit der in die Webseiten eingebetteten Portalsuche der Universität Passau bietet das System einen schnelleren Zugang zu gesuchten Inhalten, auch ohne nähere Kenntnis der internen Struktur. Mit der aktiven Vergabe von Tags verfügen Autoren und Experten selbst über eine sehr einfache Methode, um den Zugriff der Suchmaschine auf ihre Inhalte zu steuern und die gezielte Auffindbarkeit zu verbessern.

5 LITERATURVERZEICHNIS

Baeza-Yates, R., Ribeiro-Neto, B. 1999. Modern Information Retrieval. Addison-Wesley: Harlow.

Bahrs, J. 2009: Enterprise Search – Suchmaschinen für Inhalte in Unternehmen. In: Lewandowski, D. (Hrsg.): Handbuch Internet-Suchmaschinen, Akademische Verlagsgesellschaft AKA-Verlag: Heidelberg, 329-355.

Dmitriev, P. et al. 2010. Enterprise and Desktop Search. In: Proceedings of the 19th International Conference on World Wide Web, ACM-DL: New York, 1345-1346.

Grefenstette, G. 2009. Enterprise search trends and challenges. CHORUS Final Conference. http://www.academia.edu/1703816/Enterprise_Search_and_Search_Based_Applications

Guy, I. et al. 2010. Social media recommendation based on people and tags. In: Proceedings of the 33rd international ACM SIGIR conference on Research and development in information retrieval. ACM Press: New York, 194-201.

Hawking, D. 2004. Challenges in Enterprise Search. In: Proceedings of the 15th Australasian Database Conference, Australian Computer Society: Darlinghurst, 15-24 (online: http://crpit.com/confpapers/CRPITV27Hawking1.pdf)

Lehner, F. 2012. Wissensmanagement, 4. Auflage, Hanser: München.

Mukherjee, R., Mao, J. 2004. Enterprise Search: Tough Stuff. In: ACM Queue: 2, 2 / April 2004, 2004, 36-46.

Spink, A., Jansen, B. J. 2004. Web Search: Public Searching of the Web. Kluwer Academic Publishers: Dordrecht, Boston, London.

Venkateshprasanna, H. M. et al. 2011. Enterprise search through automatic synthesis of tag clouds. In: Proceedings of the Fourth Annual ACM Bangalore Conference (COMPUTE '11), Bangalore, March 25-26 2011, Article 26, ACM-DL: New York.

White, M. 2007: Making Search Work. Implementing Web, Intranet and Enterprise Search. Facet Publishing: London.

Zhang, M., Zhang, N., Das, G. 2012. Aggregate suppression for enterprise search engines. In Proceedings of SIGMOD´12 Conference, ACM: New York, 469-480.

Gernot Howanitz

SLAVISCHE SUCHKULTUREN –

Die Suchmaschinen *Yandex.ru* und *Seznam.cz*

Zusammenfassung

Der vorliegende Beitrag setzt sich zum Ziel, die Besonderheiten slavischer Suchkulturen nachzuzeichnen. Unter dem Begriff der ‚Suchkultur' wird dabei die Gesamtheit der jeweiligen gesellschaftlichen, politischen, kulturellen und wirtschaftlichen Faktoren verstanden, die den Suchmaschinenmarkt eines Landes prägen. Für die im vorliegenden Beitrag geplante Analyse slavischer Suchkulturen besonders berücksichtig werden die regional sehr erfolgreichen Suchmaschinen *Yandex* (Russland) und *Seznam* (Tschechien), die das weltweite *de-facto*-Monopol von *Google* unterwandern. In einem zweiten Schritt soll herausgearbeitet werden, wie solche regionalen Suchkulturen die Wirkung ihrer Suchmaschinen als „Bottlenecks des Internetzeitalters" beeinflussen.

1 EINLEITUNG

Suchmaschinen sind als einfache Möglichkeit, sich einen Überblick über die heute schier unüberschaubare Zahl an Webseiten zu verschaffen, aus dem Alltag des *World Wide Web* schon lange nicht mehr wegzudenken (Levene 2010: xiv). Nach der anfänglichen Vielfalt an unterschiedlichsten Anbietern ist die seit 1998 verfügbare amerikanische Suchmaschine *Google* dabei seit einigen Jahren fast unangefochten weltweiter Marktführer und Quasi-Monopolist auf dem Feld der Informationsfindung (Gugerli 2009: 9; Eijk 2009: 144). Nur in wenigen regionalen Märkten muss sich *Google* mit dem zweiten Platz begnügen. So dominiert in China die Suchmaschine *Baidu* bzw. speziell für Hongkong *Yahoo*, in Japan *Yahoo Japan*, in Südkorea *Naver*, in Russland *Yandex* und in Tschechien liefert sich *Seznam* zumindest ein Kopf-an-Kopf-Rennen mit *Google*.[1]

Es gibt also Länder, in denen sich der Suchmaschinenmarkt beträchtlich von dem Bild unterscheidet, das man aus dem ‚Westen' kennt. Mark Levene führt zu diesen lokalen Abweichungen aus, dass „[...] major reasons for the success of the local brands are the cultural and language differences" (Levene 2010: 16). Tatsächlich benutzen die meisten der oben angeführten Länder nicht das lateinische Alphabet, sondern andere Schriftsysteme. Darüber hinaus unterscheiden sich die dort verwendeten asiatischen und slavischen Sprachen deutlich von *Googles* ‚Muttersprache', dem Englischen. Während die sprachlichen Unterschiede aber relativ offensichtlich sind, bleiben die von Levene auch angesprochenen kulturellen Besonderheiten weitestgehend unbestimmt. Bezüglich der russischen Suchmaschine *Yandex* etwa konzentriert er sich rein auf den sprachlichen Aspekt und bemerkt nur knapp, dass „[...] its success relative to Google, Yahoo, and Microsoft's Bing can be attributed to its handling of the Russian language" (Levene 2010: 16).

Nun ist es so, dass das sogenannte *Runet*, also der russische bzw. russischsprachige Teil des Internets (Schmidt 2011: 14), eine ganz eigene Genese aufweist, die sich sehr stark auf die Art und Weise, wie das *Runet* benutzt wird, auswirkt. Erst 1991, nach dem Zusammenbruch der Sowjetunion, wird Russland ans Internet angeschlossen. Bemerkenswert ist hier, dass dies im Grunde dank privater Initiativen geschieht und nicht aufgrund staatlicher Programme wie im Westen (Schmidt 2011: 59). Ein weiterer bestimmender Faktor ist die Sehnsucht nach „[...] radikale[r] Informationsfreiheit" (Schmidt 2011: 59) nach den langen Jahren der sowjetischen Unterdrückung (Schmidt 2011: 55). Für Tschechien gilt Ähnliches, schließlich ist dieses Land nicht nur durch seine mit dem Russischen verwandte Sprache mit Russland vergleichbar, sondern auch durch die gemeinsame sozialistische Vergangenheit. Auch hier ist freie Kommunikation erst nach den politischen Umwälzungen der Samtenen Revolution möglich. Nach einigem Hin und Her geht das *Čechnet*[2] schließlich am 13. Februar 1992 online (Peterka 2007). Abbildung 1.1 zeigt das Wachstum des Anteils von InternetnutzerInnen an der Gesamtbevölkerung von 1990 bis 2011 für Russland, Tschechien und Deutschland. Erwartungsgemäß verläuft die Entwicklung in Deutschland am schnellsten, Tschechien folgt aber auf dem Fuß, während Russland etwas abgeschlagen zurückliegt. Tschechien hat die Transformationsphase von einem sozialistischen Staat hin zu einer Marktwirtschaft demnach schneller abgeschlossen, was sich implizit auch in der Zahl der Internetanschlüsse im *Čechnet* offenbart.

---

[1] Auf diese Zahlen und die damit verbundene Problematik einer objektiven Übersicht über den Suchmaschinenmarkt wird detailliert im dritten Abschnitt dieses Beitrags eingegangen.

[2] Der Terminus *Čechnet* wurde hier gewählt, um in Analogie zum *Runet* sowohl die Gesamtheit der tschechischsprachigen Internetangebote als auch die damit verbundene tschechischsprachige Internet-Community zu bezeichnen.

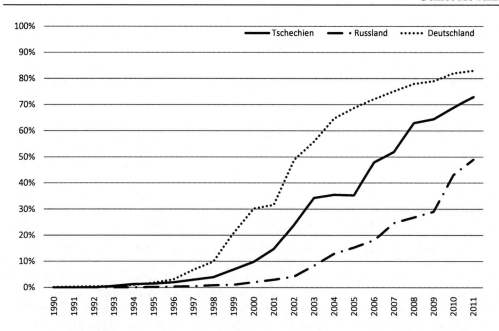

Abbildung 1.1: Anteil der InternetnutzerInnen an der Gesamtbevölkerung
(Quelle: The World Bank: Internet users (per 100 people): International Telecommunication Union,
World Telecommunication/ICT Development Report and database, and World Bank estimates)[3]

Diese nackten Zahlen sagen allerdings nichts über das spezielle Engagement der InternetnutzerInnen in Russland und Tschechien aus. Es scheint, als ob diese ihre geringere Quantität durch gesteigerte Qualität, sprich: Aktivität kompensieren wollten. Bereits 1996 wird die tschechische Suchmaschine *Seznam* gegründet, ein Jahr später folgt das russische *Yandex*. Zum Vergleich: *Google* nimmt seine Arbeit in Amerika erst 1998 auf, also ein bzw. zwei Jahre nach den slavischen Konkurrenten. Ein Grund für die spezielle Innovationskraft der *Runet*-NutzerInnen ist laut Henrike Schmidt, dass es sich hierbei vorrangig um WissenschaftlerInnen handelt, die „[…] mit der Öffnung der Gesellschaft und des akademischen Arbeitsmarktes bereit[stehen], um die verpassten Chancen – individuell und gesamtgesellschaftlich – nachzuholen" (Schmidt 2011: 55). Daneben ist es „[…] der Wunsch der RuNet-Pioniere gewesen, […] [ihre] Fähigkeiten in bare Münze zu verwandeln" (Schmidt 2011: 57). Ähnlich dürfte die ursprüngliche Situation im *Čechnet* gelagert gewesen sein.

Im direkten Vergleich mit dieser Vielzahl an gesellschaftlichen, politischen, wirtschaftlichen und kulturellen Faktoren scheinen die sprachlichen Unterschiede weitaus weniger schwer zu wiegen. Der vorliegende Beitrag setzt sich deshalb zum Ziel, vor allem die von Levene zwar erwähnten, ansonsten aber ignorierten „cultural differences" genauer in den Blick zu nehmen. Dass diese kulturellen Differenzen bei Studien zur Internetkultur häufig übersehen werden, weil das anglophone Paradigma nach wie vor so dominant ist, kritisieren Gerard Goggin und Mark McLelland in der Einführung zu dem von ihnen herausgegebenen Sammelband *Internationalizing Internet Studies* (Goggin/McLelland 2009: 6f). In diesem Sinne versucht der vorliegende Beitrag, Suchmaschinen in slavischen Ländern nicht aus einer anglophonen bzw. ‚westlichen' Perspektive zu betrachten, sondern auf regionale Bedingungen einzugehen. Konkret soll die Fülle an Faktoren, welche sich auf regionale Suchmaschinenmärkte auswirken, unter dem Begriff der ‚Suchkultur' zusammengefasst werden. Als Beispiele einer solchen regionalen, slavischen Suchkultur werden nachfolgend die Suchkulturen in Russland und Tschechien

---

[3] *http://api.worldbank.org/datafiles/IT.NET.USER.P2_Indicator_MetaData_en_EXCEL.xls* (aufgerufen am 29. August 2013)

analysiert. Als gemeinsame Nenner dieser beiden Suchkulturen sind gesamtgesellschaftliche Bedingungen wie die gemeinsame politische Vergangenheit, die gemeinsame Gegenwart als Staaten in einer Transformationsphase, verbunden mit individuellen Faktoren wie der hohen Motivation einiger weniger Internet-NutzerInnen, deren unternehmerische Tätigkeit und deren Innovationskraft anzuführen. Unterschiede zwischen den Suchkulturen in Russland und Tschechien ergeben sich, wie noch zu zeigen ist, vor allem bezüglich der rechtlichen Situation.

Hinsichtlich des Rahmenthemas dieses Sammelbandes, nämlich den „Suchmaschinen als Bottlenecks des Internetzeitalters", ist das Konzept regionaler Suchkulturen insofern interessant, als dass es eben diese Suchkulturen sind, die die Wirkung einer Suchmaschine als Flaschenhals grundlegend mitbestimmen. Probleme, die im ‚Westen' auftreten, können natürlich auch Russland und Tschechien betreffen. Gleichzeitig drängen sich aber je nach Suchkultur auch andere Probleme, sprich: andere ‚Flaschenhälse' in den Vordergrund. Die vorliegende Analyse von *Yandex* und *Seznam*, die vor der Folie des international übermächtigen Rivalen *Google* durchgeführt wird, soll deshalb auch für ein besseres Verständnis des ‚Flaschenhalses' Suchmaschine im Allgemeinen sorgen.

Dieser Zielsetzung folgend ergibt sich die Aufteilung des vorliegenden Beitrages in sechs Abschnitte. Der erste Abschnitt beschreibt den Aufstieg der tschechischen Suchmaschine *Seznam*, der zweite stellt das russische Pendant *Yandex* genauer vor. Der dritte Abschnitt geht detailliert auf die Marksituation in Russland und Tschechien ein. Während sich *Google* in Russland nach wie vor mit Platz zwei begnügen muss, ist der amerikanischen Suchmaschine in Tschechien die Aufholjagd geglückt. Seit 2011 liegen *Google* und *Seznam* gleichauf. Der anschließende vierte Abschnitt versucht zu klären, mit welchen Mitteln regionale Suchmaschinen gegen *Google* punkten können. Die letzten beiden Abschnitte sollen schließlich herausarbeiten, inwiefern die slavischen Suchkulturen die Wirkung ihrer Suchmaschinen als Flaschenhals beeinflussen. Dazu wird zunächst im fünften Abschnitt das Phänomen des Flaschenhalses Suchmaschine allgemein vorgestellt. Der sechste Abschnitt versucht dann, einerseits Aspekte der ‚westlichen' Suchkulturen, die sich als Flaschenhals erweisen könnten, auch für die östlichen Pendants zu zeigen. Andererseits wird aber auch auf Faktoren eingegangen, die spezifisch nur für Tschechien bzw. Russland wirken. Spannend dürfte hier insbesondere der Vergleich der Such-Dyopole im *Runet* und im *Čechnet* mit dem *Google*-Monopol im ‚Westen' werden. Abschließend fasst ein kurzes Resümee die wichtigsten Erkenntnisse des Beitrags noch einmal zusammen.

2 SEZNAM, DAS „VERZEICHNIS"

Am 30. April 1996 sendet ein gewisser „iVo Lukacovic" eine Nachricht an die Mailingliste einer tschechischen Internetkonferenz und lädt deren TeilnehmerInnen ein, sein Verzeichnis tschechischer Internet-Seiten zu besuchen: „Predem omlouvam za off-topic./Velice rad bych vsechny priznivce teto konference pozval na navstevu Seznamu tech nejlepsich WWW stranek u nas"[4]. Mit diesen etwas saloppen Worten wird *Seznam*, was wörtlich übersetzt „Verzeichnis" bedeutet, zum ersten Mal einer breiteren Öffentlichkeit vorgestellt.

Die Entstehungsgeschichte von *Seznam* erinnert auf den ersten Blick stark an amerikanische Erfolgsgeschichten aus dem Silicon Valley. Der 22-jährige Studienabbrecher Ivo Lukačovič bastelt in seinem Prager Kinderzimmer an einem Webkatalog, das Startkapital beträgt gerade einmal 50.000 Kronen. Trotzdem entwickelt sich dieses Projekt schnell zur bestimmenden Kraft am tschechischen

---

[4] „Im Vorhinein entschuldige ich mich für's off-topic./Sehr gerne würde ich alle Teilnehmer dieser Konferenz zu einem Besuch des Katalogs dieser unserer besten WWW Seiten einladen" [Übersetzung: G.H.]. Screenshot: *http://www.muzeuminternetu.cz/docs/gifs/lukacovic%20oznameni%20seznam.png* (besucht am 26. August 2013).

Suchmaschinenmarkt und macht seinen Erfinder zum Millionär (Peterka 2005). Die ursprüngliche Motivation hinter diesem Beispiel des ‚amerikanischen Traums‘ ist allerdings eine sehr tschechische. Lukačovič gestaltet zunächst eine Webseite für eines der ersten Meme des noch jungen *Čechnet*, den tschechischen Universalgelehrten Jára Cimrman. Cimrman ist nicht nur ein vielbeachteter Autor, sondern hat unter anderem die Vollmilch und das Internet erfunden (Šťastný 2005). Die 2005 im tschechischen Fernsehen stattfindende Wahl „Největší Čech" („Der größte Tscheche") hätte er spielend gewonnen, wäre da nicht sein einziger Makel: Er existiert nicht (Šťastný 2005). Bei Cimrman handelt es sich vielmehr um eine von den tschechischen Schriftstellern Zdeněk Svěrák und Ladislav Smoljak erdachte literarische Fiktion (Formánková 2008: 608f). Als die beiden Schriftsteller im Dezember 1995 die von Lukačovič gestaltete inoffizielle Cimrman-Seite erblicken, reagieren sie wenig erfreut. Lukačovič muss seine Seite einstellen. Als neues Hobby denkt er sich das Internetprojekt *Seznam* aus (Peterka 2005).

Die Seite, die Ende April 1996 online geht, stellt zunächst nur ein durchsuchbares Verzeichnis mit tausend tschechischen Webseiten zur Verfügung. Eine eigene Internetsuche hat *Seznam* zunächst nicht, vielmehr wird das Angebot der damals sehr erfolgreichen Suchmaschine *Altavista* eingebunden, bezüglich des Layouts orientiert sich das neue tschechische Portal am bewährten Design von *Yahoo*. Neben dem Katalog ergänzen eine Hitliste der besten tschechischen Internetseiten und ein *Čechnet*-Nachrichtenüberblick das Angebot (Peterka 2005). Der Erfolg lässt nicht lange auf sich warten: Im Dezember 1996 werden bis zu 10.000 Zugriffe täglich registriert (Seznam 2013a). Zum Vergleich: 1996 nutzen laut der bereits zitierten Statistik der Weltbank rund 1,9% der TschechInnen das Internet, was in absoluten Zahlen rund 190.000 Personen entspricht.[5] Bis Ende 1997 erhöht sich die Zahl der täglichen *Seznam*-Zugriffe auf 50.000 Zugriffe (Seznam 2013b), was grob einem Sechstel der damals 290.000 tschechischen InternetbenutzerInnen entspricht. Im selben Jahr, konkreter ab 1. Mai 1997, wird *Altavista* in der *Seznam*-Volltextsuche durch Štěpán Škrobs *Kompas* ersetzt, welcher zunächst 1,2 Millionen tschechische Seiten indiziert. Weiters erfolgt die Gründung des slowakischen Ablegers *Zoznam* (Seznam 2013b). 1998 wird ein kostenloses Email-Angebot eingeführt (Seznam 2013c), das nach dem ersten Jahr seines Bestehens 300.000 Accounts aufweist (Seznam 2013d), bei insgesamt rund 390.000 tschechischen InternetuserInnen eine beeindruckend hohe Zahl. Am 30. 9. 1998 registriert *Seznam* zum ersten Mal mehr als 100.000 Besuche pro Tag (Seznam 2013c). Die weitere Entwicklung verläuft analog; durch eine ständige Erweiterung des Angebots kann die Anzahl der UserInnen stetig vergrößert werden. Gegenwärtig, im Jahr 2013, umfasst das Webangebot von *Seznam* 27 verschiedene Server. Die eigentliche Suchmaschine zieht mit 2,2 Millionen BesucherInnen pro Tag nach wie vor am meisten Traffic an, auf den Plätzen folgen die E-Mail-Seite mit 1,2 Millionen, das Nachrichtenportal *noviny.cz* mit 1,1 Millionen, das Celebrity- und Klatschportal *super.cz* mit 800.000, die Online-Karten *mapy.cz* mit 270.000, das Videoportal *stream.cz* mit knapp 250.000 und das soziale Netzwerk *lide.cz* mit 100.000 BesucherInnen (Seznam 2013f).

Erwähnenswert ist in Bezug auf die im dritten Abschnitt durchgeführte Analyse der Konkurrenzsituation zwischen *Google* und *Seznam* noch, dass die tschechische Suchmaschine kurzzeitig, konkreter im Jahr 2002, auf die Google-Volltextsuche zurückgegriffen hat. Dazu wird vermerkt, dass „[…] [p]odmínky byly ale celkově nevyhovující, a proto se z této zkoušky stala jen krátká epizoda"[6] (Seznam 2013e).

---

[5] Zu diesen und den folgenden Zahlen vgl. auch Abbildung 1.1.

[6] „[…] die Bedingungen allerdings überaus unzureichend waren, und dieser Versuch deshalb nur eine kurze Episode darstellte" [Übersetzung G.H.].

3 YANDEX – „YET ANOTHER INDEXER"

Die Geschichte von *Yandex* nimmt Ende der 1980er ihren Anfang, als der russische Informatiker Arkadij Volož zwei Computerfirmen gründet, die Handelsfirma *CompTek* und die Softwareschmiede *Arkadija*, wo sich der Programmierer Il'ja Segalovič, ein Jugendfreund Volož', vor allem mit Suchalgorithmen beschäftigt. Im Jahr 1993 wird das erste Suchprogramm fertiggestellt. Wie auf der offiziellen Webseite vermerkt wird, kreieren Volož und Segalovič das Kunstwort ‚Yandex', um ihr neues Programm damit zu bezeichnen (Yandex 2013b).

‚Yandex' – eigentlich ‚Яndex' – ist ein Akronym für „Yet Another Indexer" oder „jazykovoj indeks" – zu Deutsch „sprachlicher Index". Gleichzeitig wird ‚Ya' als englische Transkription für den russischen Buchstaben ‚Я' verwendet, der wiederum auch ‚Ich' bedeutet, im Englischen also ‚I'. Damit kommt man von ‚*Ya*ndex' wieder zurück zum ‚*I*ndex'. Eine weitere Interpretationsmöglichkeit eröffnet sich über ‚Jin' und ‚Jang', auf Russisch ‚in" und ‚jan'. Damit repräsentieren *In'*dex und *Jan*dex die „zwei Seiten des Internets" (Yandex 2013b). Solche kreativen Sprachspiele sind nicht nur im ‚westlichen' Netz *en vogue*, sondern dominieren von Beginn an auch das *Runet*, wo eine gewisse „[...] kreativ-spielerische Sprachdeformation [...] weite Teile der [russischen Internet-]Kommunikation [erfasste]" (Schmidt 2011: 18). Ähnlich wie bei *Seznams* Bezug zu Jára Cimrman gibt es bei *Yandex* also den direkten Verweis auf die (Sub-)Kultur im Netz.

Der *Yandex*-Algorithmus wird allerdings noch nicht im Internet verwendet, sondern ist ein lokaler Suchalgorithmus für unstrukturierte Information unter Berücksichtigung der russischen Morphologie. Er wird in verschiedensten Suchprogrammen eingesetzt, etwa für eine Volltextsuche in der russischen Bibel (Atkins-Krüger 2011). Erst 1997 entschließt man sich, eine Internetsuche anzubieten. Als Geburtsdatum führt die offizielle *Yandex*-Geschichtsschreibung den 23. September 1997 an. An diesem Datum geht die Webseite *yandex.ru* online und wird auf der Moskauer Messe *Softool* vorgestellt. Schon in seiner Anfangsphase kann *Yandex* die Morphologie der russischen Sprache handhaben, Beziehungen zwischen Wörtern für die Suche miteinbeziehen und die Resultate nach Relevanz reihen. Ein Jahr darauf, also 1998, wird kontextabhängige Werbung auf der *Yandex*-Suchseite ermöglicht (Yandex 2013a).

Wie ein Artikel von Elena Kolmanovskaia, der damaligen Projektleiterin von *Yandex*, belegt, ist die *Yandex*-Internetsuche im Jahr 1999 nur ein Standbein des Konzerns. Es gibt mehrere Produkte, die sich den *Yandex*-Suchkernel teilen: *Yandex.Site* als die eigentliche Internetsuche, *Yandex.CD* als lokale Volltextsuche, *Yandex.Lib* als Suchbibliothek, die in fremden Projekten eingebunden werden kann, und *Yandex.Dict* als Morphologie-Modul, das etwa in Form einer Russisch-Erweiterung für die amerikanische Suchmaschine *Altavista* eingesetzt wird (Kolmanovskaia 1999: 157f). *Yandex.Site*, also die Internetsuche, ist höchst aktiv: Im September 1999 sind 41.635 Webserver indiziert, mit insgesamt 10.949.302 einzelnen Seiten. Das ergibt ein Datenvolumen von immerhin rund 99 Gigabytes (Kolmanovskaia 1999: 157).

2000 geht *Yandex* schließlich als eigenständige Firma aus *CompTek* hervor; *Arkadija*, bei der die Suchalgorithmen ursprünglich entwickelt worden sind, ist schon 1993 Volož' zweiter Firma *CompTek* eingegliedert worden. Neben *CompTek* ist die russische Kapitalbeteiligungsgesellschaft *ru-Net Holdings* dank einer Investition von fünf Millionen Dollar an der neuen Firma beteiligt. Als weitere Meilensteine der Firmengeschichte werden die 2001 erfolgte Einführung des Services *Yandex.Direkt* genannt, das mehr und einfachere Möglichkeiten anbietet, auf *Yandex* kontextabhängige Reklame zu schalten. 2005 wird ein Büro in Kiev eröffnet, um den ukrainischen Markt besser bedienen zu können; gleichzeitig werden auch Kasachstan und Weißrussland als Hoffnungsmärkte identifiziert. 2009 wird das

System *Matriksnet* eingeführt, das auf maschinellem Lernen beruht und laut Eigenaussage einen Quantensprung in der Qualität der Suchresultate ausgelöst hat. 2011 geht *Yandex* an die Börse und wird unter dem Kürzel YNDX an der *Nasdaq* gehandelt. Gleichzeitig wird versucht, am türkischen Markt Fuß zu fassen (Yandex 2013a). Der *Yandex.Browser*, 2012 aus der Taufe gehoben, ist ein weiterer Schritt, um den Erfolg des Unternehmens zu gewährleisten. Wie die Lizenzbedingungen offenbaren, basiert dieser Browser auf *Chromium* (Yandex 2012), also der quelloffenen Variante von *Google Chrome*.

Ähnlich wie *Seznam* – und im Übrigen auch *Google* – versucht *Yandex* im Laufe der Jahre, auch über ein möglichst breites Angebot an verschiedensten Dienstleistungen zu punkten. Zum Teil nimmt *Yandex* dabei *Googles* Innovationen vorweg, so geht ein Kartendienst 2004 online, *Googles* Pendant dazu folgt erst 2005. Eine Blog-Suchfunktion ist ab 2004 fixer Bestandteil des russischen Angebots, während die amerikanische Konkurrenz erst 2006 etwas Vergleichbares anbietet, und ein RSS-Portal kann auf *Yandex* ab 2005 genutzt werden, während *Google*-UserInnen noch bis 2006 auf eine ähnliche Möglichkeit warten müssen (Atkins-Krüger 2011). Gegenwärtig, also 2013, werden von *Yandex* über vierzig verschiedene Services angeboten, angefangen von der Suche nach Flugtickets, nach einem Taxi, Fahrplänen des öffentlichen Nah- und Fernverkehrs, Immobilien und dem Wetter über Kartendienste, die aktuelle Verkehrssituation, Wörterbücher und das Fernsehprogramm bis hin zu verschiedenen sozialen Netzwerken, Online-Speicherplatz und einem eigenen Online-Bezahlservice (Yandex 2013c).

4 DAS DUELL MIT GOOGLE

Nachdem die beiden Suchmaschinen *Yandex* und *Seznam* vorgestellt worden sind, soll nun auf ihr Konkurrenzverhältnis zu *Google* eingegangen werden. In einem Artikel der *Financial Times* aus dem Jahr 2008 wird auf die wenigen verbleibenden Widerstandsnester gegen die globale Dominanz von *Google* verwiesen. Angeführt werden neben *Yandex* (46% Marktanteil in Russland) und *Seznam* (63% in Tschechien) auch *Baidu* (ca. 60% in China), *Naver* (ca. 60% in Südkorea) und *Yahoo Japan* (ca. 50% in Japan). Wie groß der jeweilige Marktanteil von Google im Jahr 2008 ist, geht aus dem Artikel allerdings nicht hervor, ebensowenig, woher diese Zahlen eigentlich stammen. Etwas aufschlussreicher ist diesbezüglich Mark Levenes einführende Monographie *An Introduction to Search Engines and Web Navigation*. Darin werden Statistiken aus den Jahren 2008 und 2009 zitiert, die für China *Baidu* mit einem Marktanteil von 57% an der Spitze sehen, während Google nur 16% erreicht. In Südkorea führt *Naver* mit 75%, gefolgt von der ebenfalls lokalen Suchmaschine *Daum* (20%). *Google* kommt nur auf 1.5%. In Japan belegt *Yahoo Japan* mit 51% auch 2010 noch den ersten Platz, gefolgt von *Google* mit 38%. Levene erwähnt auch Russland, wo *Yandex* mit 55% führt, während Google mit 21% Platz zwei belegt. Auf *Seznam* wird hingegen nicht hingewiesen (Levene 2010: 16).

Diese Daten decken sich grob mit den von den *Financial Times* zitierten Zahlen, trotzdem muss man hier eine gewisse Vorsicht walten lassen. Wie Levene erklärt, ist zu beachten, „[…] that the percentages are only approximations obtained from sampling, and that the reported measurements are variable across the different information providers. The percentages given are indications of trends and thus, are subject to fluctuations" (Levene 2010: 16). Levene hat seine Daten von verschiedenen Anbietern, konkret von *Alexa, Nielsen Net Ratings, ComScore, Hitwise* und *Compete*. Diese Dienstleister errechnen den Marktanteil, indem sie „[…] collect information from a panel of several million users while they are searching and browsing the Web" (Levene 2010: 15, FN 25). Ein Problem dieses Ansatzes, Daten auf NutzerInnenseite zu erheben, ist der sogenannte Selektionsbias. Häufig kann durch die Art und Weise, wie diese NutzerInnen selektiert werden, nicht garantiert werden, dass diese Auswahl repräsentativ ist. Die *Amazon*-Tochter *Alexa* etwa wertet die Daten von BenutzerInnen aus, die den *Alexa Toolbar* installiert haben. Die Motivationen, sich als PrivatanwenderIn solch ein Programm zu installieren, mögen breit gestreut sein, eine repräsentative Auswahl an InternetsurferInnen wird dabei jedenfalls nicht automatisch gewährleistet. Ein etwas objektiverer Ansatz ist, die Messung nicht auf Seiten der UserInnen vorzunehmen, sondern serverseitig. Dazu wird auf teilnehmenden Webseiten ein Trackingcode eingebaut. Natürlich hängt die Qualität der Messung dann von der Auswahl der teilnehmenden Seiten ab, bei amerikanischen Ratingagenturen ist zu befürchten, dass nicht-englischsprachige Webseiten unterrepräsentiert bleiben. Als Illustration für diese Problematik kann die Statistik von *StatCounter* dienen, die *Google* für das Jahr 2013 sowohl in Russland als auch in Tschechien ganz klar als Marktführer ausweist, mit 53% (*Yandex:* 45%)[7] bzw. 71% (*Seznam:* 26%)[8]. *StatCounter* verwendet einen Trackingcode auf drei Millionen Seiten weltweit, um statistische Daten zu erheben. Laut eigener Aussage stammen die Daten für Juni 2013 aus insgesamt 17,5 Milliarden Seitenaufrufen, davon entfallen auf die USA 4,2 Milliarden, also ein Viertel (Statcounter 2013). Osteuropäische Seiten dürften in dieser Stichprobe jedenfalls nicht befriedigend abgebildet sein.

Um an plausible Daten zu kommen, die die Gegebenheiten slavischer Suchkulturen illustrieren, ist es demnach notwendig, sich an Ratingagenturen aus Osteuropa zu wenden. Die polnische Firma *Gemius* hat sich hauptsächlich auf den mittel- und südosteuropäischen Raum spezialisiert, konkreter werden Daten für folgende 18 Länder erhoben: Weißrussland, Bulgarien, Kroatien, Tschechien, Dänemark, Estland, Ungarn, Lettland, Litauen, Moldau, Polen, Russland, Serbien, Slowenien, Slowakei, Türkei, Ukraine und die MENA-Region („Middle East and North Africa"). *Gemius* hat dabei ein Panel von mehreren hunderttausend teilnehmenden Seiten mit Trackingcodes, die einen Seitenaufruf an *Gemius* weitermelden. Die Suchmaschinenstatistik wird dabei indirekt erstellt: Für jeden Seitenaufruf der *Gemius*-Partnerseiten wird der Http-Referrer ausgelesen und überprüft, ob dieser eine Suchmaschine ist (Gemius 2013). Leider führt *Gemius* keine Statistiken zum tschechischen Suchmaschinenmarkt. Aus diesem Grund wird zusätzlich noch auf den tschechischen Anbieter *Toplist* zurückgegriffen, der eine mit *Gemius* vergleichbare Methodik verwendet, also ebenfalls mit Trackingcodes arbeitet und dann Suchmaschinen indirekt ausliest (Toplist 2013).

Doch selbst wenn die Auswahl der Stichprobe selbst nicht in Zweifel gezogen wird, kann immer noch die Art und Weise kritisiert werden, wie Daten konkret erhoben bzw. gemessen werden. Deutlich wird dies am Beispiel des tschechischen Suchmaschinenmarktes. Im Jahr 2011 hat *Google* laut *Toplist* zum ersten Mal die Spitze erklommen (siehe Abbildung 4.2). *Seznam* hat dies allerdings nicht widerspruchslos zur Kenntnis genommen, wie die nachfolgende Pressemitteilung belegt:

> Bohužel není dostupná oficiální metrika, která by umožňovala zjistit jasné a prokazatelné podíly na trhu vyhledávačů. Vzhledem k tomu, že nejsou k dispozici data od všech hráčů na trhu, posloužila pro závěry médií nepřesná statistika Toplistu. Ve verzi použité pro interpretaci podílů na trhu byly navíc zohledněny přístupy na české internetové stránky i ze zahraničí. Seznam.cz se soustředí pouze na lokální, český trh […]. Google neposkytuje žádná data o své návštěvnosti a odmítá se zapojit do oficiálního měření. Proto se tvrzení o ztrátě pozice nejnavštěvovanějšího českého serveru nezakládá na prokazatelných faktech.[9] (Rozumková 2011)

---

[7] Quelle: Statcounter, Top 5 Search Engines in Russian Federation from August 2012 to August 2013. Online: *http://gs.statcounter.com/#search_engine-RU-monthly-201208-201308* (aufgerufen am 30. August 2013).

[8] Quelle: Statcounter, Top 5 Search Engines in Czech Republic from August 2012 to August 2013. Online: *http://gs.statcounter.com/#search_engine-CZ-monthly-201208-201308* (aufgerufen am 30. August 2013).

[9] „Leider ist keine offizielle Metrik verfügbar, die es erlauben würde, klare und aussagekräftige Marktanteile am Suchmaschinenmarkt festzustellen. In Anbetracht der Tatsache, dass nicht für alle Mitbewerber am Markt Daten zur Disposition stehen, diente für die Ergebnisse der Medien die ungenaue Statistik von Toplist. In der Version, die für die Interpretation des Marktanteils verwendet worden ist, wurden vor allem auch die Zugriffe auf tschechische Seiten aus dem Ausland berücksichtigt. Seznam.cz konzentriert sich rein auf den lokalen, tschechischen Markt […]. Google gibt keinerlei Daten über Seitenaufrufe preis und verweigert eine Aufnahme in die offizielle Messung. Deshalb kann man mit den erwähnten Fakten nicht den Verlust der Position des am meisten besuchten tschechischen Servers erklären." [Übersetzung G.H.]

Nun ist es schwierig zu klären, ob ein Filtern ausländischer Zugriffe an der grundlegenden Situation soviel ändern würde. Wie die aktuellen *Toplist*-Daten belegen, hat *Seznam* seinen amerikanischen Konkurrenten mittlerweile jedenfalls wieder fast eingeholt, wie auch in Tabelle 3.1 ersichtlich ist. Zu dieser Tabelle ist anzumerken, dass *Gemius* tatsächlich nur Zugriffe aus dem jeweiligen Land misst, was die Statistik leicht zugunsten lokaler Suchmaschinen beeinflussen könnte. Um Platz zu sparen, werden nicht alle 18 von *Gemius* untersuchten Länder angeführt, sondern nur eine kleine, aussagekräftige Auswahl davon. Gezeigt werden Marktführer und dessen Marktanteil, bester Mitbewerber und dessen Marktanteil, sowie Datenbasis in Form der Anzahl der Seitenaufrufe, die zur Erstellung der Statistik herangezogen wurden.

Im Allgemeinen können in dieser Momentaufnahme verschiedenene Tendenzen ausgemacht werden; einmal mehr bestätigt sich *Yandex'* Führungsrolle in Russland, in allen anderen 17 Ländern ist *Google* an der Spitze. In drei Ländern, nämlich Tschechien, der Ukraine und Weißrussland, ist die jeweilige zweitplatzierte regionale Suchmaschine *Google* hart auf den Fersen, in Tschechien liegen Marktführer und Herausforderer momentan gar Kopf an Kopf. Etwas überraschend ist in diesem Zusammenhang, wie stark *Google* in Polen und der Slowakei dominiert. In beiden Fällen geht der zweite Platz zudem an *Microsofts* Suchmaschine *Bing* – allerdings mit einem Marktanteil knapp oberhalb der Wahrnehmungsschwelle.

Neben diesem Blick auf die momentane Situation lohnt es sich aber auch, sich den zeitlichen Verlauf genauer anzusehen. Für die meisten von *Gemius* abgedeckten Länder ergibt sich hier keine Überraschung, *Google* war und ist in den meisten Fällen die Nummer eins. Der zeitliche Verlauf der Situation in Russland zeigt wiederum, dass die Marktanteile der beiden Konkurrenten *Google* und *Yandex* über Jahre relativ konstant verlaufen, und *Yandex* mit einem doch deutlichen Vorsprung führt (Abbildung 4.1). Für Tschechien offenbart sich erst in der zeitlichen Entwicklung die einstige Stärke von *Seznam*, wie Abbildung 4.2 zeigt, macht sich für das Jahr 2013 aber wieder eine gewisse Annäherung bemerkbar. Als letzte abweichende Suchkultur sei noch Estland erwähnt, wo die lokale Suchmaschine *Neti* zurzeit knapp acht Prozent hält. Die historische Entwicklung zeigt aber, dass hier einst ein starker *Google*-Konkurrent aktiv war (Abbildung 4.3).

Tabelle 4.1: Der gegenwärtige Suchmaschinenmarkt für ausgewählte Länder (Quelle: Gemius SA, gemiusTraffic, 19. 8. – 25. 8. 2013; TOPlist s.r.o, 19. 8. – 25. 8. 2013)[10]

	Marktführer	Anteil	2. Platz	Anteil	Datenbasis
Russland	*Yandex*	54,71%	*Google*	25,45%	457.397.142
Tschechien	*Google*	45,71%	*Seznam*	44,15%	ca. 900.000.000[11]
Slowakei	*Google*	95,2%	*Bing*	1,28%	377.187.324
Polen	*Google*	92,36%	*Bing*	1,75%	3.727.797.480
Ukraine	*Google*	55,24%	*Yandex*	42,42%	1.301.372.966

[10] Russland: *http://rankingru.com/en/rankings.pdf*; Slowakei: *http://www.rankings.sk/en/rankings.pdf*; Polen: *http://www.ranking.pl/en/rankings.pdf*; Ukraine: *http://www.ranking.com.ua/en/rankings.pdf*; Weißrussland: *http://www.ranking.by/en/rankings.pdf*; Estland: *http://www.rankingee.com/en/rankings.pdf*. Bei *Gemius* sind für Tschechien keine Daten verfügbar, deshalb stammen hier die Werte von *Toplist*: *http://www.toplist.cz/stat/?a=csv&type=4&year=2013* (alle Seiten aufgerufen am 28. August 2013).

[11] Interpoliert aus den 131.399.405 Page Views, die *Toplist* für den 1. 9. 2013 angeführt hat (Toplist 2013).

| Weißrussland | *Google* | 43,80% | *Yandex* | 41,39% | 409.372.319 |
| Estland | *Google* | 85,34% | *Neti.ee* | 8,41% | 94.612.155 |

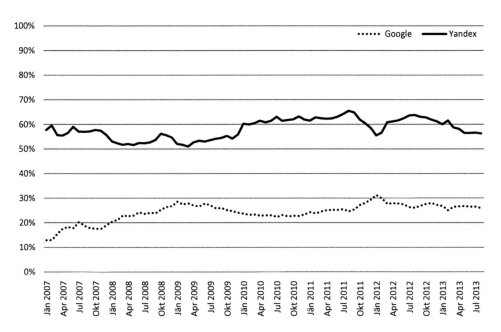

Abbildung 4.1: Yandex und Google in Russland
(Quelle: Gemius SA, gemiusTraffic, 1. 1. 2007 – 31. 7. 2013)[12]

---

[12] *http://rankingru.com/en/rankings/search-engines-domains.html* (aufgerufen am 28. August 2013).

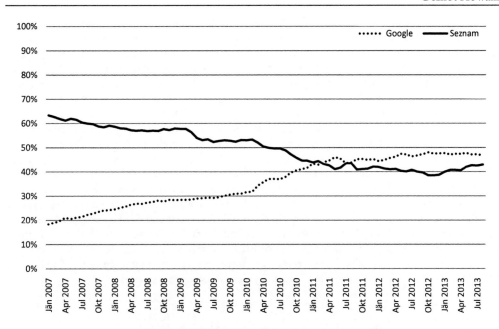

Abbildung 4.2: Seznam und Google in Tschechien
(Quelle: TOPlist s.r.o, 1. 1. 2007 – 31. 7. 2013)[13]

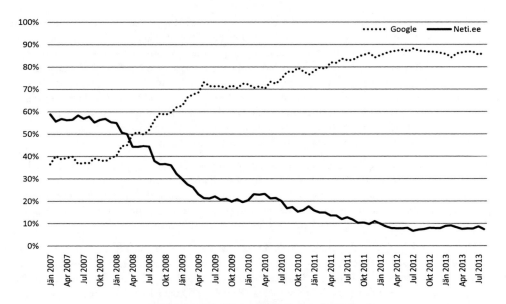

Abbildung 4.3: Neti.ee und Google in Estland
(Quelle: Gemius SA, gemiusTraffic, 1. 1. 2007 – 31. 7. 2013)[14]

---

[13] *Toplist* erlaubt es, Jahresstatistiken per CSV zu exportieren, die Daten für 2007 sind etwa unter folgendem Link abrufbar: *http://www.toplist.cz/stat/?a=csv&type=4&year=2007* (aufgerufen am 28. August 2013). Auf diese Weise wurden auch die Jahre 2008-2013 aufgerufen. Für die Zeit vor 2007 waren keine Daten verfügbar.

[14] *http://rankingee.com/en/rankings/search-engines-domains.html* (aufgerufen am 28. August 2013).

Was lässt sich jetzt zusammenfassend anführen? Zunächst einmal ist es sehr schwierig, überhaupt festzustellen, wer tatsächlich an der Spitze der Suchmaschinenhierarchie steht. Das Fehlen verlässlicher Internetstatistiken kann damit als ein weiterer ‚Flaschenhals' des Informationszeitalters verstanden werden. Die im Internet von verschiedensten Marktforschungsinstituten publizierten Zahlen sind mit Vorsicht zu genießen. Zum einen ist problematisch, dass sehr häufig nur Marktanteile bzw. überhaupt nur Platzierungen angeführt werden, Stichprobengrößen und ähnliche relevante Kenndaten aber meistens nicht ersichtlich sind. Auch die Methodiken zur Datenerhebung unterscheiden sich sehr stark, was den Vergleich von Zahlen unterschiedlicher Studien erschwert. Bei amerikanischen Studien ist zudem eine gewisse Unterrepräsentanz nicht-englischsprachiger Webseiten zu befürchten. Sowohl eine kritische Reflexion über die eingesetzte Methodik als auch ein Vergleich der Daten unterschiedlicher Ratingagenturen ist daher unverzichtbar, um die einzelnen slavischen Suchkulturen annähernd treffend zu charakterisieren. Ist dies gewährleistet, lassen sich gewisse Tendenzen feststellen, etwa die Marktführerschaft *Yandex'* in Russland, die geteilte Führungsrolle *Seznams* in Tschechien, die zumindest nicht geringe Bedeutung von *Yandex* in Weißrussland und der Ukraine, und die unerwartete Dominanz von *Google* in Polen und der Slowakei. Daraus ergibt sich der Plural im Titel des vorliegenden Beitrags. Wie diese Beispiele demonstrieren, kann man keinesfalls von einer einzigen monolithischen slavischen Suchkultur sprechen, es muss vielmehr von mehreren unterschiedlichen, aber zumindest vergleichbaren slavischen Suchkulturen ausgegangen werden.

5 ERFOLG DURCH KULTURSPEZIFIK?

Wie in der Einleitung bereits erwähnt, wird der Erfolg der wenigen *Google*-Bezwinger vor allem an der Sprache festgemacht, auch von den beteiligten Firmen selber. So gibt Il'ja Segalovič, einer der ersten *Yandex*-Programmierer, in einem Interview zu, dass „[...] it was not until 2006 that we considered Google a threat. That was the year Google started supporting Russian morphology" (Atkins-Krüger 2011). Ähnlich interpretiert *Google* selbst diese Situation: „In Russia and the Czech Republic, Google was late to invest and did not initially match the locals in the quality of its local language results, admits Mohammad Gawdat, [...] head of the emerging markets in Europe, the Middle East and Africa" (Waters et al. 2008). Worin die große Schwierigkeit besteht, Suchanfragen in Russisch abzuarbeiten, zeigt ein kleines Beispiel, das die *Yandex*-Technikerin Elena Kolmanovskaia anführt:

> Just imagine – a simple query „new Russians" („новый русский") in all Russian forms looks like: (((новый | нов | новейший) ~ русский) | ((нового | новейшего) ~ русского) | ((новому | новейшему) ~ русскому) | ((новым | новейшим) ~ русским) | ((новом | новейшем) ~ русском) | ((новые | новы | новейшие) ~ русские) | ((новых | новейших) ~ русских) | ((новыми | новейшими) ~ русскими)) (Kolmanovskaia 1999: 158)

Als ein weiteres Problem identifiziert Kolmanovskaia die Kyrilliza, für die es eine ganze Reihe von verschiedenen Kodierungen gibt, die gleichberechtigt nebeneinander existieren. Die am weitesten verbreiteten Zeichensätze sind *Windows-1251*, der sowjetische Standard *KOI8-R*, *ISO-8859-5*, *Alt-866* und ein spezielles *Macintosh*-Format (Kolmanovskaia 1999: 157). Dazu ist zunächst anzumerken, dass diese unterschiedlichen Kodierungen mit der breiten Unterstützung von Unicode-Kodierungen, insbesondere *UTF-8*, stark an Bedeutung verloren haben. Weiters zeigt das Beispiel Tschechiens, dass im Allgemeinen die Herausbildung einer eigenständigen Suchkultur nicht nur auf ein nicht-lateinisches Schriftsystem zurückgeführt werden kann; Tschechisch wird nämlich mit dem lateinischen Alphabet geschrieben. Ähnliches trifft auch auf Estland zu, wo die Suchmaschine *Neti* sich immerhin bis 2008 gegen *Google* behaupten konnte. Estnisch weist als Beispiel der finno-ugrischen Sprachfamilie zwar auch eine sehr spezielle Struktur auf, wird aber ebenfalls in der Latiniza geschrieben.

Außer Sprache und Schrift wirken aber noch weitere Faktoren bei der Herausbildung einer regionalen Suchkultur mit. *Seznam* verweist beispielsweise bereits im Jahr 1996 mittels eines Werbe-Banners auf seine lokale Kompetenz: „Je fajn že Altavista obsahuje skoro všechny stránky na světě, ale za jak dlouho pomocí ní najdete program pražských kin?"[15]. Wie wichtig ist diese Kulturspezifik aber konkret? Wie stark wirken sich historische und politische Rahmenbedingungen auf eine regionale Suchkultur aus? Eine Gemeinsamkeit, die Russland, Tschechien, Polen, die Slowakei, die Ukraine, Weißrussland sowie Estland eint, ist ja deren Vergangenheit als Staaten des Warschauer Paktes. Während sich aber Russland, Tschechien, die Ukraine und Weißrussland bezüglich ihrer Suchkultur insofern ähneln, als dass regionale Firmen mit *Google* zumindest mithalten können, sieht die Situation in Polen und der Slowakei ganz anders aus. Dies demonstriert, dass sowohl gemeinsame Sprachfamilie als auch geteilte Geschichte nicht ausschlaggebend sein müssen. Tschechien und die Slowakei etwa bildeten von 1945 bis 1993 gemeinsam die Tschechoslowakei, trotzdem könnten die jeweiligen Suchkulturen unterschiedlicher nicht sein. Vielleicht ist sogar gerade die relative Nähe der beiden Staaten für die Unterschiede verantwortlich, so könnte die historisch bedingte Rivalität zwischen der tschechischen und der slowakischen Sprache *Zoznam*, also *Seznams* slowakischem Ableger, in der Slowakei den Garaus gemacht haben.

Sehr schön lässt sich hingegen die Situation in der Ukraine und in Weißrussland aus geschichtlichen und politischen Faktoren ableiten. Nachdem beide Länder als sowjetische Satelliten jahrzehntelang von Moskau dominiert wurden, ist das Russische auch nach dem Zusammenbruch der Sowjetunion aus ihrem Alltagsleben kaum wegzudenken. Der relativ hohe Marktanteil der russischen Suchmaschine *Yandex* ist daher wenig überraschend. In diesem Zusammenhang muss noch erwähnt werden, dass die spezielle sprachliche Situation in der Ukraine und in Weißrussland auch einen politischen Hintergrund hat. Russland versucht, seinen Einfluss in beiden Ländern entsprechend beizubehalten bzw. auszudehnen, was besonders für die Diskussion kulturspezifischer Flaschenhälse im sechsten Abschnitt des vorliegenden Beitrages relevant sein wird.

Außer Schrift, Sprache und kulturellem Hintergrund müssen noch weitere Faktoren beachtet werden, um eine regionale Suchkultur adäquat beschreiben zu können. Dazu gehören nach Waters et al. folgende drei Komponenten: „[...] Google has played second fiddle to rivals who invested much earlier, perfected their technology to work with local languages and came up with innovations that Google is now having to copy" (Waters et al. 2008). Sowohl *Yandex* als auch *Seznam* sind vor *Google* aktiv geworden, und haben – wie in den vorangegangenen Abschnitten bereits erläutert – mit Innovationen zu punkten versucht. Warum aber ist es wichtig, vor etwaigen Konkurrenten auf den Plan zu treten? Hier könnte der von Jansen et al. diskutierte Einfluss einer etablierten Suchmaschinenmarke auf die subjektive Zufriedenheit ihrer NutzerInnen eine Rolle spielen (Jansen et al. 2009). Für ihre Untersuchung haben Jansen et al. vier Suchmaschinen – *Google*, *MSN*, *Yahoo*, und eine Suchmaschine ohne Markennamen – von 32 TeilnehmerInnen testen lassen; dies allerdings nur zum Schein. Die Suchresultate waren nämlich vorgegeben und für alle vier Maschinen gleich. Betrachtet wurde das UserInnen-Verhalten wie etwa Verweildauer, Umformulierungen einer Suchanfrage, Öffnen von Links, etc. Wie Jansen et al. ausführen, entspricht dies aufgrund des speziellen statistischen Designs einer Studie mit 128 Personen (Jansen et al. 2009: 1575). Tatsächlich konnte die No-Name-Suchmaschine die NutzerInnen am wenigsten lange halten. Gleichzeitig waren diese hier am ehesten geneigt, eine andere Suchmaschine aufzurufen (Jansen et al. 2009: 1579f). Die Resultate einer etablierten Suchmaschine werden also als subjektiv ‚besser' empfunden. Darüber hinaus wird diese infolgedessen auch häufiger aufgerufen als die eines neuen Mitbewerbers. Dieser

---

[15] „Es ist fein, dass Altavista fast alle Seiten auf der Welt beinhaltet, aber wie lange dauert es, um damit das Kinoprogramm für Prag zu finden?" [Übersetzung: G.H.]. Screenshot: *http://www.earchiv.cz/b05/gifs/b0811004.gif* (aufgerufen am 26. August 2013).

Effekt geht so weit, dass erst „[...] some revolutionary technological leap where the performance improvement is so apparent that the user cannot ignore it [....] [can] change user behavior" (Jansen et al. 2009: 1591).

Neben einem etablierten Markennamen identifizieren Waters et al. noch einen weiteren Grund, warum sich die *Google*-Konkurrenten behaupten haben können: „These companies have since been able to consolidate their hold thanks to their well-known local brand names and a strategy that often relies on combining search with a range of other portal-like services to keep users on in-house sites" (Waters et al. 2008). Diese Strategie ist sowohl bei *Yandex* als auch bei *Seznam* offensichtlich, beide Webseiten präsentieren sich nicht als reine Suchmaschine, sondern haben die Struktur eines klassischen Webportals, mit kostenlosem E-Mail-Konto, Wetterprognose, aktuellen Nachrichten, etc. Auch das Identifizieren neuer Märkte ist mitentscheidend für den Erfolg einzelner Suchmaschinen und beeinflusst damit grundlegend die jeweilige regionale Suchkultur. *Yandex* etwa hat 2011 die Video-Suche für *Seznam* programmiert (Mandzhikov/Komarova 2011), und engagiert sich seit 2012 in der Türkei.

Zusammenfassend kann man anführen, dass kulturspezifische Aspekte wie Sprache, Schriftsystem oder Geschichte zweifellos eine gewichtige Rolle bei der Ausprägung einer regionalen Suchkultur spielen können. Allerdings ist es denkbar, dass zwei Suchkulturen trotz ähnlicher Rahmenbedingungen immer noch ganz unterschiedlich ausfallen, deshalb dürfen Faktoren wie Innovationskraft oder wirtschaftliches Geschick einer Firma nicht außer Acht gelassen werden.

6 SUCHMASCHINEN ALS FLASCHENHÄLSE

Es ist nun an der Zeit, einige Überlegungen zur Vorstellung der Suchmaschinen als „Bottlenecks des Informationszeitalters" anzustellen. Nico van Eijk bemerkt dazu grundsätzlich:

A search engine determines which information provided by an information provider can be found by the end-user as well as what information the end-user will ultimately find. The search facility provided and the underlying search algorithm thus control supply and demand. Or to put it more simply: it is a bottle-neck with two bottles attached to it. (Eijk 2009: 142).

Laut van Eijk können Suchresultate zunächst durch die Suchmaschinen selber manipuliert werden. Wird eine Seite aus irgendwelchen Gründen nicht in den Suchindex aufgenommen, kann sie später auch nicht gefunden werden. Nachdem Suchalgorithmen in der Regel geheim gehalten werden, ist hier viel Raum für mögliche Manipulationen gegeben (Eijk 2009: 146). Weiter ist auch die Reihung der Suchresultate wichtig, und auch hier können Suchmaschinen manipulieren. Als Beispiel nennt van Eijk die Vermutung, dass *Google* gewisse Suchresultate in bestimmten Ländern nicht anzeigt. Hier können durchaus auch rechtliche Probleme im Hintergrund stehen, van Eijk verweist etwa auf die Situation in Deutschland, wo verfassungsfeindliche Symbole wie etwa das Hakenkreuz verboten sind. Gerichte können aber auch auch bei Verletzung von Trademarks, Copyright-Bestimmungen oder bei Anwendung unfairer Geschäftspraktiken eingreifen und bestimmte Suchresultate entfernen lassen (Eijk 2009: 147).

Die zweite Möglichkeit der Manipulation besteht auf Seiten der WebseitenbetreiberInnen, die bei Suchmaschinen intervenieren können, um bessere Suchresultate für ihre Seite zu erzielen, etwa indem sie den Suchmaschinen einfach etwas bezahlen (Eijk 2009: 147). Auch die Manipulation von Metadaten und dergleichen, also das, was in der Regel unter *Search Engine Optimisers* (SEO) fällt, gehört in diese Kategorie (Eijk 2009: 148).

An dieser Stelle sei noch auf einen Artikel der Prä-*Google*-Ära verwiesen, der sich ebenfalls den Problemen der Internetsuche widmet, nämlich Introna und Nissenbaums „Shaping the Web: Why the Politics of Search Engines Matters" (2000). Diese identifizieren ebenfalls die Indizierung und das Ranking als potentielle Probleme bei der Internetsuche. Darüber hinaus weisen sie aber darauf hin, dass die BenutzerInnen selbst für die Wirkung der Suchmaschinen als Flaschenhals verantwortlich sein können. Dies geschieht zum einen, wenn sich diese nur auf eine einzige Suchmaschine verlassen, und zum anderen, wenn sie falsche Suchkriterien verwenden (Introna/Nissenbaum 2000: 175).

Abgesehen von Manipulationen der Suchergebnisse stellt die Datensammelwut vieler Suchmaschinen einen weiteren Flaschenhals dar. Häufig wird das Suchverhalten der BenutzerInnen mitprotokolliert. Das große Problem dabei ist, dass diese Prozesse intransparent ablaufen – niemand weiß, welche Informationen wie lange gespeichert werden (Eijk 2009: 148f). Ergänzend dazu versuchen immer mehr Suchmaschinen, mehr Kontrolle über Inhalte zu gewinnen, etwa wenn *Google* die Videoplattform *Youtube* kauft, Bücher digitalisiert oder Landkarten anbietet (Eijk 2009: 150). Schlussendlich versuchen Suchmaschinen unter Umständen auch, Kontrolle über die physikalische Kommunikationsinfrastruktur zu gewinnen (Eijk 2009: 150).

All diese Aktivitäten sind laut van Eijk mit gegenwärtigen Gesetzen zum Teil nur sehr schwer zu fassen. Zusätzlich ist es allerdings naiv, anzunehmen, das Internet reguliere sich selbst (Eijk 2009: 150). Van Eijk führt vier Aspekte an, die seiner Meinung nach bezüglich der Regulation von Suchmaschinen besonders relevant sind – aus, wie er zugibt, europäischer Sicht (Eijk 2009: 151). Zunächst einmal bewegen sich Suchmaschinen im Rahmen der Meinungsfreiheit, die in Artikel 10 der europäischen Menschenrechtskonvention festgelegt ist. Der zweite zentrale Aspekt für die Regulation von Suchmaschinen ist das Wettbewerbsrecht, das es etwa verbietet, eine dominante Marktposition zu missbrauchen (Eijk 2009: 151). Dieser Missbrauch könnte vor allem die Auswahl der Suchergebnisse betreffen (Eijk 2009: 152). Daneben könnte eine Suchmaschine auch versuchen, die eigenen Informationsangebote zu pushen, etwa *Youtube*-Videos auf *Google*. Auch *Googles* Quasi-Monopol auf Werbung im Internet könnte sich ungünstig auswirken (Eijk 2009: 152).

Abschließend seien noch zwei rechtliche Probleme erwähnt, auf die van Eijk eingeht. Dazu zählt zunächst die Frage, welchem wirtschaftlichen Sektor Suchmaschinen zugeordnet werden sollen – Telekommunikation oder Medien (Eijk 2009: 153). Diese Fragestellung ist allerdings für die hier geplante Untersuchung kulturspezifischer Aspekte des Flaschenhalses Suchmaschine nur bedingt relevant. Wichtiger ist hier der Aspekt der Privatsphäre im Netz. Dazu folgt das europäische Recht folgender Maxime: „[...] a minimum of personal data should be stored and processed, and that there must exist a direct relationship between what is done with data and the reason why it has been collected" (Eijk 2009: 153). Inwiefern diese Bestimmungen auf Suchmaschinen angewandt werden können – bzw. ob europäisches Recht auch für amerikanische Suchmaschinen gilt – ist allerdings nicht klar (Eijk 2009: 151, FN 11; 154).

Auch wenn vieles noch ungeklärt ist, kann man immerhin feststellen, dass „[...] [p]olicy makers and regulators are becoming increasingly aware of the role played by search engines in society, and the possible effects of reduced competition in the sector" (Eijk 2009: 154). Als Resultat dieses Prozesses wäre nun wünschenswert, dass BenutzerInnen von Suchmaschinen „[...] are entitled to minimum guarantees in respect of the way their operators work: they need to be properly informed, and misleading them has to be prevented" (Eijk 2009: 155). Dies ist insofern wichtig, als dass Suchmaschinen nach Introna und Nissenbaum gewissermaßen öffentliches Gut sind: „Without an effective means of finding what you need, the benefits of an information and communication infrastructure like the Web are significantly diminished" (Introna/Nissenbaum 2000: 180). Werden Suchmaschinen diesem Ideal aber tatsächlich gerecht? Aktuelle Entwicklungen lassen dies als zweifelhaft erscheinen. Als ganz besonders problematisch erweist sich diesbezüglich die von Eli Pariser entdeckte „Filterblase":

Most of us assume that when we google a term, we all see the same results—the ones that the company's famous Page Rank algorithm suggests are the most authoritative based on other pages' links. But since December 2009, this is no longer true. Now you get the result that Google's algorithm suggests is best for you in particular—and someone else may see something entirely different. In other words, there is no standard Google anymore. (Pariser 2011: 2)

Die Gefahr dabei besteht vor allem darin, dass man mit Informationen, die von der eigenen Meinung – bzw. von dem, was die jeweilige Suchmaschine aufgrund der Suchhistorie dafür hält – abweichen, nicht mehr konfrontiert wird. Durch diese Bevormundung fehlt der Blick über den Tellerrand hinweg, bei der Meinungsbildung treten selbstverstärkende Prozesse in den Vordergrund, „[…] indoctrinating us with our own ideas" (Pariser 2011: 15).

Suchmaschinen können also auf viele verschiedene Arten und Weisen als Flaschenhälse wirken. Kulturspezifische Probleme werden von der Literatur allerdings kaum angesprochen. Ausgenommen davon ist etwa das von van Eijk erwähnte Verbot von nationalsozialistischen Inhalten in Deutschland, das auch bei der Darstellung der Suchresultate berücksichtigt werden muss. Abgesehen davon bleiben aber viele Implikationen unerwähnt, die bei der Betrachtung des Flaschenhalses Suchmaschine in den slavischen Suchkulturen sofort ins Auge springen. Nachfolgend sollen also nicht (nur) die hier aufgezählten Aspekte des Flaschenhalses Suchmaschine auf *Yandex* und *Seznam* umgelegt werden. Vielmehr geht es darum, spezifische Flaschenhälse der tschechischen und russischen Suchkultur zu skizzieren.

7 FLASCHENHÄLSE IN SLAVISCHEN SUCHKULTUREN

Die auffälligste Abweichung vieler slavischer Suchkulturen von ihren ‚westlichen' Pendants ist die ungewohnte Konkurrenzsituation am Suchmaschinenmarkt. Da ein Monopol auf die Internetsuche für eine Reihe von Flaschenhälsen verantwortlich gemacht werden kann (Eijk 2009: 151f), ist anzunehmen, dass die Suchkulturen im *Čechnet* und im *Runet* in dieser Hinsicht freier sind. Grundsätzlich stehen in diesen Ländern jeweils zwei verschiedene und qualitativ hochwertige Suchmaschinen zur Verfügung, ob sich diese Wahlfreiheit allerdings tatsächlich auf den Suchalltag auswirkt, ist zu bezweifeln.

Als Indikator können die Daten herangezogen werden, die *Yandex* 2012 im Rahmen der *Switch Detection Challenge* zur Verfügung gestellt hat. Demzufolge kam es in 10% der *Yandex*-Suchanfragen zu einem Wechsel der Suchmaschine (Savenkov et al. 2013: 8). Es ist allerdings sehr unwahrscheinlich, dass dieser Wechsel erfolgte, um die Wirkung der Suchmaschine als Flaschenhals zu umgehen. Eine von White und Dumais durchgeführte Studie zum Wechselverhalten von amerikanischen SuchmaschinennutzerInnen hat 1,1 Milliarden Suchanfragen, die über einen Zeitraum von sechs Monaten von 1,4 Millionen UserInnen getätigt worden sind, untersucht. In 1,4% aller Anfragen ist ein Suchmaschinenwechsel erfolgt, insgesamt haben 72.6% aller UserInnen im beobachteten Zeitraum mehr als eine Suchmaschine benutzt (White/Dumais 2009: 89). Wechsel sind vor allem dann erfolgt, wenn die Suchergebnisse als nicht ausreichend zutreffend empfunden worden sind – nämlich in insgesamt 57% der Fälle. Nur in 9% der Fälle wollten NutzerInnen die Suchergebnisse einer Suchmaschine durch eine andere verifizieren (White/Dumais 2009: 89). Legt man diese Ergebnisse auf die *Yandex*-Daten um, so werden Suchergebnisse in gerade einmal 0,9% der Fälle durch eine zweite Suchmaschine verifiziert. Dazu ist allerdings anzumerken, dass ein zweifelsfreies Erkennen eines Suchmaschinenwechsels sehr schwierig ist – dies müsste etwa über verschiedene Tabs eines Browsers hinweg verfolgt werden. Unter Umständen werden also einige Wechsel gar nicht erkannt (Savenkov et al. 2013: 1). Ob die Ergebnisse der amerikanischen Studie zudem so einfach auf russische Verhältnisse übertragen werden können, ist fraglich. Hier könnte nur eine Studie unter tschechischen bzw. russischen NutzerInnen Abhilfe schaffen. Trotzdem bleibt zu vermuten, dass nicht für jedes Suchergebnis auf *Yandex* oder *Seznam* die Gegenprobe auf *Google* gemacht wird – dies erscheint als wenig praktikabel. Aus eben diesem Grund ist die Wirkung der Suchmaschinen als Flaschenhals auch in Oligopolen wie der tschechischen und russischen Suchkultur weiter gegeben. Bezüglich der von Pariser entdeckten Filterblase ist überhaupt festzustellen, dass hier auch eine Gegenprobe durch eine weitere Suchmaschine nicht helfen würde – jede Suchmaschine würde trotzdem personalisierte Ergebnisse je nach gespeichertem Suchverlauf liefern. Die Wahrscheinlichkeit, dass in beiden Fällen ähnliche Filterblasen erschaffen werden, ist umso höher, je besser die Personalisierungsalgorithmen der betreffenden Suchmaschinen arbeiten.

Doch kehren wir noch einmal zum Phänomen des *Google*-Monopols in weiten Teilen der Welt zurück. Wie häufig argumentiert wird, tendiert der Suchmaschinenmarkt im Allgemeinen stark zu einer Monopolsituation – dies wird etwa durch die Modellberechnungen von Argenton et al. belegt (Argenton/Prüfer 2012: 83f). Dabei offenbart sich das Phänomen des „market tippings": „[...] [T]he market share of the dominant firm is expected to increase more and more, whereas the market shares of the other firms are expected to decrease" (Argenton/Prüfer 2012: 83). Mit dieser Situation geht auch einher, dass nur der Marktführer profitabel ist, während der bzw. die Mitbewerber Verluste schreiben (Argenton/Prüfer: 84f). Tatsächlich lässt sich der amerikanische Suchmaschinenmarkt sehr gut mit diesem Modell beschreiben, wo *Google* seine Führungsposition konsequent ausbaut, während *Yahoo* und *Bing* stetig Marktanteile verlieren (Argenton/Prüfer 2012: 85). Wie Abbildung 4.1 und 4.2 zeigen, ist dieser Zug zum Monopol in den slavischen Suchkulturen keinesfalls so stark ausgeprägt. In Russland kann *Yandex* den Konkurrenten *Google* nicht abschütteln, wobei es sich Google allerdings leisten kann, Verluste im Sinne von Argenton und Prüfer zu schreiben. Diese spezielle Situation ist also durchaus noch von den Modellrechnungen abgedeckt. Die Situation in Tschechien allerdings zeigt, dass *Seznam* den Turnaround offensichtlich geschafft hat und an seinen Konkurrenten wieder aufschließen konnte. Hier stimmt also Modell und Wirklichkeit nicht überein. Eine Überarbeitung der Modellrechnungen in Hinblick auf die in der Einleitung erwähnten disparaten Suchkulturen wäre deshalb gewiss lohnend.

Die Modellrechnungen von Argenton und Prüfer haben außerdem gezeigt, dass „[...] consumer surplus increases in the level of competition" (Argenton/Prüfer 2012: 86). Demzufolge ist anzunehmen, dass die Qualität der Suchresultate in Russland und Tschechien entsprechend höher sein muss, eine Annahme, die allerdings noch durch empirische Methoden belegt werden muss. Argenton und Prüfer schlagen jedenfalls vor, durch staatliche Eingriffe für einen lebendigeren und damit für die KonsumentInnen besseren Suchmaschinenmarkt zu sorgen (Argenton/Prüfer 2012: 92f). Auch für van Eijk wäre eine staatliche Kontrollinstanz wünschenswert, so würde er „independent audits" befürworten, die die Objektivität von Suchmaschinen überprüfen (Eijk 2007: 21). Diese Sehnsucht nach staatlicher Kontrolle mag im ‚Westen' legitim erscheinen, gerade in Russlands „gelenkter Demokratie" ist die Rolle des Staates als unabhängige (Prüf-)Instanz allerdings zu hinterfragen. In der Tat gibt es Bestrebungen auf Seiten des russischen Staates, den freien Zugang seiner BürgerInnen zu Informationen im Internet zu beschneiden. Michael Gorham führt dazu an, dass „[...] the Russian state might use access, speed, security and affordability as a means of enticing the majority of internet users into a nationalized cyberspace [...]" (Gorham 2011: 39). Als ein Element dieser Strategie ist passenderweise eine nationale, staatlich geförderte Suchmaschine geplant (Gorham 2011: 39). Es steht zu befürchten, dass es die Hauptaufgabe dieser staatlichen Suchmaschine sein wird, als Flaschenhals zu wirken.

Doch die Einflussnahme des russischen Staates beschränkt sich nicht auf die eigenen BürgerInnen. Die nach wie vor große Bedeutung der russischen Sprache in den ehemaligen Teilrepubliken der Sowjetunion wird von Russland dazu benutzt, seine Einflusssphären aufrechtzuerhalten. Dies macht sich nicht nur offline bemerkbar, sondern zeigt sich auch, wie Dirk Uffelmann für Kasachstan nachgewiesen hat, im Netz (Uffelmann 2011: 172f). Uffelmann fragt hier gar nach einer „Cybercolonization of Eurasia via the Runet" (Uffelmann 2011: 178). Dies erscheint insofern gerechtfertigt, als dass die gegenwärtige russische Medienpolitik an „[...] [t]he colonialist use of Russian mass media in Soviet propaganda" (Uffelmann 2011: 178) gemahnt. Zweifellos spielt dabei auch die russischsprachige Suchmaschine *Yandex* eine Rolle, auch wenn Uffelmann dies nicht explizit erwähnt. Zwar handelt es sich dabei um eine private Unternehmung, die nicht unmittelbar im Auftrag des Staates agiert. Trotzdem kann nicht geleugnet werden, dass *Yandex* von der aggressiven Sprachenpolitik der russischen Föderation profitiert. Dies betrifft nicht nur Mittelasien, sondern kann auch anhand der bereits angerissenen Situation in der Ukraine und in Weißrussland nachvollzogen werden. In beiden postsowjetischen Ländern ist Russisch nach wie vor wichtiger Bestandteil des öffentlichen Lebens, woran der russische Staat nicht unbeteiligt ist. Es verwundert daher auch nicht, dass *Yandex* in diesen Suchkulturen Erfolg hat.

Abgesehen von all diesen Einschränkungen ist die russische Suchkultur in einer Beziehung freier als viele ‚westliche' Beispiele – und zwar hinsichtlich des Urheberrechts. In Russland werden Urheberrechte traditionell wenig beachtet – die Gründe dafür sind wie so oft in der sowjetischen Vergangenheit zu suchen (Sundara Rajan 2006: 4f). *Yandex* nutzt hier die rechtlichen Rahmenbedingungen aus und agiert weitaus weniger einschränkend als *Google*. Die amerikanische Suchmaschine entfernt nämlich sowohl auf ihrer internationalen Variante *google.com* als auch auf ihrer russischen Ausgabe *google.ru* Seiten, die gegen den amerikanischen *Digital Millennium Copyright Act* (DMCA) verstoßen. Egal, wie man zu dieser Art der Manipulation stehen mag – der freie Informationsfluss ist dadurch jedenfalls nicht gegeben, *Google* wirkt als Flaschenhals.

Ein letzter Punkt betrifft noch den Einsatz regionaler Suchmaschinen im wissenschaftlichen Kontext. Schon Elena Kolmanovskaia deutet diese Möglichkeit an, so bezeichnet sie Yandex als „Russian Web ReSearch Engine" und konkretisiert, dass die Suchmaschine „[…] provides a possibility to research Russian Internet – both content and users" (Kolmanovskaia 1999: 158). Der Zugriff auf die Suchlogs offenbart demnach beispielsweise, dass während der Währungskrise in Russland plötzlich viel häufiger nach „Bank" und „Wechselkurs" gesucht wurde als nach den üblichen Verdächtigen „Sex" und „Porno" (Kolmanovskaia 1999: 158).

Auch heute noch werden sowohl bei *Seznam* als auch bei *Yandex* umfangreiche Statistiken geführt, so ist es in beiden Fällen möglich, statistische Suchdaten zu einzelnen Wörtern abzufragen.[16] Nun mag dieser Einblick zwar interessant erscheinen, ist aber letztlich wenig bedeutsam, denn eine allgemeine Aufstellung der Top-Suchbegriffe für einen bestimmten Zeitraum fehlt. *Yandex* veröffentlicht zumindest punktuell aufbereitete Statistiken, etwa, welche Sportarten in welchen russischen Regionen am häufigsten gesucht werden, auf die Ausgangsdaten – also die Suchlogs – kann man aber nicht zugreifen.[17] *Yandex'* Behauptungen können damit letztlich nicht nachgeprüft werden. Trotzdem werden *Yandex*-Statistiken, etwa Hintergrundinformationen zur russischen und ukrainischen Blogsphäre, von zahlreichen wissenschaftlichen Arbeiten zur russischen Netzkultur zitiert (u.a. Uffelmann 2011). Noch direkter als potentieller Flaschenhals offenbart sich die Suchmaschine, wenn sie unmittelbar der Datengewinnung dient. Rolf Fredheim etwa hat *Yandex'* Blogsuche dazu verwendet, um die Polarisierung der Massenmedien im Hinblick auf die Anti-Putin-Proteste 2011-2012 quantitativ nachzuzeichnen (Fredheim 2013). Diese Vorgangsweise ist legitim, man muss sich aber darüber im Klaren sein, dass hier ein gewisses Manipulationspotential seitens der Suchmaschine gegeben ist.

---

[16] *http://wordstat.yandex.ru/*; *http://search.seznam.cz/stats?collocation=seznam* (beide aufgerufen am 31. August 2013).
[17] *http://company.yandex.ru/researches/figures/2013/ya_sport.xml* (aufgerufen am 31. August 2013).

8 RESÜMEE

Ziel dieses Beitrags war es, die Besonderheit slavischer Suchkulturen herauszuarbeiten und zu zeigen, dass kulturspezifische Faktoren Einfluss auf die Wirkung einer Suchmaschine als „Flaschenhals des Informationszeitalters" haben. Als anschauliche Beispiele wurde die Situation der russischen Suchmaschine *Yandex* und die der tschechischen Suchmaschine *Seznam* diskutiert. Beide Suchmaschinen blicken auf eine lange Erfolgsgeschichte zurück und bieten *Google* nach wie vor Paroli. Wie jüngste Zahlen gezeigt haben, liefern sich *Seznam* und *Google* ein Kopf-an-Kopf-Rennen um die Marktführerschaft in Tschechien, während *Yandex* in Russland nach wie vor dominiert und in Weißrussland und der Ukraine einen starken zweiten Platz hält. Andere slavische Länder, etwa Polen oder die Slowakei, ähneln viel stärker ‚westlichen' Suchkulturen, wo *Google* klar in Führung liegt. Diese Einschätzung basiert auf diversen, im Netz verfügbaren Statistiken, die ihrerseits als Flaschenhals verstanden werden können. Häufig gibt es nämlich keine genaueren Angaben zur verwendeten Methodik oder zu den Ausgangsdaten, weshalb solche Suchmaschinenrankings kritisch hinterfragt werden sollten und erst im Vergleich miteinander als Indikatoren für gewisse Entwicklungen gelesen werden können.

Als Gründe für das Auftreten der zum Teil doch sehr unterschiedlichen Suchkulturen sind einerseits kulturspezifische Aspekte wie Sprache oder die Geschichte eines Landes zu nennen, andererseits dürfen aber auch ‚klassische' wirtschaftliche Faktoren wie Innovationskraft oder Marketing nicht übersehen werden. Auch die rechtlichen Rahmenbedingungen üben einen gewissen Einfluss auf die jeweilige regionale Suchkultur aus und müssen deshalb bei einer Analyse miteinbezogen werden.

Suchmaschinen wirken in vielerlei Hinsicht als Flaschenhälse. Ihre Funktionsweise ist in der Regel eine *Black Box*, man weiß weder, wie der Suchindex erstellt wird, noch wie dieser durchsucht wird und nach welchen Kriterien die Reihung der Ergebnisse vonstattengeht. Als BenutzerIn wird man zudem meist im Unklaren darüber gelassen, welche und wie viele Daten die Suchmaschine während der Nutzung sammelt und wie diese später ausgewertet werden. Unter Umständen werden diese Informationen dazu verwendet, um personalisierte Suchergebnisse liefern zu können; die BenutzerInnen sind dann in der sogenannten Filterblase gefangen, die abweichende Meinungen automatisch aussortiert.

Naturgemäß ist die Wirkung einer Suchmaschine als Flaschenhals abhängig von der jeweiligen regionalen Suchkultur. Interessanterweise widerspricht insbesondere die Situation in Tschechien gängigen Modellrechnungen, die eine Monopolsituation auf dem Suchmaschinenmarkt als ‚natürlich' ansehen. Hier wäre also zu prüfen, in welcher Form diese theoretischen Modelle hinsichtlich regionaler Suchkulturen adaptiert werden könnten. Eine weitere Erkenntnis betrifft die Wirkung von Suchmonopolen. Wie die Analyse der Situation in Tschechien und Russland gezeigt hat, sind die BenutzerInnen in einem Oligopol nicht zwingend freier in ihrer Suche nach Information. Studien legen nahe, dass nur ein verschwindend geringer Anteil an russischen InternetnutzerInnen die Suchergebnisse mittels einer zweiten Suchmaschine überprüft.

Ein weiterer regionaler Aspekt, der sich auf die Suchkulturen auswirkt, ist die jeweilige rechtliche Situation, wie besonders die bezüglich des Urheberrechts sehr freie, bezüglich staatlicher Kontrolle aber sehr restriktive russische Rechtsprechung unterstreicht. Diese staatliche Kontrolle muss sich aber nicht auf das eigene Hoheitsgebiet beschränken, sondern kann in Form eines Cyberkolonialismus auch die Nachbarländer miteinbeziehen. Russland etwa versucht (auch) über das Netz, seinen Einfluss auf postsowjetische Staaten wie Weißrussland, die Ukraine oder Kasachstan auszubauen. Als letzter Punkt ist noch die Rolle regionaler Suchmaschinen als Recherchewerkzeug und Datenlieferant für wissenschaftliche Untersuchungen, die eben diese Region betreffen, zu nennen.

Auch wenn sich die hier untersuchten slavischen Suchkulturen häufig mit der als global verstandenen englischen Suchkultur überschneiden, konnte die dezidiert lokale Perspektive, die der vorliegende Beitrag bewusst eingenommen hat, gewährleisten, dass das Verständnis um die Wirkung von Suchmaschinen als „Bottlenecks des Informationszeitalters" um neue Facetten bereichert werden konnte.

9 LITERATURVERZEICHNIS

Argenton, Cédric/Prüfer, Jens. 2012. „Search Engine Competition with Network Externalities". In: *Journal of Competition Law and Economics* 8.1 (2012), 73-105.

Atkins-Krüger, Andy. 2011. „Yandex: Not Copying But Searching for Google's Underbelly". Online: *http://searchengineland.com/yandex-not-copying-but-searching-for-googles-underbelly-71282* (aufgerufen am 27. August 2013).

Eijk, Nico van. 2009. „Search Engines, the New Bottleneck for Content Access". In: Curwen, Peter/Haucap, Julius/Preissl, Brigitte (Hg.). *Telecommunication Markets: Drivers and Impediments.* Heidelberg: Physica, 141-156.

Formánková, Eva. 2008. „Jára Cimrman – Ladislav Smoljak – Zdeněk Svěrák: Záskok". In: Hruška, Petr et al. (Hg.). *V souřadnicích volnosti. Česká literatura devadesátých let dvacátého století v interpretacích.* Praha: Academia, 608-614.

Fredheim, Rolf. 2013. „Quantifying Polarisation in Media Coverage of the 2011-12 Protests in Russia". In: *Digital Icons: Studies in Russian, Eurasian and Central European New Media* 9 (2013), 27-49. Online: *http://www.digitalicons.org/issue09/files/2013/06/DI_9_2_Fredheim.pdf* (aufgerufen am 20. August 2013).

Gemius. 2013. „Jak zbieramy dane?" [„Wie sammeln wir die Daten?"]. *http://www.ranking.pl/pl/how-do-we-collect-data.html* (aufgerufen am 31. August 2013).

Goggin, Gerard/McLelland, Mark. 2009. „Internationalizing Internet Studies: Beyond Anglophone Paradigms". In: dies. (Hg.). *Internationalizing Internet Studies: Beyond Anglophone Paradigms.* London: Routledge, 3-17.

Gorham, Michael. 2011. „Virtual Rusophonia: Language Policy as soft power in the New Media Age". In: *Digital Icons: Studies in Russian, Eurasian and Central European New Media* 5 (2011), 23-48. Online: *http://www.digitalicons.org/issue05/files/2011/05/Gorham-5.2.pdf* (aufgerufen am 20. August 2013).

Gugerli, David. 2009. *Suchmaschinen. Die Welt als Datenbank.* Frankfurt am Main: Suhrkamp.

Introna, Lucas/Nissenbaum, Helen. 2000. „Shaping the Web: Why the Politics of Search Engines Matters". In *Information Society* 16.3 (2000), 169-185.

Jansen, Bernard/Zhang, Mimi/Schultz, Carsten. 2009. „Brand and Its Effect on User Perception of Search Engine Performance". In: *Journal of the American Society for Information Science and Technology* 60.8 (2009), 1572-1595.

Kolmanovskaia, Elena. 1999. „Yandex.Ru – Search and Research Engine". In: *Proceedings of the First IEEE/Popov Workshop on Internet Technologies and Services, 25-28 Oct. 1999*, 157-158.

Levene, Mark. 2010. *An Introduction to Search Engines and Web Navigation.* Hoboken, NJ: Wiley.

Mandzhikov, Ochir/Komarova, Tatyana. 2011. „Yandex's Video Search Service Launches on Czech Search Engine Seznam.cz". Online: *http://company.yandex.com/press_center/press_releases/2011/2011-11-30.xml* (aufgerufen am 30. August 2013).

Pariser, Eli. 2011. *The Filter Bubble: What the Internet Is Hiding from You.* New York: Penguin.

Peterka, Jiří. 2005. „Historie českého Internetu: Seznam" [„Geschichte des tschechischen Internets: Seznam"]. Online: *http://www.earchiv.cz/b05/b0811002.php3* (aufgerufen am 26. August 2013).

Peterka, Jiří. 2007. „Českému Internetu je 15 let" [„Das tschechische Internet ist 15 Jahre alt"]. Online: *http://www.earchiv.cz/b07/b0213001.php3* (aufgerufen am 26. August 2013).

Rozumková, Veronika. 2011. „Oficiální reakce Seznam.cz na mediální kauzu (aktualizováno)". Online: *http://seznam.pr.sblog.cz/2011/01/13/469* (aufgerufen am 9. August 2013).

Savenkov, Denis/Lagun, Dmitry/Liu, Qiaoling. 2013. „Search Enginge Switching Detection Based on user Personal Preferences and Behaviour Patterns". In: *Proceedings of the 36th International ACM SIGIR Conference on Research and Development in Information Retrieval 2013.* [Draft]. Online: *http://mathcs.emory.edu/~dsavenk/publications/pers_switch_pred_2013.pdf* (aufgerufen am 31. August 2013).

Schmidt, Henrike. 2011. *Russische Literatur im Internet: Zwischen digitaler Folklore und politischer Propaganda.* Bielefeld: Transcript.

Seznam. 2013a. „Rok 1996" [„Das Jahr 1996"]. Online: *http://onas.seznam.cz/cz/o-firme/historie-firmy/1996/* (aufgerufen am 30. August 2013).

Seznam. 2013b. „Rok 1997" [„Das Jahr 1997"]. Online: *http://onas.seznam.cz/cz/o-firme/historie-firmy/1997/* (aufgerufen am 30. August 2013).

Seznam. 2013c. „Rok 1998" [„Das Jahr 1998"]. Online: *http://onas.seznam.cz/cz/o-firme/historie-firmy/1998/* (aufgerufen am 30. August 2013).

Seznam. 2013d. „Rok 1999" [„Das Jahr 1999"]. Online: *http://onas.seznam.cz/cz/o-firme/historie-firmy/1999/* (aufgerufen am 30. August 2013).

Seznam. 2013e. „Rok 2002" [„Das Jahr 2002"]. Online: *http://onas.seznam.cz/cz/o-firme/historie-firmy/2002/* (aufgerufen am 30. August 2013).

Seznam. 2013f. „Naše internetové servery" [„Unsere Internetserver"]. Online: *http://onas.seznam.cz/cz/reklama/nase-internetove-servery/* (aufgerufen am 30. August 2013).

Statcounter. 2013. „Frequently Asked Questions". Online: *http://gs.statcounter.com/faq#methodology* (aufgerufen am 31. August 2013).

Šťastný, Ondřej. 2005. „Největší Čech: Jára Cimrman" [„Der größte Tscheche: Jára Cimrman"]. In Mladá Fronta Dnes, 2. Februar 2005. Online: *http://kultura.idnes.cz/show_aktual.aspx?r=show_aktual&c=A050201_211139_domaci_sas* (aufgerufen am 15. August 2013).

Sundara Rajan, Mira. 2006. *Copyright and Creative Freedom: A Study of Post-Socialist Law Reform.* London: Routledge.

Toplist. 2013. „TOPlist - globální statistika. 1. 9. 2013." [„TOPlist – Globale Statistik. 1. 9. 2013."]. Online: *http://www.toplist.cz/global.html* (aufgerufen am 2. September 2013).

Uffelmann, Dirk. 2011. „Post-Russian Eurasia and the Proto-Eurasian Usage of the Runet in Kazakhstan: A Plea for a Cyberlinguistic Turn in Area Studies". In *Journal of Eurasian Studies* 2 (2011), 172-183.

Waters, Richard/Kwong, Robin/Harding, Robin. 2008. „Google still struggling to Conquer Outposts". In *Financial Times*, 16. 9. 2008. Online: *http://www.ft.com/intl/cms/s/0/99d3e98a-8406-11dd-bf00-000077b07658.html* (aufgerufen am 8. August 2013).

White, Ryan/Dumais, Susan. 2009. „Characterizing and Predicting Search Engine Switching Behavior". In: *Proceedings of the 18th ACM conference on Information and knowledge management*, 87-96.

Yandex. 2012. „Licenzionnoe soglašenie na ispol'zovanie programm Brauzer ‚Yandex'" [„Lizenzvereinbarung für die Benutzung des Programms Browser ‚Yandex'"]. Online: *http://legal.yandex.ru/browser_agreement/* (aufgerufen am 30. August 2013).

Yandex. 2013a. „Istorija Jandexa" [„Die Geschichte von Yandex"]. Online: *http://company.yandex.ru/about/history/* (aufgerufen am 30. August 2013).

Yandex. 2013b. „Proischoždenie slova ‚Jandeks'" [„Die Herkunft des Wortes ‚Yandex'"]. Online: *http://company.yandex.ru/about/pages/yandex.xml* (aufgerufen am 30. August 2013).

Yandex. 2013c. „Vse servisy Jandeksa" [„Alle Services von Yandex"]. Online: *http://www.yandex.ru/all* (aufgerufen am 29. August 2013).

AUTORENVERZEICHNIS

Michael CHRISTEN ist ein freiberuflicher Suchmaschinen- und Wissensmanagement-Berater. Als Diplom-Informatiker arbeitete er zunächst in der Telekommunikationsbranche. Nebenbei gründete er das YaCy-Suchmaschinenprojekt und entwickelte zusammen mit vielen weiteren Helfern die dazugehörige freie Software YaCy, welche sich inzwischen zum Labor für Wissensmanagement-Forschung entwickelt hat. Die Ergebnisse dieser Arbeit werden von ihm zur Beratung seiner Kunden aus dem Kulturbereich sowie der Diensleistungs- und Handelsbranche genutzt.

David COQUIL hat Informatik an der Institut National des Sciences Appliquée (INSA) de Lyon studiert, wo er 2006 promoviert wurde. Von April 2006 bis September 2007 war er Post-Doc Stipendiat an der Universität Passau. Seitdem ist er dort am Lehrstuhl für verteilte Informationssysteme als wissenschaftlicher Mitarbeiter tätig. 2008 gehörte David Coquil zu den Gründungsmitgliedern des Multimedia distributed and Pervasive Secure Systems (MDPS) Doktorandenkollegs zwischen der Universität Passau, der INSA Lyon und der Università degli Studi di Milano. Er ist derzeit der Geschäftsführer des Kollegs in Passau. Seine Forschung konzentriert sich auf die Optimierung der Datenverwaltung und der Informationssuche in verteilten Systemen unter Berücksichtigung der semantischen Eigenschaften der Daten.

Michael EBLE ist seit 2008 am Fraunhofer IAIS tätig. In seiner Funktion als Consultant ist er zuständig für Business Development sowie für Beratung zur IT-Unterstützung von Prozessen mit einem Schwerpunkt im Informations- und Wissensmanagement. Sein Interesse liegt in der technischen und organisatorischen Verknüpfung von automatischer und manueller Erschließung von Multimedia-Inhalten und Erzeugung von Metadaten.

Ondra HAVEL, Dipl.-Ing. (Univ.), ist wissenschaftlicher Mitarbeiter am Lehrstuhl für Wirtschaftsinformatik an der Universtität Passau und forscht auf dem Gebiet für E-Learing-Anwendungen. Er entwickelte einen Prototyp der Suchmaschine im Rahmen des Projektes „Info_Net"

Gernot HOWANITZ studierte Slavistik und angewandte Informatik in Salzburg, Moskau und Prag. Gegenwärtig ist er wissenschaftlicher Mitarbeiter und Stipendiat der österreichischen Akademie der Wissenschaften am Lehrstuhl für Slavische Literaturen und Kulturen, Universität Passau. Forschungsschwerpunkte sind russische, polnische und tschechische Gegenwartsliteratur, Internetkultur, Computerspiele und Digital Humanities. Seine Dissertation widmet sich den (auto-)biographischen Strategien russischer Autorinnen und Autoren im Internet.

Sebastian KIRCH ist am Fraunhofer IAIS seit 2010 mit der Konzeption und Implementierung von Anwendungen zum Umgang mit Dokumenten und audio-visuellen Daten betraut. Zu den wesentlichen Tätigkeiten des Diplom-Informatikers zählen die Analyse von Benutzeranforderungen sowie die Erstellung von Feinkonzepten. Herr Kirch ist derzeit in verschiedenen Beratungsprojekten im Bereich von Enterprise-Suchmaschinen involviert, in denen er die technische Konzeption verantwortet.

Hans KRAH, Lehrstuhl für Neuere Deutsche Literaturwissenschaft und Medienwissenschaft an der Universität Passau; Studium der Neueren deutschen Literaturwissenschaft, Germanistischen Linguistik und Logik- und Wissenschaftstheorie an der Ludwig-Maximilians-Universität München. Derzeit Sprecher des DFG-Graduiertenkollegs „Privatheit". Jüngste Publ.: *Medien und Kommunikation. Eine interdisziplinäre Einführung* (3. Auflage, Passau 2013, Hrsg. mit Michael Titzmann).

Franz LEHNER ist Inhaber des Lehrstuhls für Wirtschaftsinformatik an der Universität Passau. Seine Forschungsinteressen und Arbeitsschwerpunkte liegen im Bereich Daten-, Informations- und Wissensmanagement, sowie beim E-Learning und dem Einsatz mobiler Technologien. Er ist Autor einschlägiger Fachbücher und wissenschaftlicher Artikel und hat zahlreiche Systeme selbst entwickelt (u.a. Virtuelle Universität Regensburg, Online Campus Passau, Online Sprachlernprogramme für Chinesisch, Russisch und Spanisch sowie ein Werkzeug zur Erstellung interaktiver Videos).

Dirk LEWANDOWSKI ist Professor für Information Research & Information Retrieval an der Hochschule für Angewandte Wissenschaften Hamburg. Davor war er unabhängiger Berater im Themenbereich Suchmaschinen und Information Retrieval, sowie Lehrbeauftragter an der Universität Düsseldorf. Dr. Lewandowskis Forschungsinteressen sind Web Information Retrieval, Qualitätsfaktoren von Suchmaschinen, das Rechercheverhalten der Suchmaschinen-Nutzer sowie die gesellschaftlichen Auswirkungen des Umgangs mit den Web-Suchmaschinen. Zu seinen Veröffentlichungen gehören neben den Büchern „Web Information Retrieval" und „Handbuch Internet-Suchmaschinen" zahlreiche Aufsätze, die in deutschen und internationalen Fachpublikationen veröffentlicht wurden. Ausbildung zum Dipl-Bibl. (Hochschule für Bibliotheks- und Informationswissenschaft, 1997), M.A. (2001; Philosophie, Informationswissenschaft und Medienwissenschaft; Uni Düsseldorf), Promotion (2005, Uni Düsseldorf).

Ralf MÜLLER-TERPITZ studierte Jura an den Universitäten Bonn und Genf. Sein Rechtsreferendariat absolvierte er in Köln und New York. Danach war er bis Ende 2007 als Referent in der Abteilung Recht/Regulierung des Düsseldorfer Telekommunikationsunternehmens o.tel.o. tätig. 1997 folgte die Promotion, 2005 die Habilitation. 2007 übernahm er den Lehrstuhl für Staats- und Verwaltungsrecht sowie Wirtschaftsverwaltungs-, Medien- und Informationsrecht an der Universität Passau. Seit September 2013 ist er Inhaber des Lehrstuhls für Öffentliches Recht, Recht der Wirtschaftsregulierung und Medien an der Universität Mannheim. Ende 2009 wurde er zum Mitglied der Kommission zur Ermittlung der Konzentration im Medienbereich (KEK) berufen, deren stellvertretender Vorsitzender er seit April 2012 ist.

Boris P. PAAL Studium der Rechtswissenschaft in Tübingen, Konstanz und Oxford. Erstes juristisches Staatsexamen in Konstanz (1999). Magister Juris-Studium (M.Jur.) in Oxford, Magdalen College (2000). Promotion an der Universität Konstanz (2001). Habilitation an der Ruprecht-Karls-Universität Heidelberg (2009). Seit 2009 Ordinarius für Zivil- und Wirtschaftsrecht, Medien- und Informationsrecht sowie Direktor des Instituts für Medien- und Informationsrecht, Abt. I (Privatrecht) an der Albert-Ludwigs-Universität Freiburg.

Helene SCHMOLZ, Dr. phil., Dipl.-Pädagogin. 2013 interdisziplinäre Promotion in Englischer Sprachwissenschaft und Informatik. Thema der Dissertation: „Anaphora Resolution and Text Retrieval: A Linguistic Analysis of Hypertexts". Derzeit Akademische Rätin auf Zeit am Lehrstuhl für Englische Sprache und Kultur der Universität Passau. Forschungsschwerpunkte: Sprache im Internet, Korpus- und Textlinguistik, Computerlinguistik, (syntaktische) Struktur von Texten.

Judith WINTER ist Diplom-Informatikerin. Ihr Forschungsschwerpunkt liegt insbesondere auf der Suche in verteilten Systemen. Hierzu hat sie das Suchmaschinenprojekt SPIRIX iniziiert, bei dem analysiert wird, inwiefern die Suche in verteilten Systemen sowohl effektiv (in Bezug auf die Präzision der Suchergebnisse) als auch effizient (in Bezug auf den Ressourcenverbrauch) bewerkstelligt werden kann. SPIRIX ist eine vollimplementierte Suchmaschine, die auf Peer-to-Peer Basis funktioniert, der Index und sämtliche Suchanfragenbeantwortung werden dezentral abgewickelt, u. a. um die Privatsphäre des Suchenden zu schützen.